VOZES DO CATIVEIRO

VOZES DO CATIVEIRO

Psicografia de
Maria Nazareth Dória

Pelo Espírito
Luís Fernando (Pai Miguel de Angola)

Vozes do Cativeiro
pelo espírito *Luís Fernando (Pai Miguel de Angola)*
psicografia de *Maria Nazareth Dória*

1ª edição – junho de 2011

Direção editorial: *Celso Maiellari*
Assistente editorial: *Fernanda Rizzo Sanchez*
Preparação e revisão: *Alessandra Miranda de Sá*
Projeto gráfico e arte da capa: *Casa de Ideias*
Impressão e acabamento: *Orgrafic Gráfica*

Dados Internacionais de Catalogação na Publicação (CIP)
(Câmara Brasileira do Livro, SP, Brasil)

Luís Fernando (Pai Miguel de Angola) (Espírito).

Vozes do cativeiro / pelo Espírito Luís Fernando (Pai Miguel de Angola) ; psicografia de Maria Nazareth Dória. -- São Paulo : Lúmen, 2011

ISBN 978-85-7813-045-9

1. Espiritismo 2. Psicografia 3. Romance espírita I. Dória, Maria Nazareth. II. Título.

11-04679 CDD-133.9

Índices para catálogo sistemático:
1. Romance espírita psicografado : Espiritismo 133.9

LÚMEN
EDITORIAL

Rua Javari, 668
São Paulo - SP
CEP 03112-100
Tel./Fax (0xx11) 3207-1353

visite nosso site: www.lumeneditorial.com.br
fale com a Lúmen: atendimento@lumeneditorial.com.br
departamento de vendas: comercial@lumeneditorial.com.br
contato editorial: editorial@lumeneditorial.com.br
siga-nos no twitter: @lumeneditorial

2011

Impresso no Brasil – *Printed in Brazil*

Introdução

Lembramos aos leitores que, em *Lições da senzala*, pai Miguel de Angola conta passagens da própria vida enquanto encarnado. Em *A saga de uma sinhá e Minha vida em tuas mãos*, retrata a vida de outros irmãos. E, nesta obra, expõe em detalhes vários acontecimentos que não foram registrados em livros de História brasileiros sobre a escravidão.

Pai Miguel de Angola apresenta revelações importantes para pesquisas atuais, citando diversos dados que nos enriquecem e abrindo novas portas, até mesmo aos estudantes que se interessam pela raiz da verdadeira história da escravidão no país.

Uma revelação irreal e que consta dos arquivos é que o últim o navio negreiro que transportava escravos da África fez sua derradeira viagem ao Brasil em 1856. São dados que estão registrados em bibliotecas, nos quais os alunos se baseiam para apresentar trabalhos e participar de debates escolares. Mas não encontram autenticidade quando comparados aos dados que são apresentados pela espiritualidade!

Por muitos e muitos anos, dezenas de negros foram trazidos e escravizados nas fazendas dos senhores, de norte a sul do país. A entrada no Brasil ocorria do mesmo modo que acontece nos dias de hoje com produtos ilegais. Os jornais daquela época eram iguaizinhos aos dos dias atuais. Havia muita corrupção na fiscalização – com isso, não desejamos afirmar que todos os fiscais são corruptos; pelo contrário, sabemos que existem pessoas honestas e sérias com relação a seus deveres. Os esquemas, sim, são falhos dentro de muitas organizações. Os corruptos dos navios negreiros, que tão somente haviam mudado de cor, nada viam, nada sabiam, porque não há nada melhor que ouro, esmeralda e outros mimos para que todos se tornem cegos e não avistem absolutamente nada passando sobre as ondas do mar. Sem mencionar que muitos negros foram trazidos como reféns; para fins legais, eram cidadãos livres. Vinham famílias inteiras que declaravam estar aqui por livre e espontânea vontade. Essas pessoas, ao serem contatadas e se certificarem do paradeiro dos entes queridos aqui no país, sujeitavam-se a vir trabalhar nas fazendas dos senhores, no mesmo regime de escravidão dos que haviam sido arrebatados da própria família, retirados de sua terra por força brutal.

A história oficial nos fala muitas verdades, mas outras tantas ficaram soterradas na consciência dos negociantes e na corrupção que reinava, e reina até os dias atuais. Pai Miguel revela certos fatos que ficaram ocultos atrás das paredes do tempo.

Muitos senhorzinhos lucraram e enriqueceram com estas falsas bondades. Colocavam ex-escravos de confiança para descobrir onde se encontravam os parentes dos que lhes convinham. Uma crise na época também levou os fazendeiros a cometer loucuras.

A história também não cita que muitos negros trabalhavam contra seus irmãos de sorte; não raro, eram os próprios negros que passavam todas as informações de lugares e pessoas aos caçadores de escravos, que levavam os negros presos e acorrentados para entregar aos comerciantes estrangeiros. Esses delatores continuavam na aldeia como se nada houvesse acontecido e, com dinheiro no bolso, aguardavam por um tempo para então se dirigir a outras localidades mais seguras, sem deixar a África nem ser molestados.

Há um ditado muito usado hoje em dia que nasceu naqueles tempos. Os senhores se reuniam para discutir estratégias de comercialização legal de escravos e finalizavam dizendo: "O negócio é matar dois coelhos com uma cajadada só!" O escravo, feliz e agradecido ao senhorzinho por ter a família perto dele, dava a vida por seu senhor. E este "lamentava" a sorte do escravo, dizendo-lhe que não havia sido culpado de seu destino; fora apenas um comprador. Se não ele, teria sido qualquer outro. E, para tornar tudo mais real, simulava lágrimas, fingindo lembrar-se de quando o comprara e afirmando ter sentido pena de sua infelicidade. Com isso, o senhor tinha as mãos e os pés beijados pelos escravos e por sua família; era garantia de fidelidade absoluta aproximar o escravo dos entes queridos de novo. Felizmente, em algum momento, a estratégia fracassou. Caso contrário, o Brasil continuaria até os dias de hoje escravizando africanos.

A luta pela liberdade dos negros se avultava contra os senhores de escravos; pressões europeias cobravam providências do Brasil, e os senhores se desesperavam vendo que estava próximo o fim daquele nefasto sucesso.

Um marco importante para a questão dos negros no Brasil foi a Guerra do Paraguai, de 1864 até 1870. Centenas de escravos foram treinados e levados para combater ao lado dos brancos, assim como muitos índios, em particular do Mato Grosso. Os indígenas foram influenciados pelo homem branco, abrandando, de certa maneira, seus costumes. O lado positivo é que os índios simpatizaram e abraçaram o movimento de liberdade dos negros. Muitos negros morreram com um sorriso nos lábios; ali eram tratados com igualdade: matar ou morrer! Todos carregavam um sonho: que, se voltassem com vida, seriam libertados com toda a família; e esta, no caso dos que morressem defendendo o Brasil, seria beneficiada.

Em 1870, fim da guerra – vitória brasileira! Os que retornaram foram condecorados, considerados heróis, e então tiveram outro embate a travar: os senhores que haviam lhes prometido liberdade, e às respectivas famílias, recuavam agora ao cumprir o acordo.

Nessa ocasião, já havia dezenas de quilombos esparsos por todo o território brasileiro, e muitos simpatizantes das causas da abolição juntaram-se a eles. Houve diversas fugas e rebeliões nas fazendas dos senhores após a Guerra do Paraguai. Alguns descendentes de negros e ex-escravos já tinham adquirido força, cultura, poder e dinheiro, e esses homens abraçaram a luta com convicção. Citamos dois grandes exemplos da epóca: Antônio Bento (advogado, promotor e juiz) e Luiz Gama (rábula, jornalista e poeta).

Pai Miguel aborda os acontecimentos que marcaram e determinaram o fim da escravidão no Brasil, sempre nos chamando a atenção para o fato de que a união só apresenta bons resultados quando todos têm apenas um desejo; quando honestidade e lealdade caminham lado a lado. Foi da união entre negros, mulatos e brancos, conscientizados e humanizados, que surgiu um desejo único: tornar o Brasil uma pátria verdadeiramente livre, porque seria dado aos seres que ali habitavam o reconhecimento de que todos eles eram filhos de Deus, não importava a cor da pele.

Tal como acontece ainda hoje, só se modificam as fórmulas e os nomes que se dão às mudanças das leis, sempre no sentido de encontrar saídas que beneficiem em particular os que estão no poder. Em 28 de setembro de 1871 foi assinada a Lei do Ventre Livre, após muita luta e pressão por parte do Senado. Pai Miguel relata bem em sua obra a exploração humana dessa lei.

A Lei do Ventre Livre previa a liberdade dos filhos nascidos a partir dessa data. Até os 21 anos eles poderiam permanecer com os senhores ou ser entregues ao Estado. A Lei do Ventre Livre teve o efeito de uma bomba, trazendo muita dor; porém, o sacrifício de muitos inocentes ajudou a construir uma ponte que levou à libertação de todos, independente da idade.

A revolta crescia dia a dia, e os *ingênuos* – como ficaram conhecidos os beneficiados pela lei – eram todas as crianças nascidas a partir de 1871. Os ingênuos passaram a sofrer todo tipo de castigo, e muitos desapareciam sem deixar rastro. Os senhores burlaram tantos registros de nascimento que seria impossível controlar a demanda; os cativos poderiam ter um mês de vida e dez no registro, nos três primeiros anos de vigor da lei, e logo em seguida começou a se dar o contrário: crianças de dez anos passaram a ter um mês de vida no papel.

Como sempre, a lei foi criada para burlar pressões estrangeiras; nada como o conhecido "jeitinho brasileiro" para resolver tudo em um almoço ou em um rico jantar, com algumas pedras preciosas estendidas sobre a mesa.

Diante das muitas pressões dos que verdadeiramente lutavam de modo incansável, apenas em 28 de setembro de 1885 foi promulgada a Lei dos Sexagenários, ou Lei Saraiva-Cotejipe. Essa lei libertava velhos escravos; os que completassem sessenta anos trabalhariam mais três para o senhor e então passariam a ser livres. Os que tivessem 65 anos seriam libertos mediante o pagamento de alguma recompensa aos senhores, ou seja, se porventura o infeliz possuísse algum bem, não importava o que fosse, teria de deixar nas mãos do dono. Os registros não mostram quantos sobreviveram, e os que conseguiram atingir tal idade não ficaram muito tempo pelas ruas, uma vez que não tinham como viver.

Pai Miguel chama a atenção para algo de que muita gente não tem conhecimento, pois a História do Brasil não faz muita questão de contar às gerações atuais, que o Ceará – terra do amado e respeitado médico dos pobres, doutor Adolfo Bezerra de Menezes – decretou a libertação dos negros em seu território em 1884, ou seja, quatro anos antes da assinatura oficial da Lei Áurea e um ano antes da Lei dos Sexagenários. A partir da decisão do estado do Ceará, outras cidades brasileiras foram seguindo o exemplo. Em 1887, muitas cidades já davam por decretada a abolição da escravatura em seu território. Em 13 de maio de 1888, cedendo às pressões, o governo imperial, pelas mãos da princesa Isabel, assinou a Lei Áurea, extinguindo a escravidão no Brasil. O documento original da lei, assinado pela princesa Isabel, encontra-se atualmente no acervo do Arquivo Nacional, na cidade do Rio de Janeiro.

Segundo Pai Miguel de Angola, a princesa Isabel não foi inspirada pelo espírito santo quando assinou a Lei Áurea. Foi tudo muito bem planejado, quase um golpe de estado para enaltecê-la e livrar a nobre família de futuras represálias. A assinatura da Lei Áurea foi mérito e honra dos abnegados homens de boa vontade, brancos e negros.

Maria Nazareth Dória

Sumário

Capítulo I

A revolta

Ainda não eram nove horas da manhã, e o sol já incomodava as lavadeiras da casa branca e azul – marca registrada do respeitável senhor. Todas as suas fazendas eram pintadas de branco e azul, lembrando o estilo europeu. Tal característica determinava a quem pertencia a propriedade.

As lavadeiras cantavam e riam, brincando entre elas. Assunta, responsável pelo grupo de mulheres, chamou a atenção:

– Escuta, minha gente, a prosa tá boa, mas vamos correr com essa roupa, que precisa de goma para não pegar o sol quente e amarelar!

De imediato, as mulheres encerraram as brincadeiras e passaram a recolher as roupas com rapidez.

– Traz a lata de goma aqui, Judite – pediu dona Assunta. – Vou misturar a quantidade certa de goma e água, e quero vocês todas olhando como é que se faz. É uma mão de goma para meia lata de água. Devemos mexer até a goma diluir bem; caso contrário, não se firma nos tecidos e estraga toda a roupa. Olhem aqui! – E fazia aquilo com tal destreza, que causava admiração nas outras. – Agora vão me passando as camisas brancas do senhor, todas viradas do avesso. E não torçam com força.

E as ordens prosseguiam.

– Corre lá, Zulmira, vá estendendo estas camisas por cima dos lençóis brancos nas cercas de estender roupa – falava Assunta, compenetrada no que fazia. – Agora, vamos às calças pretas e às outras peças. Duas mãos de goma para meia lata de água, o resto já expliquei. Tragam as anáguas das sinhás; estas peças sim é que têm segredo! Duas mãos bem cheias de goma para meia lata de água e a gente pinga sete gotas de colônia. Precisam ficar bem armadas para dar sustento às saias de seda, que não levam goma. E vamos correr que não podemos perder tempo! Qualquer descuido, o estrago é grande.

Todas se mantinham concentradas, pois as vestimentas dos senhores eram tão importantes quanto a comida; não se tratava de tarefa para qualquer uma. Depois de todas as peças estarem estendidas sobre os alvos lençóis de sacos, era hora de virá-las. E assim faziam, ficando mais descontraídas e voltando a brincar.

Uma das mulheres aproximou-se de Assunta e comentou baixinho:

– A senhora reparou quem está ali? Esse rapaz parece que enlouqueceu depois que Arlinda foi embora. A gente sabia que ele era doido por ela, mas não a esse ponto. Dá uma espiada, dona Assunta. Ele está embaixo da árvore. Cada dia que passa ele fica pior, Deus me livre!

Sentado em um velho tronco de árvore, a cabeça do rapaz pendia-lhe sobre o peito, o olhar distante, o chapéu de couro caído de lado. Ele, que era alegre e vivia assoviando para as mulheres e lhes contando pilhérias, agora parecia não se dar conta da presença de nenhuma delas.

Assunta puxou um cigarro de palha e, sem ter respondido aos comentários da companheira, apenas aconselhou:

– Judite, vai virando as roupas. Vou até ali acender meu cigarro e trocar uma prosa com Antero.

Saiu em direção aonde se encontrava o rapaz, que parecia alheio à sua chegada.

– Bom dia, Antero! Quer um cigarro? Empresta sua binga, que a minha está molhada.

– Bom dia, dona Assunta. Aceito o cigarro. As ervas que a senhora coloca com o fumo me ajudam muito, sabia? Quando estou com dor de cabeça é tiro e queda! – Oferecendo o fogo para a mulher que o observava, perguntou: – A senhora teve notícias do pessoal do seu Bento?

Jogando uma baforada de fumaça para cima, Assunta respondeu:

– Tive sim. Estão todos bem, graças a Deus, e você veja se levanta essa cabeça, Antero, e volta a se alegrar. A gente não pode controlar o mundo nem os pensamentos das pessoas, mas pode se esforçar para viver melhor em qualquer situação. Tenho fé que as coisas mudem para todos nós. Na sua idade, a vida ainda está começando. Não faça nenhuma besteira. Do nosso amanhã só um é conhecedor: Deus.

Olhando para o horizonte como se buscasse uma resposta, o rapaz comentou:

– Não tenho mais ânimo para nada. Minha vontade é largar tudo e sair mundo afora, mas para onde? Não sou escravo nem filho de senhor! Sou um intruso no meio deles, mas não posso tomar minhas próprias decisões. Tenho de obedecer ao que manda o meu senhor. Quem sou eu, dona Assunta?

– Tenha calma. Todo mundo aqui sabe que você é filho do senhor. Mesmo não sendo tratado como os filhos legítimos dele, você faz parte da família. A sua avó, por exemplo, dona Luiza, é mais que anjo de Deus na Terra. Ela deixa claro para quem quiser ouvir que seu neto preferido é você!

– Ela é a única que me trata como gente – tornou o rapaz, os olhos marejados de lágrimas. – Queria viver na senzala como minha mãe e meus familiares. Preferiria trabalhar nas lavouras a viver servindo ao meu senhor como moleque de recados. Onde estão meus avós maternos e minha mãe? Servindo em outra senzala? E eu aqui, como um rejeitado. Todos me olham de lado, exceto a minha avó Luiza. Você tem ideia do desprezo com que meus irmãos me olham? Ai de mim se me aproximar da linda e branca donzela, a dona daquela roupa que você engomou. Tem alguma roupa minha ali no meio? Já me viu sentado na sala de jantar com eles?

O rapaz deixou escapar um longo e desanimado suspiro.

– Tudo o que queria era sair daqui – continuou –, ir embora com Arlinda, ter um pedaço de terra para plantar o que comer, viver longe deles e passar a ser eu mesmo. Quando fui pedir esta ajuda ao meu senhor e a permissão para me casar com Arlinda, a senhora sabe o que aconteceu. Ele ficou furioso, ameaçou-me de morte e por fim tomou sua decisão. Não acredito que ela e a família foram embora por livre e espontânea vontade, como ele me contou. Por favor, dona Assunta, fale-me a verdade! Peço a você, em nome de Deus, que me fale o que sabe a respeito da gravidez de Arlinda. Quem é o pai do filho que ela espera? Preciso saber! Meu senhor me disse apenas que ela, logo ao deixar a fazenda, já arranjou esta barriga. Não vou conseguir viver com essa dúvida... – Enquanto falava, o rapaz apertava as duas mãos contra a cabeça.

– Meu filho, fique calmo. Vou lhe contar tudo o que sei, mas não posso inventar o que não sei só para agradar-lhe. – E, voltando-se para as mulheres, que, curiosas, observavam-nos de longe, tentando entender o que se passava, gritou: – Judite? Não deixe as roupas torrarem ao sol; vá recolhendo as peças ainda úmidas para facilitar o ferro de engomar.

Tragando o cigarro de palha, Assunta encarou o rapaz.

– Depois que o senhor ficou sabendo do acontecido entre você e Arlinda, mandou toda a família dela embora, isso você conhece melhor que eu. Arlinda foi trabalhar na casa do doutor da lei. Pelo que sei, ele tem um irmão que também se prepara para ser da lei. É o que dizem, porque eu mesma não vi; falam que eles são donos de uma mina de ouro, e o irmão do doutor se engraçou com Arlinda. Dizem que ele comprou a liberdade dela e a dos pais, e que levou todos eles para as minas de ouro. Quanto ao filho que ela espera, como vou saber qual é a verdade? Sei que a gravidez já está bem adiantada. Você acha que pode ser o pai do filho de Arlinda? Teve envolvimento íntimo com ela, Antero? Perdoe-me por falar assim, mas, se me pede auxílio, preciso conhecer os fatos.

– Sim, tivemos um envolvimento íntimo. Por essa razão é que preciso saber quando é que vai nascer a criança, que pode ser meu filho. Não acreditei em uma palavra do que ele me disse. Se Arlinda deitou-se com outro homem não foi por vontade própria; nós nos amamos de verdade, dona Assunta.

– Homem de Deus, ergue essa cabeça e não demonstre sua agonia a ninguém. Tenho meus contatos com os negros que vão à cidade e sempre trazem notícias. Vou tentar descobrir alguma coisa sobre Arlinda e a gravidez, e vou colocá-lo no conhecimento da situação.

Fizeram breve pausa. Depois de certo tempo, Assunta comentou:

– Reconheço, meu filho, que você vive o mesmo dilema de muitos outros filhos de Deus: não é branco nem preto; não é escravo nem é livre. Tem negro que já sabe ler e escrever, isso posso afirmar porque vi. Aliás, ouvi falar, e, se for mentira, que o pecado caia nas costas de quem me contou, que já tem muitos mulatos e até negros que são doutores! E você, Antero, ainda é muito jovem. Precisa aprender a ler e a escrever, e escute o conselho que vou lhe dar: faça as coisas com cuidado; peça com humildade a sua avó Luiza, que o ama tanto. Ela pode interferir com o senhor. Quem sabe você não alcance uma oportunidade de estudar e adquirir algumas qualidades dos brancos? O futuro pertence ao Criador, mas não é impossível no futuro você arranjar um bom emprego, como os outros mulatos filhos de senhores que já estão se destacando por aí.

– Mas, e quanto a Arlinda, dona Assunta? O que faço? Deixo tudo de lado, como se nada tivesse acontecido entre nós? E o nosso amor? – indagou o rapaz, secando os olhos na manga da surrada camisa feita pela costureira da senzala.

– Antero, você está sendo egoísta! Quantos negros desta fazenda vivem ao lado das pessoas que amam? Você acha que só branco ou filho de branco tem coração para sentir amor? No seu lugar, lutaria para sair daqui e encontrar um novo rumo para sua vida. E agora, Antero, vou lhe perguntar uma coisa: você vive longe de seus familiares e, principalmente, da sua mãe. Por acaso deixou de amá-los?

Torcendo as mãos, o rapaz respondeu:

– Perdoe-me pelas besteiras! A senhora tem toda razão; preciso colocar a minha cabeça no lugar e agir como homem. Por favor, dona Assunta, não fique com raiva de mim. A senhora é como uma mãe; só me dá bons conselhos. Vou fazer de tudo para sair desta fazenda. Quero estudar... Mesmo que depois passe a metade da minha vida trabalhando para pagar ao meu senhor, quero ser alguém, e vou ser!

– Assim é que se fala, meu filho. Você ainda é muito novinho, tem tudo pela frente. E quem sabe amanhã poderá ajudar a sua família e outros negros que estejam em situação parecida com a sua? Vou ajudá-lo no que for preciso. Eu me informarei sobre como está Arlinda e seu filho, e vou lhe dar notícias. Se ela amá-lo de verdade, vai saber esperar por você o tempo que for preciso. Amor não morre nem com o tempo nem com a distância, disso sou testemunha.

Levantou-se do velho tronco e, dando tapinhas carinhosos nas costas do rapaz, falou:

– Vou cuidar das minhas roupas, que essas me garantem um prato de comida e uma esteira de palha na senzala para dormir, além do mais importante: sossego na minha cabeça, quando tudo fica bem lavado e bem passado! Por falar nisso, entregou suas roupas sujas para a Zefa lavar? Cuidado, não vá deixar roupas sujas naquele quarto! Se as arrumadeiras da sinhá contarem a ela que pegaram coisas sujas lá dentro, já sabe o que o espera depois nos sermões do seu pai.

Observando as mulheres inspecionarem as peças finas como se fossem ouro, o rapaz refletiu: "Nem minhas roupas são dignas de serem lavadas pelas mesmas lavadeiras".

As roupas dos negros eram lavadas bem distante, abaixo da correnteza que lavava as roupas da casa azul e branca. O sabão que limpava as roupas dos negros era o mesmo que eles usavam para tomar banho, feito de sebo e cinzas. A cada quinze dias, as mulheres da senzala preparavam barras de sabão que, ao esfriarem, assemelhavam-se a sapos de brejo – eram amareladas, repletas de manchas escuras e cujo odor, mesmo de longe, não deixava dúvida ao identificar quem era escravo e quem era senhor.

As roupas dos senhores eram lavadas com sabão de coco perfumado, as peças bordadas a mão. Não bastasse, ainda eram engomadas, o que indicava a posição de quem as vestia. Um dia essa história iria mudar! Ele se vestiria como os brancos, com roupas vindas de longe, teria brilhantina no cabelo, usaria colônia por todo o corpo e faria a barba da mesma maneira que fazia o seu senhor...

Assunta deixou o rapaz sonhando acordado e foi ao encontro das outras mulheres, que cochichavam entre risos.

– Vamos lá, gente! Vamos recolhendo e dobrando as roupas já no jeito de passar. Acho que as peças brancas ficaram de acordo. Amanhã é dia das roupas mais pesadas e dos lençóis de seda da sinhá. Quero vocês dispostas e atenciosas; a sinhá me disse que aqueles lençóis, cada um deles, custam o preço de um bom escravo!

Uma das mulheres, ao ouvir aquele comentário, retrucou:

– É triste saber que não valho mais que um lençol, que não anda, não fala e não ama!

– É triste sim, minha filha, muito triste. O único consolo que devemos ter é que os valores de Deus são bem diferentes dos valores dos homens. Se a nossa vida já é penosa, não vamos torná-la ainda mais dolorosa, não é mesmo? Vamos dar brilho nessas bacias, lavar bem as latas de goma, juntar o sabão com cuidado. A sinhá está reclamando do gasto excessivo. Temos de tomar cuidado com os abusos.

Sempre fiscalizando tudo, Assunta se aproximou de Judite e comentou baixinho:

– Não fique por aí falando coisas sobre o pobre do Antero. Dei a ele alguns conselhos; tomara que tenha me ouvido.

– Dona Assunta, Mara me disse que Arlinda, antes de ir embora, contou-lhe que suas regras não tinham aparecido no tempo certo. Acho que já saiu daqui emprenhada, e foi do Antero. Os dois estavam vivendo como homem e mulher; não é mentira, eu mesma vi. Uma madrugada me levantei para fazer uma necessidade que não dava para ser feita dentro da senzala e dei de cara com Arlinda e Antero escondidos atrás da senzala. Ela me pediu segredo, por isso nunca contei a ninguém, nem para a senhora.

O capataz apareceu, como sempre de surpresa. Assunta sussurrou:

– Depois continuamos essa conversa! A gente tem de se apressar em recolher o resto da roupa e voltar para a casa-grande.

Sob o olhar do capataz, colocaram as trouxas de roupa na cabeça e em fila passaram por ele, todas de cabeça baixa. A última foi Assunta, que, dizendo-lhe bom-dia, também lhe dava satisfações do trabalho:

– Tudo correu bem, seu Toninho. Pode verificar o senhor mesmo.

Balançando a cabeça, o capataz não respondeu ao bom-dia. Observava o rapaz que caminhava entre o capinzal. Matutando, tirou a própria conclusão, que não era difícil: já estava procurando as beiradas do rio... Fora assim que aquele Antero conquistara Arlinda, justo a mulata de olhos verdes que Toninho tanto queria para si.

"Esse safado não perde por esperar. Vou contar ao senhor que ele anda vagando pelas beiradas do rio. Embuchou a mulata Arlinda e, se ninguém tomar uma providência urgente, logo vai embuchar outras mulatas por aqui. É isso o que dá os senhores permitirem que os mulatos machos vivam! Com as fêmeas, é lucro na certa. Mas os machos já estão causando as primeiras desgraças na sociedade", considerava o capataz. "Mulato vestido como branco, entrando nas escolas e já assumindo lugar de branco na política e nos empregos do estado!" Ainda bem que os senhores estavam preparando uma trincheira para pegar aquele mulato safado que chegara à cidade empunhando um diploma de doutor e assumindo o lugar do doutor Diógenes, juiz de lei e de palavra – quando dizia "é isso", não havia quem o fizesse voltar atrás. O mulato, querendo ser gente, andava intimando os senhores a suspenderem os castigos nas senzalas. Queria tirar o emprego dos capatazes e dos capitães do mato!

Os capatazes das fazendas vizinhas estavam ao lado dos senhores. Já haviam marcado uma reunião para acertar onde e como dariam cabo daquele mulato safado... Ele mesmo desejava ter esse prazer. Onde já se viu um mulato de cabelo pixaim sentado em cadeira de doutor?! Era o fim do mundo! Tinha virado moda os mulatos se reunirem com alguns brancos, que mereciam ser mortos, e tramarem contra eles.

Se libertassem esse bando de negros vagabundos, o que fariam da própria vida? Capitães do mato, capatazes, olheiros e outros trabalhadores de confiança dos senhores trabalhariam em quê?

Ao pensar nessa possibilidade, o sangue de Toninho parecia lhe subir à cabeça; sentia o rosto em brasa. Mal podia esperar pela reunião logo mais à noite. Iria, mais uma vez, abrir os olhos dos senhores a respeito de deixarem mulatos machos crescerem nas fazendas. As fêmeas davam lucro, divertiam as casas das cidades e a eles mesmos, mas os machos só traziam desgraça e, a cada dia, cresciam em número. Pareciam ervas daninhas, e a situação tornava-se difícil de ser controlada. Ele tinha conhecimento de alguns poetas que estavam reunindo gente de fora do país e criando movimentos secretos com a ajuda de mulatos estudados, tramando contra os senhores. Era necessário montar uma estratégia para eliminar todos os mulatos espalhados pelas redondezas e dar cabo dos que nascessem nas fazendas.

Toninho aguardaria uma brecha para acabar com a vida de Antero. Detestava aquele mulato! Nunca gostara muito dele, mas, depois que lhe roubara Arlinda, a raiva se transformara em ódio. Ia esperar à noitinha. Na sua prestação de contas já estava incluso o que passar ao senhor a respeito dele. Antero tinha a proteção da velha maluca, a mãe de seu senhor. Mas, quando a velha descansasse no fundo da terra, Antero perderia toda a regalia. A sinhá-moça o detestava; os filhos do senhor cuspiam no chão quando o avistavam. Mas Toninho chegara a ouvir de alguns companheiros que estava próximo o momento em que o senhor tiraria algum capataz para colocar Antero no lugar. Uma negra havia lhe contado que a velha sinhá pedia ao filho que desse uma oportunidade ao rapaz, uma vez que ele já estava na idade de assumir tarefas de confiança.

***

Antero dirigiu-se ao outro ponto do rio, onde as mulheres lavavam as roupas dos negros da senzala. Deteve-se para observar a diferença e o descaso que havia entre as lavadeiras dos escravos, em comparação com as dos senhores. As mulheres batiam as velhas camisas de sacos nas pedras e resmungavam de sujeiras e nódoas. O odor de sabão de sebo invadia o ar. As crianças gritavam enquanto as mulheres lhes esfregavam o corpo com sabão. Lavavam as roupas e as crianças sem distinguirem o cheiro entre elas. Os lençóis em que seu pai dormia valiam mais que cada uma daquelas mulheres da beira do rio, lembrou Antero. Algumas vezes, ouvira-o exibir aos amigos garrafas de vinhos importados da França que havia trocado por escravos. Recordava que algumas moças e rapazes da fazenda tinham ido embora com aqueles amigos estrangeiros e nunca mais haviam retornado. O que teria acontecido a eles?

Assunta tinha razão. Precisava sair daquela fazenda; era como um pássaro que nascera em um ninho que não lhe pertencia. Conversaria com sua avó Luiza. Desejava estudar e se preparar para ser alguém no futuro. Ouvira falar que havia um lugar onde padres estrangeiros aceitavam mulatos e negros libertos, e os educavam para trabalhar como qualquer branco. E que alguns mulatos e negros tinham ido embora para o estrangeiro como homens livres com a ajuda dos padres.

Uma das mocinhas que auxiliava na lavagem de roupas dos negros avistou Antero e chamou atenção da encarregada:

– Veja só quem está olhando para nós! É o filho enjeitado do senhor. O que será que ele quer aqui?

– Só saberemos se ele mesmo falar – respondeu a mulher, ficando de pé com as mãos na cintura e olhando em direção a Antero. – Esse mulato sem-vergonha pensa que é o quê? – disse ela, em um tom de voz que as outras mulheres puderam ouvir. – Não pega na enxada, não levanta nenhum peso, come e dorme de graça, e se acha o próprio branco! Se o senhor ou a velha sinhá morrerem, ele vai é parar no tronco para deixar de ser besta!

– Bom dia, Luzinete. Tudo bem? – cumprimentou Antero, aproximando-se.

– Deseja alguma coisa? Já estamos terminando de recolher a roupa da senzala, e não veio nenhuma peça sua. Você já foi avisado pela sinhá, e eu sei, porque ela fez isso na minha frente, de que não tem mucama a seu serviço. Você mesmo deve entregar suas roupas e limpar seu próprio canto. Pelo menos, até agora não recebemos essa ordem dos nossos senhores. E saia daqui antes que peça às mulheres que lhe forrem de pedras. Lugar de vagabundo não é no nosso meio.

– Luzinete, pelo amor de Deus! Eu lhe fiz alguma coisa para que sinta tanta raiva de mim? Você me despreza porque sou mulato e tenho os olhos dessa cor? É esse o meu pecado? Peço perdão a Deus pela besteira que vou falar: também acho que não deveria haver mulatos! Se só existissem brancos e negros, ou eu estaria na casa azul e branca ou cantando e lavrando a terra no meio dos negros. Não sou aceito nem entre vocês, nem entre eles.

Luzinete, secando as mãos na saia, respondeu:

– Se sabe disso, então evite aparecer de um lado ou de outro. Se estiver aqui em busca de consolo com alguma menina, pode dar o fora! Graças a Deus o senhor chegou, seu Toninho – berrou a mulher, apontando para o rapaz. – Tire esse mulato safado daqui. Ele pensa que a gente não tem o que fazer ou que vamos cair nas confianças dele. Acha que toda moça da senzala é como Arlinda, que caiu em sua conversa mentirosa. Se não fosse por ele, minha irmã e minha sobrinha ainda estariam aqui com a gente.

O capataz suspirou de contentamento. A sorte lhe sorria. Tinha como testemunha as mulheres da senzala; o mulato estava arrumando confusão na beira do rio. Precisava inventar uma história que deixasse o senhor possesso de raiva, e precisava falar na frente da sinhá, que, além de detestar o rapaz, não gostava da sogra, que o apoiava.

Esporou o cavalo e se aproximou do rapaz. Com o cabo de ferro do chicote, bateu forte no ombro dele, falando bem alto:

– Mulato safado! Deveria deixá-lo preto de pancada, mas não quero me apressar. Vou pegar você de jeito; mudo até a cor dos seus olhos... Eles vão ficar vermelhos, e você, mais preto que qualquer negro da senzala. Suma daqui! – Bateu tão forte com o cabo do chicote no rosto do mulato que o sangue esguichou.

O rapaz sentiu tontura. Fez um esforço e, resistindo à dor, saiu, cambaleante, apertando a ferida da qual o sangue escorria, molhando a camisa de saco encardida.

Voltando-se para Luzinete, o capataz ordenou:

– Podem cuidar de arrumar as coisas de vocês que vou acompanhá-las à fazenda. Fiquem tranquilas que esse mulato safado não vai mais voltar para incomodá-las.

Enquanto Luzinete dava ordens às crianças e às outras mulheres, o capataz aproximou-se de uma das moças e, aos sussurros, combinou um encontro para o fim da noite.

***

Chegando pelos fundos da casa azul e branca, Antero entrou no modesto quarto contíguo à senzala, pegou uma quartinha com água e lavou o rosto, apertando a ferida com a camisa. O sangue parou de escorrer, mas a dor era insuportável. Deitou-se na rede e fechou os olhos; não aguentava mais tantas humilhações. Não poderia aparecer assim diante da avó Luiza; ela ficaria nervosa, e iria chorar e chamar a atenção de todos. Ele ocultava o próprio padecimento físico para não vê-la sofrer e também porque, cada vez que expunha a verdade, somava-se mais um castigo.

***

O velho Chico estava sentado, remendando as peneiras das cozinheiras, quando viu Antero passar, todo ensanguentado. Levantou-se, dirigiu-se à senzala e pegou algodão e uma cabaça cheia dos seus preparados. Saiu arrastando os pés e balançando a cabeça.

Encontrou uma das mulheres da cozinha no caminho. Ela, ao vê-lo com o remédio na mão, perguntou:

– Tio Chico, quem se machucou?

– Foi o Antero, minha filha. Passou por mim lavado em sangue. Esse rapaz está fora de si desde que Arlinda partiu. Anda feito alma penada, para cima e para baixo, e, numa dessas, acabou recebendo umas chibatadas! Nem precisamos perguntar para saber de quem foi o chicote; sabemos que foi do seu Toninho!

– Vou com o senhor, tio Chico! Que situação difícil é a dele... Não tem posição nenhuma dentro da fazenda, nem na senzala. Enquanto era um menino, a gente empurrava daqui e dali; agora é um homem e a coisa se tornou difícil. O senhor não tem ideia do que vão fazer com ele?

– Ideia eu até tenho, filha. Esse pobre mulato paga por um preço alto; a cor da pele e dos olhos é seu pecado. E o mais triste é que ele não tem amparo nenhum dos negros. Temos de rezar muito a Deus e pedir perdão pelos irmãos de cor que não o aceitam nem como branco, nem como negro. É triste reconhecer isso, mas as diferenças de cor já começam a gerar uma guerra que vai longe. Tenho ouvido falar que alguns brancos, mulatos e negros estão reunidos e a ponto de criar uma lei para libertar os escravos. Primeiro crianças e velhos; depois, no geral.

– Credo, tio Chico. Olha, fiquei arrepiada! Vou mesmo rezar e pedir que, se for para piorar nossa vida, tal lei não apareça.

– Muitos inocentes ainda vão sofrer e derramar seu sangue para que nossos descendentes conheçam a liberdade no futuro. Jesus derramou o sangue dele em nome de toda a humanidade, por brancos e negros, e, se for preciso derramar nosso sangue pelos nossos irmãos de cor, devemos fazer isso sim, pensando sempre em Jesus. Vamos tratar dos ferimentos do rapaz.

O velho Chico bateu à porta de Antero, chamando-o, e ele a abriu de imediato. Sem esperar convite, o negro velho entrou, acompanhado da cozinheira.

– Senta aí, Antero. Vamos desinfetar esse ferimento – pediu, já molhando um chumaço de algodão. – Divina, você sustenta a cabeça dele. Aguente firme, Antero, que vai doer um pouco. Tenho de limpar o corte; não adianta nada empurrar a sujeira do ferro para dentro da carne. Preciso limpar a ferida com isso aqui e depois colocar a pomada, que vou pedir para Divina apanhar na senzala.

Antero tremia de dor, mordendo uma toalha dobrada colocada em sua boca por Divina. Quando o negro velho terminou de limpar a ferida, pediu à mulher que apanhasse uma pomada e uma garrafada que tinha sempre à mão para essas ocasiões.

Assim que Divina saiu, o velho falou:

– Antero, você provocou a ira do seu Toninho, que vive buscando um motivo para bater em você. O que foi desta vez?

– Fui aonde estavam as lavadeiras. Dona Luzinete está com raiva de mim por causa da Arlinda e começou a me agredir com palavras. Seu Toninho chegou e partiu para a ignorância. Juro para o senhor: não faltei com respeito a ninguém. Tio Chico, não tenho mais com quem conversar. Animais não falam comigo, folhas não falam, o vento não fala. E as pessoas com quem tento puxar conversa acabam sempre me levando a esse fim. O que vou fazer de minha vida, tio Chico? Estou desesperado com a partida de Arlinda. Dona Assunta me deu uns conselhos. – E, dizendo isso, revelou ao negro velho toda a conversa que tivera com ela.

O velho Chico, cabeça baixa, ouvia as palavras de Antero. Quando o rapaz parou de falar, o velho comentou:

– Assunta lhe deu bons conselhos, e eu vou acrescentar outro: não saia de modo nenhum do seu quarto hoje. Vou pedir à Divina que lhe traga alguma coisa para comer. Você não deve deixar seu canto. Primeiro, para evitar falatórios quando virem seu rosto. Os falatórios, em vez de ajudar, poderão lhe acarretar ainda mais castigos. Segundo, porque você deve ficar de repouso para a pomada fazer efeito. Aproveite e reze para as Chagas de Nosso Senhor Jesus Cristo, pedindo que Ele o proteja. Tenho certeza de que será atendido. Amanhã, com calma, vá falar com a sinhá-velha e lhe conte seu desejo de ir embora estudar com os padres. Quem sabe Jesus lhe abre esta porta.

Divina já chegava com a pomada e a garrafada. O negro velho encheu uma cuia com o líquido amargo e o fez engolir. Besuntou o corte com a pomada e pediu que Antero se deitasse.

– Amanhã cedo eu volto para ver como você está. Fica sossegado aí, sem encher a cabeça de besteiras. Se ficasse mais sossegado no seu canto, não teria recebido esse presente aí na cara. Divina vai lhe trazer comida e água fresca, e você aproveite para rezar e agradecer a Deus, mesmo sendo injusto com Ele, dizendo que ninguém o ajuda. Ele está sempre de olho e mandando a gente vir aqui.

– Perdão, tio Chico, por não ouvir o senhor. Às vezes faço coisas que não deveria fazer e falo coisas que não deveria falar. Muito obrigado a vocês, tio Chico e dona Divina.

A mulher, com lágrimas nos olhos, respondeu:

– Antero, meu filho, a gente se importa com você. Eu, o Chico e outros negros aqui lhe querem muito bem. Sabemos que entre nossos irmãos existem os que não aceitam a cor dos seus olhos e da sua pele, mas quem somos nós para julgá-los? Cada um tem seus motivos, que são as más lembranças.

Quando olham para você, não se lembram da sua mãe, e sim do seu pai. E, quando os senhores o olham, também têm as próprias mágoas. Eles se recordam da sua mãe. Esse é o preço que você paga por ser diferente. Antes de aparecerem os mulatos, existiam dois tipos de seres: o branco, considerado superior, e o negro, considerado inferior. Se você é a mistura dos dois, deve ter um pouco de cada lado, e é isso que incomoda tanto brancos quanto negros. Agora, veja se descansa. Mais tarde eu trago alguma coisa para você comer. Estou levando as roupas sujas de sangue; eu mesma vou lavar.

O rapaz permaneceu deitado, olhando as telhas que cobriam o pequeno quarto que lhe servia de abrigo. A dor aliviou. As beberagens do velho Chico começaram a surtir efeito, e o sono foi mais forte do que as lembranças. Adormeceu pensando em Arlinda e em seu Toninho.

Logo começou a sonhar que andava por uma estrada toda florida e encontrava a mãe, que vinha correndo em sua direção de braços abertos. Sorrindo, ela chamava por seu nome. Abraçou-a e se sentiu um menino. Agarrado a ela, pedia:

– Mãe, por favor, não me deixe naquela casa. Eles vão me matar! Ninguém gosta de mim. Apenas a avó Luiza toca no meu rosto e fala comigo. Leve-me com você. Por que me abandonou?

– Meu filho, não o abandonei. Rezo por você sempre e sei que um dia Jesus vai me devolvê-lo. Não tive escolha, filho. O senhor não deixou que me acompanhasse para evitar os falatórios a respeito dele. Sei que não foi por amor que ele o prendeu na fazenda; foi para se livrar dos comentários. Mas tenha calma. Deus cuidará de todos nós. Sonho com você todos os dias, e acredito que ainda vamos ficar juntos como mãe e filho.

Antero passeava de mãos dadas com ela. Sentia-se muito feliz.

Quando acordou, havia a seu lado um candeeiro feito de lata e abastecido com óleo de mamona que tio Chico fazia para prover a senzala. Ao lado da rede, sobre um tamborete feito por tio Chico, havia um prato de barro com comida e coberto com uma folha de bananeira, trazido por Divina. Também tinha uma caneca de água coberta com um pedaço de folha. Antenor olhou para o prato e a água, e sentiu um aperto no coração. Teve vontade de chorar. Ali estava uma prova de amor e de bondade; alguém se preocupava com ele.

Lembrou-se do sonho e não conteve mais as lágrimas. A fisionomia da mãe ainda estava viva dentro dele. Era tão pequeno quando o senhor a levara embora; sentia tanto sua falta! Se a mãe estivesse a seu lado, com certeza sua vida seria melhor. Havia uma paz tão grande em seu coração naquele momento, que tinha a impressão de que ela estava ali.

***

Tio Chico, como sempre, dava suas voltas ao redor da casa-grande. Cutucava as plantas aqui e ali, mas sua atenção estava voltada mesmo ao movimento que envolvia os irmãos de sorte. Os capatazes estavam reunidos na cocheira, falavam baixinho, e, pela experiência do velho Chico, tramavam algo. O que seria?

O movimento na casa-grande parecia o mesmo de sempre. Alguém tocava piano. Ou era a sinhá-moça ou a sinhá-menina. O rapazola deveria estar se divertindo com os jogos do estrangeiro que sempre ganhava dos parentes que moravam lá. A sinhá-velha dividia-se entre ralhar com as negras e cochilar na velha cadeira de balanço. O senhorzinho, sempre fazendo contas e anotações, um copo de um lado, o cachimbo do outro. As negras correndo como loucas para não faltar nada à mesa dos senhores.

Essa rotina ele conhecia desde criança. Não lhe causava nenhum espanto. Contudo, o que estava estranhando naquele dia era o comportamento dos capatazes. Começavam a chegar também alguns capitães do mato. Alguma coisa havia acontecido pelas redondezas. Teria havido uma fuga? O único incidente do dia fora entre Antero e seu Toninho, o que não seria o bastante para provocar uma reunião entre eles. Antero era como um cachorro que, quando entrava onde não era chamado, apanhava, e, se reclamasse, apanhava mais, e não havia ninguém para reclamar sua defesa.

O velho Chico foi se sentar em seu lugar preferido, embaixo de uma velha jaqueira. Acendeu o pito e ficou matutando no que estava por vir. Havia algo no ar, e ele sabia que era sério.

Logo após o jantar dos senhores, a luz da varanda foi acesa, e uma negra veio correndo ao longo do grandioso alpendre acendendo os lampiões. Não demorou para o senhor aparecer, massageando a barriga, e de longe o velho Chico imaginava o que o motivava a fazer sempre esse gesto.

O senhor sentou-se na cadeira de balanço e acendeu o cachimbo. Uma negra trouxe uma bandeja com um vidro de licor e duas taças. Em seguida, a sinhá-moça chegou e se sentou em sua cadeira toda forrada de seda. A negra lhe serviu o licor, e o senhor também pegou uma taça, levando-a à boca e em seguida voltando ao velho cachimbo. Meia hora depois, o senhor disse qualquer coisa à negra que o servia. Ela então passou a recolher as taças de vidro e o licor, e se retirou depressa.

Tio Chico, observando toda aquela movimentação, tentava entender o que estava acontecendo.

Um moleque foi à cocheira e transmitiu alguma ordem aos capatazes. Eles vieram correndo, e logo estavam todos de braços cruzados com o chapéu sobre o peito, reverenciando o senhor.

Abaixo do alpendre havia bancos de madeira pintados de azul. A um sinal do senhor, sentaram-se, os olhos erguidos para cima, onde se encontrava o proprietário de todas aquelas terras. Nenhum escravo poderia mais se aproximar; agora a conversa era entre eles.

O velho Chico pôde notar que cada capataz se pronunciava ao ser apontado pelo senhor. Quando chegou a vez de Toninho, o senhor cuspiu longe e acendeu de novo o cachimbo. A sinhá virou-se em sua direção e principiou a falar e a gesticular, e o velho Chico não precisava ser adivinho para saber qual era o assunto – Antero. Conhecia muito bem o ódio de Toninho e da sinhá-moça pelo rapaz.

Meia hora após a reunião com os capatazes, voltaram à cocheira e se juntaram aos capitães do mato, que haviam ficado à espera. O velho Chico não tinha percebido que os cavalos estavam prontos. Trovão, o cavalo preferido do senhor, foi levado até ele, que se despediu da sinhá e, montando o alazão, acompanhou os demais homens.

O velho Chico levantou-se e proferiu um "Ai, ai, ai!". Alguma coisa séria estava por acontecer. O negro velho deixou o toco e saiu matutando no que tinha visto. Encontrou a sobrinha, que servia na casa-grande, e perguntou:

– Rosinha, que diabos está acontecendo? Você ouviu alguma coisa?

– Ouvi o senhor falando para a sinhá que fosse dormir e não esperasse por ele. Não sabia a que horas voltaria; ia ter uma reunião com todos os senhores das vizinhanças para decidir coisas do interesse deles. Disse que os capatazes antigos iriam participar, mas que ela podia ficar sossegada porque os novos ficariam no lugar dos outros.

– Foi só isso que ouviu? – insistiu o velho Chico.

– Ah, seu Toninho falou para o senhor que Antero estava mexendo com as mulheres na beira do rio, e que ele precisou usar de leve o chicote para afastá-lo, pois ele teimava e o desafiava, dizendo que era filho do senhor e que estava na hora de exigir seus direitos. A sinhá ficou nervosa e entrou na conversa. Aí falou mais ou menos assim para o senhor: "Tenho alertado você sobre esse mulato abusado. Deveria vendê-lo como um escravo qualquer! Seu maior erro foi deixá-lo na fazenda; se tivesse sido vendido com a mãe, nada disso estaria nos acontecendo. Olha só que problema! Quem me garante que eu e meus filhos vamos estar em segurança com esse desocupado rondando a casa? A sua mãe, pobre coitada, devido à idade, já não raciocina direito, e vive acobertando o mulato, tratando-o melhor que os próprios netos e gerando mágoa entre os nossos filhos".

– Que mais, Rosinha? – quis saber o negro velho.

– O senhor respondeu para a sinhá que vai tomar uma providência; que ela sossegue, porque ele vai dar um jeito. E eu lhe pergunto, tio Chico: o que será que vão fazer com o pobre do Antero?

– Vamos rezar e pedir a Deus que seja feito o melhor, minha filha. Agora vou esticar minhas pernas e esperar o sono chegar; Deus a abençoe, e boa noite.

O velho Chico entrou na senzala. Alguns companheiros já estavam deitados nas redes. Um deles lhe perguntou:

– Quais são as novidades, Chico? Queria fazer companhia a você, mas as dores nas juntas me pediam descanso.

– Olha, pessoal, o senhor saiu com os capatazes. Foram para uma reunião com os fazendeiros vizinhos. Pelo que temos acompanhando e ouvido das notícias da cidade, a coisa está ficando feia para o lado deles e para o nosso também. Temos de esperar para ver o que é que chega por aí. Enquanto não sabemos, devemos rezar e pedir ajuda a Deus.

– O Tião veio da cidade hoje e disse que teve notícias do Bento e da família – contou um deles. – Parece que Arlinda e toda a família estão mesmo sob os cuidados do tal senhor lá das minas de ouro. Quando falo "cuidados", quero dizer morando com ele, e ela agora é considerada livre. O senhor das minas comprou a liberdade dela e a dos pais. Quando Antero souber disso, vai ficar pior do que está, mas é a verdade. Ele tem de esquecer a moça e viver a vida dele como Deus e o senhor quiserem.

Os negros velhos continuaram proseando enquanto aguardavam o corpo esquentar para dormir.

Na casa-grande, a sinhá-velha tinha cochilado durante a tarde e estava sem sono. Chamou a negra que lhe fazia companhia e perguntou:

– Zefa, onde se meteu o meu neto Antero, que não o vi? Veja se está por aí. Tive um sonho com ele, e Antero não estava bem. Preciso saber como ele está. Vou até a janela; já coloquei meus óculos. Peça que venha aqui na frente da casa para que possa vê-lo.

A negra, amparando-a, falou:

– Sinhá, vi Antero na hora do jantar. Ele está ótimo! A senhora teve apenas um pesadelo. Já é tarde, ele deve estar dormindo. Depois, não posso sair da casa. Os senhores estão sentados à frente dela, e os capatazes, cercando-a por todos os lados.

– Você não está mentindo para mim, Zefa? Viu mesmo meu neto? – insistiu a velha senhora.

– Sinhá, nunca menti para a senhora! Deus me livre.

Folheando um livro de moda e etiqueta, a sinhá-moça observava os filhos ao piano. Enquanto isso, refletia: "Esse mulato tem de sair da minha casa. Algo me diz que ainda vamos ter sérios problemas com ele. Preciso pensar em um jeito de retirar esse infeliz daqui, ou melhor, de acabar com ele. Mesmo que deixe a fazenda, será sempre um problema para nós". E, ponderando a respeito, lembrou-se do capataz. "Tenho um aliado, seu Toninho... Será que ele vai me ajudar?"

Capítulo II

Planos nefastos

O vingativo fazendeiro mancava com a perna esquerda – vestígio de luta corpo a corpo com negociantes de um navio negreiro que haviam tentado lhe dar um golpe. Naquele dia, não só conseguira reaver o próprio dinheiro como o de todos os fazendeiros da região, arrebatando as mercadorias valiosas e, por fim, matando a tripulação e incendiando o navio. Não esquecera de recompensar bem seus homens.

A partir daquele dia, ganhara fama e respeito. Os fazendeiros que haviam recebido o dinheiro de volta passaram a consultá-lo sobre estratégias de negócios. Era soberano naquele território e ai de quem tentasse desafiá-lo em alguma coisa. As reuniões eram lideradas por ele, e todas as decisões aguardavam sua aprovação. Era o deus daqueles arredores.

Naquela noite, encontravam-se na fazenda todos os fazendeiros, capatazes e capitães do mato, bem como outras pessoas da região. Mesmo quem não aprovava seu método de trabalho participava, com medo de represálias. A palavra inicial foi proferida por ele:

– Se uma palavra que sair de minha boca se espalhar no vento e chegar aonde não deve, mando fazer a limpeza geral, depois boto fogo na fazenda, para não sobrar nada – avisou o ditador.

De fato, os que tinham tentado traí-lo não haviam tido tempo de lhe pedir perdão. Ele mandava eliminar toda a família e queimar tudo o que pertencesse ao traidor.

Todos ali baixaram a cabeça e tinham as mãos suando frio.

– Bem, senhores, o que vou propor que façam nas fazendas de vocês eu já estou fazendo nas minhas. – E passou a relatar o plano diabólico. Alguns capatazes mal podiam conter o prazer; um deles era Toninho.

Por fim, quando a execução do mulato atrevido que ousara se sentar em uma cadeira da lei já estava acertada, o fazendeiro desabafou:

– Não tenho dormido à noite, até emagreci. Não sinto vontade de fazer nada! Enquanto estiver respirando o mesmo ar que aquele mulato, não vou ter sossego. – Fez uma pausa e, soltando profundo suspiro, continuou: – Nosso plano estando concluído, permanece o silêncio absoluto. E não custa nada lembrar mais uma vez: que nenhum de vocês dê com a língua nos dentes contando o que conversamos para as mulheres. O assunto morre aqui.

Ele mesmo estendeu uma das muitas garrafas que havia sobre a mesa e convidou todos a beber. Depois, secando a boca na manga da camisa, olhou para os capatazes e capitães do mato, e falou:

– Desejamos ouvir o que têm colhido por aí. Quem quer começar? Falem um de cada vez, e não se estendam muito no assunto. Sejam rápidos e breves.

Toninho levantou a mão.

– Pode falar, capataz. O que tem para nos dizer? – perguntou o mandachuva, observando-o com os braços cruzados.

– Bem, coronel, serei breve. O assunto que vou colocar aqui é para todos nós uma grande preocupação. Nestes últimos anos, os mulatos estão se espalhando por aí como ervas daninhas que se alastram pelos campos. Estão tomando conta de tudo, entrando em todos os lugares e pegando as funções que sempre foram ocupadas pelos brancos. Acho que os senhores deveriam começar a podar estas pragas aqui e ali. Mantenham apenas as fêmeas. Elas são úteis, e muitos senhores já estão ganhando mais com as mulatas do que com as vacas leiteiras. Mas os machos... assim que nascerem, devem ser mortos! Não deixem essas pestes se criarem. O meu senhor vai me dar licença, mas preciso falar: o maior problema que temos hoje na fazenda é um mulato. Os negros, nós dobramos com facilidade. Mas o mulato exige tratamento diferenciado e sempre tem alguém da família dando cobertura. Já havíamos falado sobre esse assunto tempos atrás e agora vejo que o problema se agravou com a presença de tantos mulatos ocupando cargos e postos entre os senhores.

O mandachuva, vermelho de raiva, socou a mesa e bradou:

– Você tem razão, homem. E muitos dos senhores aqui presentes são culpados por isso! Estão enchendo as fazendas de mulatos e dando a eles tratamento de rei. O negro trabalha sob as ordens do branco, que, se não se dobrar diante do mercado, vai à falência. E estes amaldiçoados ficam por aí jogando praga naquilo que construímos com tanto sacrifício. Nas minhas fazendas não tenho nenhum! Nem macho, nem fêmea! Se quiser me divertir com uma dessas mulas, vou às casas de diversão. O certo é não ter nenhum deles por perto. Sou a favor do que opinou o capataz, e me surgiu justamente agora uma ideia. Podemos sustentar um convento e mandar as mulatas para lá, até completarem quinze anos. Sairão prontas para serem negociadas como prendas, bem longe daqui. Os navios negreiros vão ter cargas preciosas.

Os fazendeiros se entreolhavam. Quase todos tinham filhos e filhas mulatos. O que fariam com os que já tinham certa idade?

Um deles arriscou a pergunta:

– Entendo a proposta do coronel e acho até que tem sentido. Todavia, devemos tomar cuidado com as investigações promovidas pelos movimentos que se fortalecem dia a dia com o apoio de países defensores da libertação dos escravos. Vão cair em cima de nós! Um convento só de fêmeas tudo bem... Mas e quanto aos machos? Como vamos explicar?

– Tem razão – concordou o mandachuva. – Vamos colocar em aberto esse assunto, e cada um de vocês pense em algo. Temos de discutir melhor a ideia.

Conversaram em grupo e, por fim, o coronel queria ouvir as novas sugestões. Toninho sugeriu que se exterminassem aos poucos os mulatos de sete anos em diante. Uma picada de cobra, um afogamento, uma queda de cavalo – acidentes ele arranjaria com o maior prazer. As meninas, a partir dos sete anos, poderiam ser encaminhadas ao convento. Para o plano não ficar muito evidente, deveriam manter um colégio só para meninos também. Aliás, já até existia um; os padres eram os responsáveis por ele. Poderiam custear o aumento de espaço e encaminhar os mulatos para lá. No entanto, antes que se formassem e que pudessem tomar o emprego dos brancos, na festa de formatura seria colocado, em alguma comida ou bebida, veneno suficiente para matá-los de uma só vez, fazendo que a culpa recaísse sobre algum padre "maluco". Depois desse primeiro incidente, achariam um meio de ir eliminando os demais.

O coronel achou aquela ideia fantástica. Matariam apenas os que se preparavam para deixar o colégio; os que escolhessem continuar com os padres eram os maricas, portanto, não apresentavam ameaça, pois ficariam em regime fechado.

Diversas ideias foram apresentadas, uma mais absurda que a outra. Por fim, resolveram marcar uma audiência com a madre superiora e o frei responsável pelo colégio que recolhia os negros.

Um dos fazendeiros levantou a seguinte questão:

– Hoje o colégio dos padres mantém apenas negros, filhos dos hipócritas que compraram cartas de alforria para si e para os filhos. Eles morreram e os filhos ficaram sem dono, então os padres os recolhem e os tratam como brancos. Mas esses padres não são tão santos como se pensa... Tive notícias de que estão levando a negrada para o estrangeiro e voltando com os bolsos pesados. Essa é uma questão que devemos investigar. Estamos em uma má fase, e eles estão tirando proveito da situação. Conheço vários casos assim. Citarei o do meu amigo, coronel Oliveira. Ele está aqui presente e pode falar sobre isso melhor que eu. O pai de um dos escravos dele havia adquirido a carta de alforria e, tempos depois, comprou a do filho. Mas veio a falecer, o que não é novidade para nós, e o filho foi recolhido pelos padres. O coronel tentou comprá-lo dos padres, mas eles não aceitaram. Ao contrário, fizeram-lhe uma proposta: desejavam comprar a mãe do rapaz por uma mixaria, e o coronel teve de engolir esse desaforo. O rapaz continua com os padres, e a mãe, que é escrava, continua com o coronel. Temos aí um perigo próximo. Esse infeliz ainda vai arrumar encrencas para o meu amigo...

Foi outra discussão boa. O mandachuva pensou e expressou sua opinião, que foi aplaudida por todos.

– Vamos dar uma lição nesses aproveitadores de saia. Eles vão nos fazer um grande favor: colocaremos negros e mulatos juntos, e então vocês vão ver no que vai dar. Os negros não gostam dos mulatos, e a ideia de Toninho vai entrar em ação. Os negros é que vão envenenar os mulatos!

– Tenho quatro mulatos em minha fazenda – comentou um outro fazendeiro. – Dois já adultos e duas crianças. Com as crianças eu já sei o que fazer, mas e com os adultos?

– São seus filhos? – indagou o fazendeiro mandachuva com sarcasmo.

– Um deles até acredito que sim; os outros são dos capatazes. Vocês capatazes aqui presentes jogam a culpa e o peso dos mulatos para os seus senhores, mas são vocês mesmos quem mais geram mulatos nas fazendas. Você mesmo, Toninho, tem noção de quantos mulatos na fazenda do seu senhor e em outras por aí são crias sua?

O mandachuva levantou as duas mãos e falou:

– Não estamos aqui para defender ou acusar quem é o pai ou não dessas porcarias! Estamos preocupados em prevenir nosso futuro, e queremos achar uma solução para o problema. Não me vejam como um ser sem sentimentos nem preocupação com os demais. Dói-me ter de tomar certas decisões, mas cada homem que veio ao mundo trouxe o seu destino, e, se Deus confiou essa carga a mim, preciso fazer a minha parte.

Os coronéis assumiram o compromisso de que iriam encontrar uma solução para os mulatos adultos das fazendas, e o caminho mais viável seria o colégio dos padres, sendo que a sorte de cada um estaria a cargo de Deus.

Antes de deixarem a reunião, o mandachuva fez um elogio ao capataz Toninho na frente de todos:

– Eu o contrataria pelo valor merecido. Você é um capataz que, além de demonstrar amor pelo que faz, é fiel e destemido.

Toninho inflou o peito em um gesto de orgulho.

– Se depender de mim, nossa profissão se manterá ao longo dos séculos. Gosto do que faço; defendo meus parceiros e sou fiel como um cão ao meu senhor. E os senhores fiquem tranquilos; eu e meus companheiros já sabemos o que fazer. É só os senhores aguardarem os acontecimentos.

Ele havia sido encarregado do plano discutido, e de fato ninguém tinha mais punho ou melhor pontaria que aquele capataz.

O seu senhor não respondeu nada, mas ficou vermelho de embaraço. Toninho não dava ponto sem nó; estava querendo aumento e promoção. Teria de rever esse caso. O velho Pedrão, responsável por outros capatazes, andava meio acomodado e mole de coração. Colocaria Toninho no comando e lhe daria um aumento. Afinal, tinha de ficar bem com o coronel, que lhe devolvera parte de seu dinheiro quando comprara um lote grande de escravos, na ocasião em que afundara o navio dos comerciantes estrangeiros.

Ainda no caminho de volta para a fazenda, o senhor chamou Toninho para perto de si e lhe confidenciou:

– Lá pelas onze horas quero que me acompanhe ao colégio do frei Gregório. Desejo mandar Antero para lá o mais rápido possível. E, no fim da tarde, reúna todos os capatazes. Vou colocá-lo como chefe da guarda da casa. Pedrão está velho e cansado; não tem mais a mesma habilidade de antes.

– Obrigado, senhor, pela confiança. Farei o possível para não decepcioná-lo e, se depender de mim, suas fazendas voltarão a ser prósperas. Não podia interferir no trabalho do Pedrão, mas confesso que notei muitas coisas se perderem por falta de pulso dele. Às onze horas, estarei com a sua montaria pronta e à espera de meu senhor. Eu o acompanharei ao colégio com muito prazer.

Naquela noite, Toninho deitou-se ao lado da mulher, mas nem lhe prestou muita atenção. Sentia-se feliz; teria poder sobre os demais, algo com que sempre havia sonhado. Teria mais dinheiro no bolso, poderia gastar mais com suas aventuras. Frequentaria a casa das mulheres do sul, que eram brancas como algodão, mas também continuaria a se embriagar nos braços das mulatas. Defendia as mulatas; elas precisavam continuar nas casas de diversão.

***

O dono da fazenda rolou de um lado a outro na cama, os lençóis de seda enrugando-se tal era sua inquietação. A esposa acordou e lhe perguntou:

– Como foi a reunião? Tudo bem? Vejo que não consegue dormir.

– A reunião foi excelente! Você sabe que, quando perco a minha hora de dormir, custo a pegar no sono de novo.

– Quer que mande Isabel fazer um chá? Quem sabe você relaxa e adormece.

– Não, não é preciso, obrigado. Veja se consegue dormir; vou procurar não me mexer tanto. Até que é bom ficar um pouco acordado para colocar algumas ideias em prática.

– Bom, também estou sem sono. Acho que fui dormir cedo demais e agora despertei. Se quiser conversar alguma coisa comigo... Nunca me meti em seus negócios, mas, quando me pede um palpite, sempre acerto, não é?

– Tem razão. Vou lhe perguntar uma coisa e você me responde como das outras vezes, em que sempre me deu a resposta certa. Resolvi mandar Antero para fora da fazenda. Acho que ele está causando muitos transtornos à nossa família. O que você acha?

A esposa do fazendeiro sentou-se de uma vez sobre a cama.

– Para onde vai mandá-lo? Se for para a companhia da mãe, será um grande erro – tornou ela, nervosa.

– Calma, mulher! Você não me deixou terminar a conversa. Vou falar com frei Gregório e mandá-lo ao colégio que ele dirige. Antero vai ficar lá por cinco anos, vai cumprir um contrato. Depois eu vejo o que fazer com ele. Se eu morrer, naturalmente será você quem vai decidir o destino do rapaz. Penso que, findando os cinco anos, podemos cedê-lo para trabalhar no colégio por mais cinco, e assim sucessivamente.

– E se os padres quiserem comprá-lo? Não pensou nessa hipótese?

– Antero não poderá ser vendido como os outros escravos. Não o reconheço como filho, mas é de conhecimento geral que ele nasceu na minha fazenda e me pertence. Quem vai se atrever a me fazer esta afronta? Nem mesmo os padres seriam loucos de tentar algo parecido. Estariam comprando o próprio túmulo.

– Tem razão. Pensando bem, acho que no momento é a melhor solução para nós. Com estes ataques que estamos vivendo nos últimos tempos, precisamos tomar muito cuidado para não nos tornarmos alvo de atenção. Sua mãe é que vai ficar dia e noite falando sem parar. Nossos filhos não se aproximam dela porque ela vive falando para quem quiser ouvir que tem um neto que vale ouro, e não é nenhum dos netos brancos. Aborreci-me muito; agora não lhe dou mais ouvidos e pedi a nossos filhos que não deem também. Deixe para lhe contar depois que ele se for, senão vamos ter problemas, inclusive com os demais negros.

– Fique calma. Farei tudo do meu jeito. Tenha mais um pouco de paciência. Já está confirmada a vinda de minha irmã, e minha mãe vai voltar com ela. Faz cinco anos que está conosco; agora é hora de voltar com a filha, que tem mais obrigação de cuidar dela do que você.

A mulher o abraçou e respondeu com falsa suavidade:

– Adoro sua mãe! Gostaria tanto que ela gostasse de mim e dos meus filhos... Não quero que fique triste com essas coisas; sei o quanto ela é importante para você. Por mim, dona Luiza ficaria aqui conosco pelo resto da vida. Não diga a sua irmã que ela deve levar a mãe porque ela me dá trabalho. Pelo amor de Deus, não é verdade!

– Não, não vou precisar falar. Minha irmã vai perceber que nossa mãe não se adaptou aqui. É uma questão de costume. Se até mesmo nós sofremos com as diferenças de hábitos daqui, imagine ela! Mas me dê uma ideia: quem você me indica para acompanhar minha mãe? Quero doar um serviçal. Pode escolher entre homem ou mulher.

– Mande a Selma. Essa negrinha está começando a colocar as unhas de fora. Sabe como são os jovens... Peguei nosso filho estirando os olhos para os seios dela. Chamei a atenção dele, e estou vigilante. Mas ela é dissimulada; vive se oferecendo para os capatazes. Nem sei como ainda não embuchou!

– Tudo bem. Será quem você escolheu. Graças a Deus não preciso me preocupar com estes problemas de casa. É gratificante saber que tenho uma esposa que me ajuda. Você foi o melhor presente que Deus me deu.

Abraçada ao marido, dizia a si mesma: "Não foi bem meu filho que vi estirando os olhos; foi você, seu sem-vergonha! E a negrinha safada toda derretida, agachando-se para mostrar o traseiro e os peitos". Ela já estava mesmo prestes a pedir a Toninho que retirasse Selma dos arredores da casa, até que fosse embora de vez.

Quanto ao mulato, o ideal seria que morresse, mas por ora era suficiente ficar isolado e longe de seus olhos. Depois pensaria nessa hipótese de novo. Precisava cuidar do futuro e da segurança dos filhos. Não via a hora de se livrar da velha sogra. A presença dela em sua casa era um castigo.

O marido comentou, sorrindo:

– Vou incomodar você só com mais uma pergunta: o que acha de nomearmos Toninho como chefe da guarda de nossa casa? O Pedrão está devagar, já não atende a todas as necessidades da fazenda. Acho que está na hora de parar.

– Sinceramente? Você foi inspirado por Deus! Tem coisas que não conto a você para não magoá-lo. Sei que Pedrão o acompanha desde que você nasceu. Todavia, o mundo não é o mesmo. Tudo mudou ao redor, e ele ainda não se deu conta. Cuido dos afazeres que envolvem a casa, procuro não interferir nas suas decisões com os serviçais, só dou palpite quando me pergunta. Então, minha opinião é de que você acertou na mosca! Seu Toninho é astucioso, atento, jovem e ambicioso; tem vontade de crescer e ser conhecido como um bom capataz.

***

Naquela noite, alguns brancos e mulatos preparavam-se para começar uma nova página na história de sua vida.

Lá pelas quatro e meia da manhã, os galos começaram a cantoria e a negrada já estava pronta para dar início a sua lida. As negras velhas, arrastando as chinelas de corda, dirigiam-se à cozinha amarrando as toalhas brancas de saco na cabeça. Os negros velhos faziam raspas de lenha para acender os fogões, outros corriam ao curral para buscar o leite. Assim se dividiam entre servir a casa-grande e os escravos que precisavam seguir para os campos. O capataz separava em grupos os negros que iam para as lavouras ou que fariam outros serviços, como arrumar cercas e cavar açudes, entre os demais trabalhos pesados desenvolvidos por eles.

Seu Pedrão aproximou-se de Toninho e lhe perguntou:

– Estou vendo que não está preparado para seguir ao campo. Está acontecendo alguma coisa?

– Sim, senhor. Ficarei aqui até receber as ordens do meu verdadeiro senhor. E, se tiver alguma dúvida a esse respeito, fique também, que ouvirá da boca dele o que deseja de mim.

– Calma, homem. Só lhe fiz uma pergunta. Não estou duvidando de sua palavra. Apenas achei estranho. Geralmente, quando um de vocês recebe uma ordem do senhor, vem me comunicar para que eu possa mudar a escala. Você mesmo nunca deixou de me avisar das mudanças em sua rotina.

– Pois é... Mas hoje não o avisei e, daqui para a frente, não o avisarei nunca mais. Se não entendeu ainda, falta pouco para que compreenda. – Ao dizer isso, deu-lhe as costas e saiu tranquilamente.

O velho capataz, observando o outro partir, deu-se conta do que havia acontecido. Ele agora seria o novo chefe dos capatazes. Depois do que a velha raposa havia lhe dito, não restava mais dúvida; Toninho conseguira o que tanto queria: havia tomado seu lugar.

Contudo, aquilo pouco importava agora. Já estava cansado daquela vida. Com os parcos recursos que adquirira na vida de trabalho, aplicando castigos e oferecendo aflições a outras pessoas, tinha adquirido um bom pedaço de terra e possuía algumas cabeças de gado e montarias. Aquilo lhe seria suficiente para viver bem pelo resto da vida. Muitos amigos dele haviam se dado ainda melhor. Naturalmente, tiveram de se mudar, empregar ex-escravos, e já começavam até mesmo a plantar de “meia”: davam a terra para o ex-escravo cultivar, e o que era colhido era dividido meio a meio. Estava dando certo, embora o arranjo estivesse criando uma guerra contra os senhores fazendeiros.

Pedrão sentia-se cansado de cometer injustiças. Nos últimos tempos, fingia não ver certas coisas, e assim ia levando a vida e ajudando os pobres infelizes, que o adoravam. O dinheiro que havia guardado dava para começar algum negócio longe dali. Tinha ouvido falar que muitos ex-capatazes e ex-escravos começavam a escrever uma nova história no país. Ele seria mais um a se unir a eles.

***

O velho Chico foi ao barraco de Antero levar remédios e um pedaço de bolo de mandioca com uma caneca de café. Encontrou o rapaz ainda deitado na rede.

– Bom dia, Antero. Como está?

O rapaz sentou-se na rede e respondeu:

– Bem melhor, tio Chico. Dormi como uma pedra! Aquele remédio que o senhor me deu foi muito bom, e tive um sonho tão lindo com a minha mãe... Foi tão real que ela parecia estar aqui comigo.

Observando a ferida no rosto do rapaz, o preto velho comentou:

– Quem sabe ela não esteve por aqui mesmo?

– Mas as almas só aparecem quando a pessoa morre. Será que minha mãe morreu?

– Que besteira, menino! As almas não morrem nunca. A gente só muda de corpo e continua existindo. Com este ou outro corpo, vou ser sempre o mesmo. E, se Deus permitir, você acha que meu espírito não pode sair um pouco do corpo para visitar outra pessoa? Não precisamos morrer para que isso aconteça.

– Então pode acontecer de a minha mãe sair do corpo e vir até aqui para me ver? – indagou Antero, a expressão curiosa.

– Claro que sim. Todos nós deixamos o corpo adormecido e saímos em busca dos entes amados. Sua mãe com certeza vem sempre ver você. Mas vamos mudar de assunto. Tenho muita coisa para fazer hoje. Essa época do ano é terrível... O que tem de crianças e adultos com bicho-de-pé! Daqui a pouco vai começar a gritaria das crianças. Já desinfetei meu canivete e vou cuidar dos pés deles. Seu rosto está bem desinchado, e a ferida está pronta para começar a sarar. Vou limpar com água de alecrim e passar mais um pouco de pomada. À noite, torno a passar. Três dias e a ferida já estará fechando, com a graça de Deus.

Depois que o negro velho terminou o curativo, virou-se para o rapaz e recomendou:

– Tome seu café e não saia por aí fazendo estripulias. Não pode nadar no rio nem ficar subindo em árvores. Se cutucar essa ferida, pode até morrer. Não se brinca com ferimentos de ferro. Sossega o facho, e só saia daqui se for chamado, entendeu?

– Sim, senhor. Prometo que vou ficar por aqui. Perdoe--me, tio Chico, pelas coisas erradas que venho fazendo. Se pudesse, iria ajudá-lo. Queria fazer alguma coisa útil. Meu maior desgosto é que me tratam como um ser sem utilidade nenhuma. Os cachorros latem e correm atrás do gado, acompanham os capatazes, mas e eu? Sinceramente, queria ser um deles, assim teria alguém que me desse algum valor.

– Sossega esse espírito e aprenda a rezar e a ter fé! Pense no sonho que teve com a sua mãe e comece a refletir sobre tudo o que conversaram. Tenho certeza de que ela veio para ajudar.

O negro velho saiu balançando a cabeça. Quem o olhasse de longe, pensaria: "Esse negro velho está ficando caduco; fala e gesticula sozinho". Todavia, não falava sozinho. Conversava sempre com Jesus e, quando deparava com situações semelhantes à de Antero, balançava a cabeça e falava consigo: "Oh, meu Senhor! Estou tão longe de entender a Tua grandeza, por esse motivo peço que me ajude a ajudar sem julgar. O que o Senhor faria em meu lugar? Jesus, me fale no coração para que possa fazer igual".

Quando alguém estava magoado, revoltado, sempre vinha lhe pedir conselhos. O velho Chico então oferecia às Chagas de Jesus uma bonita prece que nascera da fé de seu coração. Ouvia todos os lamentos orando de olhos fechados e, em seguida, citava várias passagens da vida de Jesus, embora nunca houvesse lido uma bíblia. Mas tinha quem lhe falasse ao coração. E, após citar esses exemplos, pedia que a pessoa se perguntasse: "O que faria Jesus em meu lugar"? A resposta que viesse ao coração era a verdadeira, e todas as pessoas que vinham em busca de ouvir suas palavras tinham por conselho questionar com essa simples pergunta a própria consciência.

Os senhores, quando estavam com problemas de saúde ou outras aflições familiares, chamavam-no para orar em silêncio dentro da casa-grande. Era apenas em ocasiões como essas que entrava na casa branca e azul, orgulho e marca dos senhores. Gozava de algumas regalias devido à boa reputação. Era o único escravo velho que tinha liberdade de andar pelos jardins da casa-grande e circular pelos arredores da fazenda. E os senhores sabiam que ele era do bem, que conseguia desarmar os cativos revoltados apenas sentando ao lado deles e conversando por alguns minutos. Sem contar seus unguentos, garrafadas, pomadas, banhos, e o canivete, bisturi dos escravos. Seu canivete era sagrado; ninguém o tocava, e o velho Chico também era o único escravo a possuir tal arma. O preto velho era um negro com a sabedoria de uma alma branca – assim dizia a velha-sinhá aos padres que vinham buscar suas ricas contribuições, muitos deles se servindo das garrafadas do velho Chico para curar mal do estômago, reumatismo e outras doenças.

Tio Chico sentou-se no velho tronco da mangueira. Aquele lugar de trabalho do preto velho era tão respeitado que nenhum escravo ou capataz tinha coragem de se sentar nele. Tio Chico esfregou as duas mãos no chão. Quem o observasse naquele momento, poderia estranhar aquele gesto. Por que esfregar as mãos no chão daquele jeito? Enquanto o fazia, rezava e pedia a Jesus que limpasse seus pecados no pó daquele chão, e que lhe permitisse cuidar da saúde das pessoas.

Chamou o moleque Zezinho, que veio correndo com uma cabaça cheia de um líquido escuro. Tio Chico lavou bem as mãos e espalhou seu material de trabalho. Pediu a Divina que fosse trazendo os meninos mais velhos para o tratamento dos pés. Os novos ficariam olhando e não teriam medo quando chegasse a vez deles.

Dentro de um bornal feito de couro de boi, guardava enormes jabuticabas. Abriu-o e o deixou bem à vista. O moleque Zezinho foi o primeiro. Sentou-se, pegou uma jabuticaba e passou a mastigá-la. Enquanto isso, o negro velho esfregou bem suas solas dos pés com um óleo escuro que ele mesmo preparava, cutucou o bicho-de-pé e, com um chumaço de algodão embebido em querosene, puxou o *malvado*, como o descrevia às crianças. Limpou com outro líquido e falou para o moleque pegar mais uma jabuticaba.

– Fica sentado ali até eu dar ordem para você se levantar.

E assim foi, um por um. Enquanto fazia esse trabalho com o auxílio de algumas mulheres, ia contando histórias para as crianças, que ficavam encantadas e se punham a devanear.

Terminado o trabalho com os bichos-de-pé das crianças, pediu que fossem brincar no espaço de terra batida ao lado da senzala, e avisou que não podiam, em hipótese alguma, ir ao monturo atrás da senzala. Foi então a vez das mulheres e de alguns velhos escravos que serviam nas tarefas da casa.

Quando finalizou a tarefa daquele dia, pediu às mulheres que levassem seus pertences e ali ficou, sentado de cabeça baixa, orando e agradecendo a assistência recebida naquele dia. Uma das crianças que brincava em meio a outras no espaço reservado a elas, apontando em direção à mangueira, falou, olhos arregalados:

– Tia Zulmira, tia Zulmira! O tio Chico está voando no meio de uma nuvem igual ao sol. Olha lá em cima da mangueira! – A menina parecia extasiada com o que somente ela podia ver. Não se cansava de apontar e falar: – Olha lá! O tio Chico voando na nuvem da cor do sol!

As outras crianças olhavam e perguntavam:

– Onde é que está? Não estou vendo!

Tia Zulmira pegou na mãozinha da menina e falou, os olhos marejados de lágrimas:

– Vamos brincar, vamos brincar! Aquilo ali é um anjo da história do tio Chico. Os anjos são parecidos com a gente, entendeu? Aquele anjo ali é o encantado, do qual o tio Chico fala. Por essa razão só você pode ver. Não olhe mais para o anjo.

Vá brincar com seus amigos. Assim o anjo vai brincar com os outros anjos também.

– Ah, então é isso? O anjo fica igual ao tio Chico só para me enganar. Que danado! – constatou a menina, toda orgulhosa.

As outras crianças passaram a repetir as histórias do tio Chico e logo esqueceram a aparição descrita pela menininha.

Um tropel de cavalos tirou o negro velho de sua concentração. Era o capataz Toninho, que passara por ele e, em tom sarcástico, dissera:

– Isso é que é vida, hein, velho Chico? Barriga cheia, sombra e água fresca. Quem não queria ter essa regalia?

O preto velho não respondeu nada. Balançou a cabeça assim que o capataz deu as costas e entregou a Jesus as palavras que havia acabado de ouvir. Levantou-se se apoiando no tronco e saiu arrastando as velhas alpargatas confeccionadas por ele mesmo. Foi até os canteiros de alecrim verificar como estavam, pois precisava colher alguns ramos para preparar seus remédios. Viu o senhor montando o belo alazão todo enfeitado. O animal brilhava ao sol; era um lindo cavalo. O capataz, bem-vestido, peito estufado para a frente, seguia o senhor na própria montaria.

Os dois se encobriram no horizonte. O preto velho, matutando, refletia: "Aí vem novidade. Essa reunião de ontem à noite está me cheirando a desgraça... Só tenho de pedir às Chagas de Nosso Senhor Jesus Cristo para ter misericórdia desses pobres infelizes".

Rodeando os canteiros, fazia a oração que um dia lhe brotara do coração e da fé. Estava de castigo quando a recebera, os pés acorrentados, sem camisa, sob o sol do meio-dia. A sede era tão grande que perdera as forças e desfalecera.

Escutara uma mulher gritando e implorando ao capataz que desse a ele um pouco de água. Escutara então o estalo do chicote e os gritos dele:

– Se não sair daqui agora, vai para o tronco com ele!

Naquela aflição danada, adormecera e saíra do corpo. Vira perfeitamente o corpo encolhido no chão ardente. Os capatazes sentados à sombra, jogando baralho e tomando aguardente, contavam as aventuras da noite anterior e com que mulher cada um dormiria naquele dia.

De repente, uma força invisível, como um redemoinho, arrastara-o para longe. Vira a si próprio à beira de um rio. As águas eram azuis e ao redor havia pés de manga, maracujá, goiaba e outras frutas de que gostava. Muitos meninos brincavam subindo nas árvores, tirando frutos e lhe oferecendo. Comeu avidamente. Banhou-se no rio e ficou apreciando o pôr do sol. A noite foi chegando. As primeiras estrelas surgiam no céu límpido e os meninos continuavam por ali rindo e correndo de um lado para outro.

Ficou observando a imensidão do céu, que logo estava repleto de estrelas que reluziam e piscavam tanto, que pareciam se comunicar com ele. Sorrindo, agradecia a Jesus. Estava ali todo o entendimento do homem. Algo foi lhe chegando à mente e tocando seu coração. Era a oração:

Deus, salve este momento de graça para a minha alma!

Forças das Chagas de Nosso Senhor Jesus Cristo, as minhas forças há de guardar. A minha alma será guardada longe dos olhos dos meus inimigos, o meu corpo será guardado e tratado como tratadas foram as Chagas de Nosso Senhor Jesus Cristo.

O irmão que me ensina hoje terá a alma limpa e purificada amanhã. Como salvo foram todos os que se arrependeram diante de Nosso Senhor Jesus Cristo, eu me arrependo dos meus pecados.

Pelas Chagas de Nosso Senhor Jesus Cristo no alto da cruz, pelas lágrimas de sua Santa Mãe, pelas orações de Seu Pai, por todos os que rogam ao Pai pela Sua alma, entrego as minhas chagas a seus santos cuidados, e, pela fé e confiança que deposito no filho de Deus Pai Todo-Poderoso, peço-lhe que abrande o coração de meus algozes, ressuscite as forças de meu corpo físico e meu espírito elevado na Sua luz.

Dê-me, Senhor Jesus, a fé e a razão para que possa entender a minha dolorosa passagem em terra. Abençoa, Jesus, a todos os que me rodeiam; tenha misericórdia de nós.

Alivia a sede da minha alma com a suavidade de Sua Luz; protege, Senhor, o meu corpo físico. Que ele suporte o castigo carnal de que se faz merecedor neste momento.

Sopra o seu hálito sagrado e refresca o fogo que queima dentro de mim.

Em seus braços, a minha alma descansa e se fortalece.

Pai Nosso que está nesta terra onde o meu corpo descansa.

Pai Nosso que está no sol, não deixa que o meu corpo desfaleça sem a Sua gloriosa presença.

Pai Nosso que está no ar, na água e nas florestas, envia-me Seus anjos e santos em meu socorro.

Glorificado seja hoje e por todo o sempre, amém.

Neste maravilhoso desprendimento, abriu os olhos, e os primeiros raios da aurora anunciando o nascer do dia despontavam no céu. Tentou se lembrar de onde estava e logo a razão lhe voltava à mente: estava acorrentado ao tronco; as carnes doíam devido às chicotadas. Tentou respirar fundo, mas não conseguiu. A garganta queimava. A única coisa boa é que estava vivo, e começou a se lembrar de seu desprendimento. Quantas horas mais suportaria aquela aflição? Ouvia o ruminar das vacas leiteiras e o canto das corujas; esses sons lhe davam um pouco de esperança, pois não estava sozinho.

Não conseguia mexer os pés de tanta dor. As argolas que prendiam seus braços eram muito pesadas e ele estava sem forças. Fechou os olhos e se lembrou das palavras lindas que haviam nascido de seu coração, das águas límpidas do rio e da alegria dos meninos. Chegou mesmo a rir de olhos fechados, imaginando e sentindo o sabor das frutas na boca. Para ele, fora um delírio, mas havia decorado perfeitamente palavra por palavra aquela oração. Ficaria ali até Jesus vir a seu encontro. Só pedia e Ele que não demorasse muito; sua boca estava seca, e a garganta queimava e doía.

De repente, ainda de olhos fechados, ouviu o ruído de um trovão. Ou seria uma ilusão de sua mente?

Abriu os olhos com dificuldade e pôde ver um clarão riscando o céu. Era um relâmpago! "Oh, Jesus, o Senhor veio ao meu encontro! Faz cair sobre o meu corpo Sua bondade". Como mágica, os primeiros pingos começaram a descer, fortes e pesados. Abrindo a boca, agradecia sorrindo por cada gota que lhe descia suavemente pela garganta. A chuva aumentou. Batia-lhe no corpo, lavando as chagas e refrescando o corpo febril. Apenas a dor do chicote ainda teimava em lhe castigar as carnes do corpo físico, porque espiritualmente sentia-se aliviado e agradecido, muito agradecido. Desejava viver bastante ainda, para ajudar os outros irmãos nos castigos carnais.

Com muito sacrifício, ajeitou-se, mantendo-se sentado junto ao mourão onde estava acorrentado. Começou a rir ao se lembrar de que ele próprio escolhera na mata aquele mourão, o maior tronco de pau-ferro. Fora ele quem cuidara de secá-lo na sombra e o preparara. Com a ajuda de dois negros o havia fincado na terra, fazendo uma amarração que nenhum touro, por mais valente que fosse, arrancaria. Estava acorrentado no curral. Uma vez ouvira um padre dizendo que Jesus e o pai faziam cruzes, e que Jesus fora pregado em uma cruz. Ele também estava amarrado ao mourão que tinha preparado.

O céu estava coberto por nuvens escuras. Tio Chico viu os capatazes correndo para o abrigo, protegendo-se com as capas de couro. Os bezerros berravam, procurando pelas mães. As vacas respondiam, aproximando-se dos abrigos.

O vento arrancava tudo. O negro Chico viu telhas e galhos de árvores voando por todas as partes. "Santo Deus!", pensou. "Não morri no sol, mas vou morrer nas águas".

O capataz-chefe aproximou-se dele, atolando as botas na lama.

– Recebi ordem de soltar você, negro – disse. – Nunca vi uma chuva dessas por aqui assim tão fora de hora. Vai para a senzala e não faça alarido, se não quiser vir pagar o resto das horas que ficaram para trás.

Tio Chico saiu cambaleando e rezando a oração que aprendera. Chegou à porta da senzala e não sentiu mais o corpo. Acordou deitado em uma esteira com muitos negros ao redor, esfregando-lhe poções nos pulsos. Graças a Jesus, logo se recuperou do castigo e não guardou nenhuma mágoa do irmão que lhe causara todo aquele sofrimento.

Assim que se sentiu melhor, as mulheres e os mais velhos, que o conheciam bem, vieram conversar com ele. Todos os negros sabiam que Chico jamais levantaria um dedo para pegar nada de quem quer fosse, quanto mais mexer com coisas dos senhores.

O negro Zé Pedro, contudo, vivia se metendo em encrencas. Tinha o hábito de pegar o que não lhe pertencia. Quando as roupas dele rasgavam, ia escondido e pegava a do outro. Na cozinha, precisavam vigiar quando se aproximava, pois enfiava a mão e levava escondido o que podia. Tirava coisas dos capatazes e acabava complicando os inocentes. Não faltavam conselhos. Tanto os mais velhos quanto os mais novos estavam sempre abrindo os olhos dele.

Naquele dia, Zé Pedro aproveitara que o capataz havia descuidado da capanga com todos os pertences e pegara tudo o que desejava, depois a colocara dentro da rede do pobre Chico. O capataz invadira o barracão e fora chutando redes e o que mais encontrasse pela frente. Quando vira a capanga dentro da rede de Chico, erguera o chicote e começara a perguntar aos outros onde ele estava.

Tio Chico, tão logo ouvira aquela gritaria toda no barracão, mulheres e crianças chorando e correndo, largara com rapidez a enxada com a qual limpava o monturo e viera correndo saber o que se passava. O capataz avançara sobre ele, já o chicoteando e chamando-o de ladrão sem-vergonha. Arrastara-o até a frente da casa-grande e o apresentara ao senhor como um ladrão.

– Olha só o que encontrei escondido dentro da rede dele: minha capanga! Mas meus pertences continuam desaparecidos.

O velho senhor, em pé com as mãos no cinturão, perguntara:

– Onde estão os pertences dele, negro safado?

Sem ouvir resposta, desceu os degraus e socou o rosto dele, dizendo ao capataz:

– Leve-o ao curral. Faça com que lhe diga onde se encontram suas coisas. E, se houver mais alguém envolvido no roubo, coloque-o também no curral. Deixe-o sob o sol o dia todo e a noite inteira. Amanhã de manhã, quando tomar meu café, lembre-me do ocorrido que vou pensar no que fazer. Não quero ladrões na minha fazenda. Pagamos uma multa alta se vendermos um escravo ladrão. Esses safados só têm dois caminhos: ou aprendem no tronco e não roubam mais, ou matamos o infeliz.

O capataz o levou ao curral, dando-lhe chutes por todo o corpo. Prendeu-lhe pés e mãos nas argolas mais pesadas. Começou a chicoteá-lo, enquanto gritava:

– Fala onde estão meus pertences, negro safado! Vou trazer todos da sua laia aqui, velhos e crianças. Todos vão apanhar na sua frente se não me contar logo onde estão as minhas coisas.

Chico não tinha a menor ideia de onde estavam as coisas do capataz. A única certeza era sobre o ladrão: por certo se tratava do Zé Pedro, pois o negro era o único que roubava na senzala. E, como todo gatuno, sempre dava um jeito de se sair bem e deixar que outra pessoa pagasse pelo seu crime.

Chico escutou outro capataz se aproximando do companheiro. Estendendo alguns objetos, falou:

– Zé Pedro achou isso no barracão onde o Chico fica. Veja se está tudo aí, e não se canse perdendo tempo com um negro vagabundo desses. Arranque a roupa dele para o sol fazer sua parte. Vamos ver se ele resiste até amanhã. Aí então veremos o que o senhor vai resolver.

O capataz terminou de conferir os pertences e respondeu ao companheiro que estava tudo ali. Aproximou-se de Chico e passou a chicoteá-lo com tanta força, que podia sentir o sangue pulsando forte dentro das veias. Passaram-se horas. O sol estava tão quente que Chico o sentia queimar-lhe os órgãos internos. Todo seu corpo tremia de dor. Uma mulher começou a implorar a permissão de colocar uma caneca de água na boca de Chico, mas o senhor lhe deu uma chicotada e a fez ir embora.

Fora assim que saíra do corpo e passara horas na mansão do Senhor.

Era um milagre de Jesus aquela chuva e ele ter sido solto; não havia outra explicação. Dois dias depois do castigo recebido, o mesmo capataz fora mordido por uma cascavel. Só Chico sabia onde se encontrava o remédio. O senhor o mandou buscá-lo com outro capataz. Na estrada, o capataz lhe perguntou:

– Chico, eu e outros companheiros temos certeza de que não foi você quem roubou o Jerônimo. Por que ficou calado?

– Porque não podia acusar ninguém. Não vi quem colocou aquilo na minha rede. Mas realmente não fui eu. Jamais peguei uma pena perdida de uma ave voando por aí, imagina se ia pegar as coisas do capataz. Contudo, se tivesse negado, o que iria acontecer? Outros teriam ido comigo para o tronco, mas quantos teriam suportado o que aguentei?

– Você suspeita de quem, Chico? – insistiu o capataz.

– Não suspeito de ninguém. Não posso levantar falso-testemunho contra uma pessoa se não posso provar nada.

Chico encontrou as cascas e as raízes para o remédio do capataz, que permaneceu um mês em isolamento. Com os cuidados e a sabedoria das negras curandeiras da senzala, ficou bom.

O senhor o testava de todas as maneiras. Facilitava todas as oportunidades para que, se de fato fosse um ladrão, caísse em tentação. Certo dia arrumava sacos de milho no paiol, quando o senhor, sem vê-lo, comentara com um feitor:

– Acho que o negro Chico aprendeu a lição. Faz mais de seis meses que ele vem sendo testado e, por enquanto, não pegou uma agulha! Gosto do trabalho desse negro. Às vezes, nem acredito que foi ele quem roubou o Jerônimo.

– Olha, senhor – tornou o capataz –, tenho quase certeza de que o castigo foi aplicado no negro errado. Duvido que tenha sido o Chico. O senhor tem um ladrão na senzala que é protegido pelos outros negros por pena. Depois do que aconteceu com Chico todos os negros o vigiam dia e noite.

– E quem é? – indagou o senhor, de olhos arregalados.

– É o Zé Pedro. Se o senhor o colocar na mesma prova do Chico, não vai precisar esperar muito tempo. Ladrão só necessita de uma ocasião.

– É o que vou fazer. E, se o que está me falando se confirmar, vou mandar dar um fim nesse negro. Uma laranja podre no meio do saco apodrece as outras.

Não se passaram muitos dias e Zé Pedro chegou à senzala para arrumar seus pertences.

– Estou indo para um barraco onde vou ficar sozinho e mais perto da boa vida – esclareceu aos que ficavam. – Fui escolhido para cuidar dos pertences dos capatazes, por minha competência e esperteza.

Chico se levantou e avisou:

– Zé Pedro, pense bem no que vai fazer por lá. Entre nós, as coisas se resolvem de um jeito. Lá no barraco dos capatazes a coisa é resolvida por eles. Você sabe bem do que estou falando.

– Sei sim. Você está com inveja de mim, mas pode ficar sossegado, negro burro, que sei me virar muito bem! – E deixou a senzala sem olhar para trás.

Não durou um mês e chegou a notícia ao barracão dos negros: Zé Pedro tinha morrido afogado. O corpo dele estava dentro de uma rede amarrada com uma corda. Ninguém pôde vê-lo; era ordem do capataz, pois o corpo estava deformado.

A senzala chorou, afinal, Zé Pedro era um deles. Chico derramou suas lágrimas em silêncio. Sabia que o negro não morrera afogado, que fora morto a mando do senhor. Com certeza fora flagrado roubando. Rezava por sua alma; era apenas um pobre e infeliz irmão.

Dali para a frente, diversas tarefas de confiança lhe foram confiadas. Ele e Zé Pedro haviam pagado um preço alto, e não tinha um dia que não rezasse e recomendasse sua alma a Jesus.

Em meio a tantas lembranças, só voltou ao presente quando viu Divina correndo em sua direção e gritando:

– Chico! Vem até o barracão, que Sula e Jerusa estão se matando!

O velho Chico saiu nos passos que aguentava andar. Entrando no barracão, deparou com as duas mulheres rolando no chão, arranhando-se e se mordendo. Tio Chico deu um grito:

– Vamos parar com isso!

As duas mulheres, ofegantes, se separaram e, arrumando as saias, ficaram de pé.

– Sentem-se aí as duas. E não abram a matraca para me falar nada! Vocês é que vão me ouvir. Só vão abrir a boca quando eu mandar.

As duas se sentaram em tocos, silenciosas.

– Divina, sabe por que essas duas criaturas estão tentando se matar?

– Aqui está o motivo da briga. – Divina estendeu duas anáguas surradas.

– O que é isso? – perguntou o negro velho.

– A sinhá-velha deu essas duas anáguas para elas, e agora estão brigando por uma das peças, esta aqui – explicou Divina, mostrando uma das anáguas.

– Dê-me isto aqui, Divina – pediu o velho Chico. – Então as duas estão brigando por esta aqui? Ótimo! Pega a outra para você, Divina. Traga para mim dois caroços de milho que vamos tirar na sorte quem vai usar esta. As duas querem a mesma anágua; nenhuma das duas quer a outra. Encontrei a solução para descobrir quem será a dona. Chame as galinhas com pintinhos até aqui, Divina. Sula e Jerusa, venham aqui. Escolham a galinha. Aquela que pegar o milho em primeiro lugar dará a uma de vocês grande sorte, apresentando quem será a dona da anágua.

Sula foi a ganhadora.

– Agora venham aqui dentro – chamou o velho Chico. – Quero conversar com as duas. Vocês não se acanham disso? Brigando desse jeito por uma roupa velha da sinhá? No que a vida de Sula vai mudar por causa dessa anágua velha? E você, Jerusa, vai ficar mais pobre do que é porque não ganhou a anágua? Vocês precisam se valorizar um pouco mais. Estão se comportando como duas tolas. As anáguas velhas da sinhá logo vão estar rasgando, acabando, e vocês acham que a amizade e a irmandade valem a mesma coisa que uma anágua velha?

Sula chorava com a anágua na mão. A outra, cabisbaixa, também derramava lágrimas. Sula foi até Jerusa e lhe estendeu a anágua, balançando a cabeça em negativa, dizendo que não a queria mais.

O velho Chico ficou orgulhoso das duas e se aproximou delas, abraçando-as.

– Filhas – falou –, vocês valem muito mais que isso. Posso dar uma ideia às duas? Cortem essa peça e façam peças íntimas para vocês. Vai ser muito melhor, não acha, Divina?

– Não só acho como é isso que farei com esta aqui que o senhor me deu. E vou dividir com Antônia e Zulmira. Depois, para onde é que vamos com essas anáguas?

O negro velho resolvia assim mais uma intriga dentro da senzala, e saía balançando a cabeça. "Santo Deus! O ser humano está tão longe do entendimento. Como podem duas pessoas perder o controle a ponto de se agredir física e espiritualmente por causa de uma porcaria?"

O velho Chico foi cumprir seus deveres. O pensamento estava voltado para o senhor e o capataz que haviam saído a sós. Tinha certeza de que escondiam alguma coisa. Zulmira veio até ele contar que a sinhá-velha queria porque queria ver o neto. Mas Antero ainda tinha o rosto um tanto inchado.

– Vamos vê-lo – o negro velho a convidou. – Quero falar com ele.

Encontrou o rapaz sentado, esculpindo em uma madeira.

– O que está fazendo, Antero? – perguntou tio Chico.

– O senhor gosta?

Esculpia o busto de uma mulher negra. Era uma perfeição, refletiu tio Chico.

– Tio Chico, esse menino parece um doido – comentou Zulmira. – Faz cada coisa com madeira... O barraco dele está cheio dessas artes. Já o alertei para tomar cuidado. No dia que a sinhá resolver entrar lá, vai botar fogo em tudo.

– Não tenho o que fazer aqui na fazenda. Foi um meio que encontrei para preencher meu tempo. Não estou fazendo mal a ninguém. Faço bichos, estrelas, gente, tudo o que me vem à cabeça.

– Isso não é para qualquer um não, Zulmira. Esse menino é um artista. Desde pequeno que gostava de brincar fazendo bonecos e animais de madeira, lembra?

Chegando mais perto do rapaz, tio Chico pediu:

– Deixe-me olhar como está essa ferida. Graças a Deus está boa. Vá até a casa-grande. A sinhá-velha está sentada na cadeira de balanço lá no jardim. Não fale o que não deve para ela. Caso perceba esse corte, diga-lhe que caiu da goiabeira, mas que está tudo bem.

– Tio Chico, devo pedir a ela que fale com meu senhor sobre aquele assunto de estudar com os padres?

– Não fale nada, Antero – aconselhou o negro velho. – Aguarde mais um pouco. Tenho um pressentimento de que alguma coisa vai acontecer por aqui. Então espere um pouco para sabermos o que é que vem.

O sol já tinha cruzado o céu. Era essa a expressão que tio Chico usava quando queria dizer que já era mais de meio-dia. Os dois cavaleiros voltavam a um só galope. Os negros correram para ajudar o senhor a descer e foram cuidar dos animais. Tio Chico ficou observando de longe o capataz. Ele mal cabia em si de tanto orgulho; algo estava sendo tramado, com certeza.

O sol já baixava no horizonte, quando o senhor mandou chamar Antero nas dependências onde tratava de assuntos com os subalternos. No escritório da casa-grande, só entravam pessoas importantes e especiais.

Divina saiu correndo para chamar tio Chico e os outros, para que rodeassem o local a fim de descobrir alguma coisa.

O senhor, ao avistar Antero, sem demonstrar nenhuma emoção ou outro sentimento paterno, foi logo dizendo:

– Arrume todos os seus pertences. Amanhã logo cedo, antes de o sol nascer, você vai ser levado aos cuidados de um frei. Vai ficar lá durante cinco anos; já fechei um contrato com ele. Ai de você se tentar fugir ou não seguir as ordens do frei. Se fugir, será capturado e eu mesmo lhe darei fim. Estou gastando uma fortuna para me livrar da situação de ter um mulato com a cor de meus olhos dentro da minha fazenda, motivo de falatórios e brincadeiras que envolvem até a minha família.

Antero não se aguentava de alegria! Não precisara pedir; a providência divina o fizera por ele. Graças às orações de tio Chico, recebia a oportunidade de mudar sua vida.

– Agradeço, senhor, e prometo que não vai se arrepender de me enviar ao colégio dos padres. Quero aprender a ler e a escrever, e um dia desejo lhe devolver tudo o que o senhor vai gastar comigo.

– O capataz Toninho vai levá-lo amanhã cedo. Não faça alarido ao contar aos escravos; não quero que a notícia chegue aos ouvidos de minha mãe. Saia em silêncio, obedeça às novas regras que vai encontrar pela frente, e não esqueça de que continua sendo propriedade minha; apenas estou retirando-o de nosso meio e colocando-o sob os cuidados dos padres. – E completou, sem olhar o rapaz: – Deixe o barraco arrumado e só leve o que lhe pertencer. Está dispensado.

Antero arriscou uma última olhadela a seu senhor, ponderando: "Este é o meu pai, o homem que nunca me olhou nos olhos; que nunca encostou um dedo sequer em mim. Adeus, meu pai. Espero que nunca mais nos encontremos. Espero nunca mais vê-lo de novo".

Tio Chico estava sentado em frente ao barraco de Antero. Assim que o jovem se aproximou, o negro velho se levantou e foi ao encontro dele.

– Então, meu filho? O que queria o seu senhor?

– Graças a Deus, ele vai me mandar embora. Vou morar e estudar no colégio do frei Gregório. Ele fez um contrato de permanência por cinco anos, e já estou ciente de que não sairei de lá durante esse tempo. Mas isso não me impede de obter informações sobre as pessoas que amo. Vou implorar a frei Gregório por notícias de minha mãe, de Arlinda e, sobretudo, de meu filho. Sei, tio Chico, que aquela criança que Arlinda espera é meu filho. Dona Assunta deu-me bons conselhos. Disse-me que quem ama sabe esperar o quanto for preciso, pois amor não é flor que morre por causa do tempo. Tenho certeza de que Arlinda vai saber me esperar, e vou lutar por ela e por meu filho. Dona Assunta prometeu me ajudar. Falou que vai descobrir como Arlinda e meu filho estão, e que me trará notícias, embora até agora eu não saiba de nada. Estou preocupado em partir sem ter notícias dela.

– Deus está lhe preparando um novo caminho, meu filho. Vamos sentir muita sua falta, mas Deus sabe o que faz! Isso é para o seu bem. Quanto às notícias sobre Arlinda, daremos um jeito de levá-las até você. Toda semana, o João da madeira vai ao colégio. Por intermédio dele terá notícias nossas, fique sossegado.

– Estou com o coração apertado. Não posso me despedir de minha avó, a única pessoa daquela casa azul e branca que me acolhia no coração, que reparava o que ia dentro dos meus olhos.

– Fique tranquilo; não se desespere pensando nisso. Ela também desejava que você fosse estudar. Foram nossas orações que iluminaram a mente do senhor. Vamos continuar rezando por você. Entre e comece a arrumar seus pertences. Não abuse dessa ferida, que ainda está aberta. Vou separar para você levar uma pomada e a solução de limpeza, e outros remédios que deve ter em mãos quando precisar. Se tiver qualquer necessidade de remédio lá no tal colégio, peça permissão a frei Gregório, que eu mando pelo João da madeira. Acho que ele não vai proibir, pois preparo soluções para as alergias e o remédio para as más digestões dele, e é sempre o João quem leva.

Vendo a expressão entre aflita e feliz do moço, completou:

– Sempre no fim da tarde a sinhá-velha costuma ir ao jardim. Apareça por lá de longe. Se tiver uma oportunidade, aproxime-se, mas não lhe conte nada. Despeça-se intimamente da sua avó. Beije-lhe as mãos e tome-lhe a bênção.

Dizendo isto, despediu-se de Antero e saiu arrastando os pés pela poeira do caminho. "Santo Deus! O que será que o senhor está armando para cima de nós? A saída de Antero foi a solução que encontrou para não ter de dar explicações sobre sua paternidade." Deparou com Assunta e as outras negras lavadeiras.

– Sua bênção, tio Chico – falaram todas as mulheres de uma só vez.

– Jesus abençoe todas vocês, minhas filhas.

– Vão indo, meninas. Vão levando as roupas com cuidado, que acompanho vocês já, já. – Quando estava a sós com o negro velho, indagou: – Como está Antero, tio Chico?

– Muito ansioso em obter notícias de Arlinda e saber da criança. E hoje ele recebeu a informação de que logo cedo deixará a fazenda. Vai para o colégio do frei Gregório. O senhor fez um contrato de cinco anos de permanência dele por lá.

– Senhor Jesus das Santas Chagas! Tio Chico, o senhor entendeu o que vai acontecer com esse mulato? Ele vai ser morto! Cinco anos é muito tempo; todos vão esquecê-lo e, nesse intervalo, acredite no que estou lhe dizendo, vão matar o Antero. E já descobri o que ele queria. Arlinda está mesmo na tal mina de ouro com a família. O nobre mulato lhe deu carta de alforria a ela e aos pais dela. Além disso, o filho que ela espera nascerá livre! Falaram-me que está uma revolução só na cidade. Nós é que não estamos ainda sabendo da tal lei que chamam de Ventre Livre. A mulher negra que daqui para a frente tiver um filho vai continuar servindo na fazenda ou vai para outros cuidados. Mas um negro que adquire liberdade nos dias de hoje ou se une aos velhos capatazes ou morre de fome... Isso sem contar a revolta dos escravos. As matas estão cheias deles como capitães do mato.

– E onde você ouviu isso, Assunta?

– A beira do rio é o lugar onde a gente mais escuta as novidades. Uma negra dormiu com um capitão do mato; outra com um capataz, e por aí vai. Isso da lei não é conversa não, viu, tio Chico? Acho bom que vocês, os mais velhos, chamem os mais novos e os instruam sobre como trazer mais informações para nós.

– Converse com Antero, Assunta – aconselhou o negro velho. – Só tome cuidado com como vai colocar as palavras. Ele pode não entender direito as coisas quando se trata de Arlinda. Vamos nos reunir esta noite lá embaixo do velho imbuzeiro para falar sobre isso que está me passando. Tinha ouvido falar sobre o assunto, só não sabia que a lei já estava assinada. Talvez o senhor e o capataz Toninho queiram manter a notícia em segredo. Temos de ficar de olhos abertos, saber direitinho quando é que esta lei foi assinada. Nasceram crianças nestas duas semanas. Será que o senhor está ocultando a notícia para tirar o direito delas?

Assunta se despediu de tio Chico e foi correndo ao barraco de Antero. Contou-lhe o que sabia. Cabisbaixo, o rapaz comentou:

– Então meu filho será entregue ao senhor da lei? O que aconteceu com Arlinda? Por que se rendeu dessa maneira? Ele iria estudar muito e um dia as coisas mudariam a seu favor.

Antero arrumou seus poucos pertences. Guardava como se fosse uma joia de ouro a peteca colorida que a avó lhe dera. Tinha muitas peças talhadas em madeira, mas as entregaria a tio Chico. Ele gostava; dizia que era trabalho de quem tinha dom especial. Não poderia levá-las, tampouco as jogaria fora. Algumas haviam lhe tomado dias para ficar prontas.

O sol já baixava por trás das árvores. Antero saiu cuidadosamente e avistou a avó acompanhada da criada. A moça já sabia da partida de Antero e estava com pena da sinhá. Aproximou-se dela e sussurrou:

– Antero está ali do outro lado. Quer que o chame?

– Chame, chame esse moleque danado! Traga-o até a mim.

A moça fez sinal, e Antero se aproximou. Tomou o cuidado de olhar ao redor para conferir se não havia ninguém por perto. Ninguém, graças a Deus. Abaixou-se e tomou as mãos da avó, levando-as aos lábios.

– Jamais vou deixar de amá-la. A senhora é muito importante em minha vida.

– Oh, meu filho. O que foi? Está chorando? E esse ferimento no rosto? Se ficar sabendo que alguém ousou lhe encostar um dedo, o sujeito vai acertar as contas comigo. Já proibi meu filho e todos daqui de maltratá-lo. Hoje mesmo exigirei de seu pai uma posição para sua vida. Está na hora de lhe dar um trabalho decente para que possa ganhar dinheiro e passar a viver melhor.

– Por favor, minha querida avó, por enquanto não fale nada com o senhor. Deixe para falar com ele depois da missa de domingo. Promete?

– Não sei o porquê, mas, se quer assim, prometo. Depois da missa de domingo, então, terei uma conversa com ele e com minha nora, que parece não ter coração. Ela é mãe; deveria ter compaixão dos filhos de outras mães, principalmente do filho do marido, mas ela não o aceita de jeito nenhum!

Antero ficou abraçado à avó por um longo tempo. A sinhá-moça os observava por trás da cortina com um sorriso sarcástico nos lábios. “Graças a Deus, minhas preces foram ouvidas. O mulato atrevido vai embora amanhã e logo, logo é a vez da senhora, minha insuportável sogra! É bom mesmo que se despeça do netinho querido, pois nunca mais o verá entre nós. Quando os dois estiverem no inferno, podem ficar juntos eternamente. Daqui a uns seis meses, seu Toninho já terá assumido seu novo posto, então passarei minhas ideias a ele. Você vai queimar no inferno, mulato maldito!"

O senhor havia acordado do sono vespertino e, ao ver a esposa espreitando atrás da cortina, indagou:

– O que está olhando escondida?

– Uma cena maravilhosa. Quer ver?

– Fale que acredito em você – respondeu ele, espreguiçando-se na cama.

– Sua mãe e Antero estão abraçados; parecem estar se despedindo.

– Falei para aquele maldito não comentar com a minha mãe que estava indo embora. Vou arrastá-lo ao curral e mandar que lhe deem uma surra de chicote cru!

Mal terminou de falar e já estava de pé.

– Calma, amor, não sabemos se ele contou alguma coisa. Pode estar se despedindo sem dizer nada. Vamos aguardar.

– Graças a Deus esse maldito vai embora. Não tenho mais paciência para lidar com as regalias dele em tirar proveito da minha mãe, que, além de velha, parece estar caducando.

– Coitada – penalizou-se falsamente a esposa. – Está velha sim, mas caducando, não. Disso você pode ter certeza. Tudo o que faz é bem pensado. Nem preciso lhe dizer; você sabe o quanto ela despreza meus filhos e a mim. Não esconde que o neto preferido dela é Antero. Talvez, se a mãe dele estivesse aqui na fazenda, ela a traria para dentro de nossa casa.

Abraçando a esposa, o senhor pediu:

– Por favor, Helen, tenha calma. Logo tudo estará resolvido. Perdoe-me por fazê-la sofrer tanto. Sei que não deveria ter mantido esse rapaz aqui, mas naquela ocasião foi a melhor opção. Amanhã esse será um problema definitivamente resolvido em nossa vida. Quanto a mamãe, espero que tenha um pouquinho mais de paciência; apenas dois meses e minha irmã vai nos ajudar, está bem? Olha, Helen, no fim deste ano, assim que fizer o fechamento do balanço das fazendas, faremos aquela viagem que lhe prometi. E, com muito pesar no coração, vou permitir que nossos filhos voltem para a França, desde que continuem estudando. Ficaremos apenas nós dois por aqui. Será que vai conseguir me aguentar?

A esposa pulou de alegria, enquanto o abraçava e o beijava efusivamente no rosto. Ficara tão eufórica que disparara quarto afora. Ele sorriu e pensou: "A felicidade dela é mais importante que os meus problemas".

O filho estava trancado no quarto. Nos últimos tempos, vivia de mau humor. Ele não suportava a fazenda e retornar ao Brasil fora o maior dos castigos. A mãe o chamou, mas não obteve resposta. Bateu à porta, e ele a abriu, a expressão sonolenta e denotando mau humor.

– Filho, tenho uma notícia maravilhosa para você. Seu pai permitiu a partida de vocês para a França. Naturalmente ficarão sobre a custódia de seus avós. Não é maravilhoso, filho?

– Maravilhoso?! Vou beijar seus pés e suas mãos! Posso ir arrumando as malas? Meu Deus, ficar livre desse cheiro de cavalos, desses negros fedorentos e sair dessa fornalha parecem-me um sonho. E você, mamãe? Vai continuar aqui neste inferno? Não sente falta da fragrância de perfume, de ver gente como a gente? Prefiro morrer a ter de voltar a este lugar amaldiçoado!

– Sinto muita falta da França... Não podemos comparar Paris com o Brasil. Seria comparar champanhe a cachaça. Infelizmente, ainda tenho de me curvar diante do pesadelo que é viver neste país. Tenho fé que um dia voltarei a viver longe desses horrores. Vocês morando lá já abrem uma porta para mim. Pelo menos duas vezes por ano sei que vou visitá-los e poderei aproveitar um pouco para respirar o ar da civilização – disse ela com um suspiro. – Você sabe, meu filho, que meus pais perderam muito dinheiro, e eu, para não deixá-los na miséria, aceitei me casar com seu pai. Fomos colegas no colégio, e confesso que as histórias dele me encantavam. Quando me pediu em casamento, sonhei viver um conto de fadas no País das Maravilhas! Meus pais obtiveram auxílio graças a ele; meu pai recuperou a vinícola, e assim se mantém até hoje.

Com expressão meditativa, prosseguiu conversando com o filho:

– Mas, quando cheguei aqui, a realidade foi outra. Viver isolada da civilização, neste fim de mundo, sem amigos, sem o conforto a que estava acostumada... Pensei que fosse enlouquecer. Não posso negar que seu pai se desdobrou para me dar do bom e do melhor. Mandava vir encomendas da França, como faz até hoje, para que pudesse suprir minhas necessidades, mas o lugar não ajuda, não é, filho?

O filho, ainda eufórico pela recente notícia, comentou:

– Também, o que podemos esperar dessa gente, se é que podemos considerar gente esse bando de índios e negros? São ignorantes, sem classe, não têm noção do que seja civilização! Ah, Paris... – suspirou o rapaz. – Mulheres lindas e perfumadas. Meu Deus, quero ir embora agora! Preciso ver gente. Minha irmã já está sabendo?

– Ainda não. Vim correndo lhe dar as boas-novas. Vamos juntos contar a ela?

A moça, ouvindo as palavras da mãe, gritou de alegria:

– Graças a Deus! Graças a Deus! Vou sair deste inferno! Pensei até em me matar. Não aguentava mais viver este pesadelo. Quero ver gente, quero rever meus amigos. Nunca mais quero voltar a esta terra amaldiçoada. Sonho em comer um *escargot,* peixes regados a finos temperos, que só temos em Paris. Sabe há quanto tempo não como um bom peixe, mamãe? Não sei como suporta o cheiro desses peixes nojentos que papai traz para comer. Só de pensar que estes negros fedidos tomam banho em um rio sujo onde também se pesca, meu estômago chega a revirar. Quando vejo meu pai comendo os pescados com tanto gosto, peço licença e vou vomitar de nojo.

– Calma, filha, não fale assim perto de seu pai. Ele adora tudo isso aqui. Fiquem calados diante dele. Não expressem o que pensam; façam como eu. Se se rebelarem, seu pai pode mudar de ideia. Falem que o tempo que ficaram aqui foi maravilhoso e que, estando na França, sempre vão visitar a vovó. Comentei com vocês que ela partirá daqui nos próximos dois meses, não é? – E, depois de fazer o sinal da cruz, bateu os nós dos dedos na cômoda. – Nem sempre, meus filhos, podemos ser sinceros com quem amamos. Não me culpo mais diante de Deus. Ele sabe que, desde que cheguei aqui, minto para o pai de vocês, dizendo que estou feliz ao lado dele, mas nós três sabemos muito bem que quem nasceu em Paris jamais poderá encontrar a felicidade neste fim de mundo.

Daria tudo para voltar à França, mas temos um nome a zelar e uma fortuna que não podemos jogar fora. Iríamos viver de quê? Meus pais não estão mais nadando em dinheiro, e, entre sofrer no conforto ou viver na pobreza, prefiro sofrer no conforto. E vocês?

– Nós também! Deus nos livre de viver na pobreza. Não tenho dificuldade nenhuma em ser rico. Mas teria problemas, sim, se ficasse pobre – constatou o rapaz.

– Então, quero ver os dois daqui a pouco descendo aquelas escadas sorrindo, abraçando e beijando o rosto de seu pai, e agradecendo-lhe na hora do jantar. Vocês dois me farão um favor, uma coisa que nunca fizeram nem na presença, nem na ausência do pai de vocês – disse a mãe, encarando os dois.

– Lá vem pedra. Pelo seu olhar, só pode ser algo relacionado àquela velha imbecil que fede tanto quanto os negros – falou a filha.

– Vocês vão abraçar a vovó na frente do papai e dizer que a amam muito, que sentirão falta dela. Peçam perdão por não terem sido bons netos.

– Pelo amor de Deus, mamãe! Não merecemos esse castigo – gritou o rapaz. – Não vou conseguir encostar a minha boca no rosto dela.

– Filho, não é castigo. É apenas um sacrifício. Todos temos de fazer algum quando desejamos alcançar algo bom na vida. Seu pai vai ficar emocionado e, com certeza, a mesada de vocês dobrará. O que acham? Não valerá o sacrifício?

– Mamãe tem razão – concordou a moça. – Farei o que me pede, mesmo que depois tenha de ir correndo ao banheiro vomitar e lavar a boca.

– Beijar aquela velha antipática não será uma tarefa fácil, ainda mais se lembrar que ela beija aquele negro sujo. Encostar minha boca no rosto dela vai me custar muito – desabafou o rapaz.

– Vamos, vamos lá. Nada de cara feia hoje no jantar. Quero vê-los sorrindo, alegres e agradecidos. Façam de conta que não sabem de nada. Vou lhes contar um segredo que o pai de vocês me contou: a partir de amanhã não vamos mais ter o desprazer de dar de cara com aquele mulato imbecil.

– Por quê? Papai mandou matá-lo? – indagou o rapaz, ansioso por obter uma resposta afirmativa.

– O que é isso, menino? Seu pai não mata nem um mosquito. Imagine fazer algo ruim assim. O mulato ficará durante cinco anos sob os cuidados dos padres que seu pai auxilia.

A moça, que até então apenas ouvira, manifestou-se:

– Ou seja, vai viver como tem vivido até hoje: na boa vida, como se fosse um de nós! E não me espantará nada se essa velha gagá entregar tudo o que tem a ele. Mamãe, você é uma santa! Como pode ter suportado tudo isso durante esses anos todos?

– Calma, filha. Quando seu pai se deitou com a mãe dele, era muito jovem. Não pensava no que estava fazendo. Foi em um período de férias, na ocasião em que esteve aqui para visitar a família. Quando cheguei à fazenda, a negra já não pertencia à família. Quanto à sua avó dar algo para o neto que tanto ama, não será possível. Não fica nada nas mãos dela; disso eu me encarrego. Seu pai é um homem sábio, e não toma certas decisões sem me pedir opinião. Acham que facilito alguma coisa quando se trata de cuidar dos interesses de meus filhos? Fiquem aí traçando o plano de viagem de vocês que a mamãe vai conversar com o papai. Confiem em mim: comportem-se como dois bons meninos diante da vovó e do papai. – Beijando os filhos, retirou-se.

Em seguida, os jovens ouviram uma batida à porta do quarto. Era a criada, que levava as roupas perfumadas e engomadas da sinhá-menina. Olhando para os irmãos que a observavam, perguntou, a cabeça baixa:

– Posso arrumar seu armário, sinhazinha?

Sem prestar atenção à criada, a jovem respondeu bruscamente:

– Coloque estas porcarias aí! – E, voltando-se para o irmão, disse em voz alta: – Se Deus quiser, em breve não colocarei mais nenhuma dessas peças no corpo. Tudo aqui me dá nojo. Tudo aqui cheira a estrume. Veja só se essas são roupas de uma moça fina usar no dia a dia. Pensei até em me matar, caso nosso pai resolvesse me arranjar um marido neste maldito lugar. Não suporto o cheiro das águas desse rio. As minhas roupas fedem. E nosso pai come os peixes deste rio onde cavalos, bois e negros tomam banho!

– Calma, mana. Logo, logo vai estar com os vestidos de seda e ouvirá o farfalhar do tecido ao tocar o solo dos salões iluminados e perfumados da nossa velha Paris, ao som de orquestras e na companhia de belos cavalheiros que a convidarão para dançar.

A mucama saiu discretamente. "Ela não gosta daqui. Até parece que eu gosto... Tendo a vida que tem, já se sente assim. Imagine se vivesse a nossa. Será que vão viajar? O senhorzinho disse que logo, logo ela estaria nos salões de festas. Aqui é que não é. Tomara Deus que viajem mesmo. Dois a menos para tirar nosso sossego. Sinhá ingrata! Até dos peixes ela fala. Não comem os peixes do rio porque têm nojo da gente. Será que nessa tal de Paris os peixes usam perfume antes de sair da água?"

Tio Chico esbarrou com a moça, que resmungava sozinha.

– Que é isso, menina? Falando sozinha já nesta idade?

– Não tem ninguém nos ouvindo, então deixe lhe contar uma coisa. – E passou a narrar o que ouvira, sobre a possível partida dos dois jovens, por fim contando também o que escutara sobre os peixes e as águas do rio.

Tio Chico baixou a cabeça e respondeu com seriedade:

– Pois é, minha filha. A sinhá não come peixes porque tem nojo dos negros e dos animais que se banham no rio. Coitada dela se voltar de novo a esta mesma terra no tempo em que não haverá negros nem brancos tomando banho neste rio. Os peixes que ela não quer comer hoje lhe farão muita falta amanhã, quando sentir fome e sede e não tiver água limpa para beber e sequer um peixe para matar a fome.

– Credo, tio Chico! O senhor fala como se a sinhá-menina fosse se tornar uma de nós. Quem nasce branco é afortunado, e nós, que somos negros, nascemos para servi-los de tudo que é jeito. Não consigo me esquecer de uma coisa que ouvi a outra sinhá-velha que foi embora falando muitas vezes: que os brancos são filhos de Deus; os negros são filhos do Diabo. Que Deus é poderoso e rico, e o Diabo, pobre e fracassado. Às vezes acho que ela tinha razão. Apesar de os mais velhos dizerem que Deus gosta da gente, fico pensando: se Ele gosta mesmo, por que não nos ajuda?

– Venha aqui. Deixei eu lhe explicar uma coisa: Deus não favorece um filho mais do que outro. Se hoje estamos servindo aos brancos na pele, quem garante que, antes de sermos estes negros, não estávamos nos lugares dos que estamos servindo hoje? Quando lhe disse que amanhã a sinhá poderá voltar e procurar por este caudaloso rio, não estava brincando. Estou dizendo a você que não deixamos de existir porque morremos, e há uma grande chance de voltarmos em grupos de espíritos afins. Quem poderá garantir que no futuro estas águas não vão estar limpas, correndo livres por este chão? Já pensou se a sinhá voltar em uma época em que o rio estiver sujo, seco, sem peixes e cheirando a carniça?

– Ah, tio Chico, o senhor fala essas coisas só para animar a gente. Já estou mais calma; vou cuidar dos meus afazeres. Sua bênção, tio Chico!

A moça foi embora levando as roupas sujas da sinhá. Tio Chico ficou observando e pensando: "Queria tanto, minha filha, estar enganado..." Lembrava-se do sonho no qual um amigo espiritual lhe mostrava o rio totalmente morto, sem vida, cheirando mal, com muitos abutres andando ao redor. Nos museus, fotos desse mesmo rio, que antes era o centro de atenção e diversão dos nobres, mas que passara a ser apenas um espectro do que era antes.

Capítulo III

A partida de Antero

Após ter se despedido em silêncio da avó, Antero se trancou no barraco para chorar. Tinha certeza de que jamais a veria de novo. Sentiria muito a sua falta, cercado que era por tanto desprezo e pouco-caso por parte dos parentes de sangue e pelos irmãos de senzala. A avó fora a única criatura branca que encostara os lábios em seu rosto para lhe dar um beijo; eram dela os únicos abraços verdadeiros que recebera de alguém de seu sangue naquela fazenda. Jamais deixaria de amá-la.

Observou tudo ao redor. Era a última noite naquele barraco, e algo lhe dizia que jamais voltaria a ver muita gente da fazenda outra vez. Ali nascera, crescera e se apaixonara por Arlinda, que levava no ventre seu filho. As lágrimas molhavam-lhe as vestes de saco.

O velho Chico bateu à porta e entrou sem esperar. Vendo o estado lastimável do rapaz, ficou penalizado e se sentou perto dele, tocando-lhe o braço.

– Meu filho, a vontade de Deus é sempre melhor do que a nossa. Anime-se e siga por essa nova estrada. Vou sentir muito sua falta e nunca vou deixar de rezar por você, meu filho.

O negro velho dizia palavras bonitas e animadoras, que o rapaz ouvia de cabeça baixa. Antero voltou-se para tio Chico com um olhar de desespero.

– Por que o senhor reza tanto para Jesus, que é protetor dos brancos? – indagou. – Acha que Ele defende os negros? Estou lhe perguntando isso porque sei que serei obrigado a rezar todos os dias com os padres.

– Filho, Jesus não tem cor. Ele é como o sol: ilumina o caminho de todos, dos justos e dos injustos, dos brancos e dos negros. Ele é a luz do mundo e Nele podemos confiar. Se a nossa sina parece ser triste, imagine sem a bondade Dele para nos sustentar as forças. O que passamos nesta vida, Antero, não é nada senão consequência do que já fizemos em vidas passadas com outros irmãos.

– O senhor quer dizer que já fiz outras pessoas sofrerem? Não acredito que já tenha feito isso! Não tenho maldade dentro de mim.

– Que bom, filho, hoje você se libertou desse laço. Mas não significa que um dia não o tenha usado contra essas pessoas que hoje o cercam. Passe a orar muito e a ter esperanças, peça sempre perdão a Deus pelos seus pecados e aceite com resignação as provações pelas quais tiver de passar.

Tio Chico continuou a dar bons conselhos e orientações ao rapaz que, por fim, rendeu-se à sabedoria do negro velho.

– Já arrumou suas coisinhas? Não está esquecendo de nada? Sempre é bom dar uma olhada; já não temos muitas coisas e, se fica algo para trás, faz falta.

Tio Chico abraçou o rapaz com lágrimas nos olhos, deu-lhe remédios para que levasse e fez mais recomendações.

– Vou procurar saber notícias suas, filho, pelo João da madeira. Que Deus sempre o ampare e ajude por toda a vida. Até um dia, se Deus quiser, Antero! Neste mundo ou no outro, sempre recebemos boas oportunidades do Pai, e nunca vou esquecê-lo.

O rapaz ajoelhou-se aos pés do bondoso negro velho e, segurando-lhe nas pernas, falou:

– Pelo amor de Deus, perdoe-me por ter lhe causado tantos aborrecimentos. O senhor foi pai, amigo e conselheiro. Onde eu estiver, tio Chico, o senhor estará comigo em minhas melhores lembranças. Faça chegar a Arlinda este recado, se puder: eu a amo, e um dia vou procurar por ela e pelo meu filho.

Apesar das diferenças que os negros tinham com Antero, abateu-se entre eles um clima de tristeza. Até mesmo os que o menosprezavam estavam tristes. Nascera e crescera entre os negros; fazia parte da senzala.

Algumas mulheres foram ao barraco de Antero se despedir e se desculpar. Ele ficou comovido; não esperava que tantas pessoas se importassem com um mulato. Assim que se deitou, pôs-se a refletir: “Muitas vezes ficamos vendo coisas onde não existe nada. Talvez me tratassem assim por minha culpa. Não correspondi ao que esperavam de mim”. A noite parecia voar, e ele custava a dormir. Mal fechou os olhos e foi acordado com uma pancada de facão e a voz do capataz:

– Levanta, mulato. Vamos lá!

Antero saltou da rede, pegou a mochila com os poucos pertences e, antes de sair, olhou ao redor, sentindo um aperto no coração. Já montado no cavalo que o levaria ao colégio dos padres, viu vultos ocultos em frente dos barracões da senzala. Eram pessoas que se importavam com ele. Olhou para a casa azul e branca; nenhum sinal de vida. Ali, porém, repousava uma santa. Era sua avó, e dela levava saudades.

O sol estava alto quando chegaram ao colégio. Antes de entregar Antero aos cuidados dos padres, o capataz virou-se para o rapaz e comentou:

– Não pense que se livrou de mim. Estarei aqui toda semana. Atreva-se a dar uma de rapaz fino e verá o que lhe acontecerá. Ainda tenho uma questão para resolver com você: Arlinda. Mas disso cuidarei mais adiante, não tenho pressa.

Antero desceu e foi recebido por um padre que não lhe deu sequer um sorriso, tampouco demonstrou alegria em recebê-lo; apenas o conduziu a um dormitório comprido e lhe apontou uma cama.

– Esta será a sua. Ficará aqui com outros rapazes. Não admitimos intrigas nem brigas com nenhum interno. Se se portar como manda o regulamento, vai se dar muito bem. Mas, se não obedecer, vai se arrepender pelo resto de seus dias. Os outros internos estão nas hortas trabalhando. Amanhã você vai acompanhá-los nas muitas tarefas que temos por aqui, e a noite terá aulas. Essa é a rotina do colégio. Aguarde aqui até a chamada do almoço. Então você receberá também as instruções de comportamento dentro do colégio.

A sós no dormitório, Antero riu sozinho. Dormir em uma cama? Coisa que nunca fizera na vida! Será que se acostumaria? Receou sentar-se na cama e manteve-se imóvel, em pé, investigando os arredores. Era tudo muito bonito.

O tempo parecia não passar. Estava cansado de esperar e não ouvia ninguém falando, só canto de pássaros. De repente, escutou diversas vozes e, ansioso, aguardou para saber quem seriam seus companheiros. Eles entraram. Todos vestiam roupas idênticas. Um deles encarou Antero e disse aos outros:

– Vejam só quem teremos como companheiro de quarto! Um sujeito que não é branco nem preto. Um mulato! Nem precisamos perguntar para saber que é um filho enjeitado. – E, aproximando-se, prosseguiu: – É o seguinte, mulato: dê uma olhada à sua volta. Tem mais mulatos que negros por aqui. Se for gente boa e colaborar com o nosso trabalho, encontrou sua família. Se nos trair, será carta fora do baralho, entendeu? Essa é nossa lei.

Antero ficou parado, só os observando. Não conseguia se mover. De repente, sentiu medo dos companheiros.

– O que foi? Está com medo do quê? Coloca essa sua mochila naquela tábua ali na parede. Eles chamam isso de prateleiras... Coloque as coisas sempre no mesmo lugar, não toque em nada que não lhe pertença e não suje o quarto. Aqui fazemos tudo: lavamos nossas roupas, plantamos o que comer, criamos galinhas para ter ovos e carne, e também criamos porcos e ovelhas. Cozinhamos, limpamos, plantamos e colhemos, entendeu? Cada semana é feita uma escala. São os padres que fazem; eles chamam isso de *trabalhar em equipe*. A gente se reveza nas tarefas, mas todos participam dos trabalhos gerais do colégio. Cada semana estamos em um local diferente.

Logo todos o observavam com curiosidade. O rapaz que lhe dirigiu a palavra foi apresentando cada membro, falando os respectivos nomes. O dele era Antônio Bento. Antero simpatizou com o rapaz e compreendeu que ele era o líder. Inteligente, sabia comandar.

– Vamos ao refeitório – convidou Antônio Bento. – Vá prestando atenção no que os outros fazem, assim você não erra.

Antes de deixarem o aposento, ele ainda comentou:

– Não se esqueça de uma coisa: trocamos os antigos senhores por novos senhores; aqui devemos obedecer fielmente aos padres e trabalharmos muito para que eles próprios possam ter boa vida.

– Sim, senhor – respondeu Antero.

– Presta atenção, rapaz: aqui, entre nós, não nos tratamos por senhor. Procuramos ser iguais. Chega de senhores. A única coisa que respeitamos é a capacidade de cada um. Não temos traidores em nosso grupo. Avisamos aos novatos porque temos nossas leis aqui no colégio. Obedecemos às ordens dos padres e obedecemos às nossas também, entendeu?

Uma semana depois Antero já estava se engajando com os companheiros. Descobriu que entre eles muitos já sabiam ler e escrever, e tinham contato com negros, mulatos e brancos, que trabalhavam juntos no que chamavam Leis e Direitos dos Escravos.

Antônio Bento quis conhecer a história de Antero. Ouviu calado, a cabeça baixa, e então comentou:

– A história é sempre a mesma. Por isso sonhamos em mudá-la, Antero. Você já ouviu falar na Lei do Ventre Livre?

– Não, não sei o que é isso – tornou o rapaz.

– Hoje à noite vamos nos reunir e você vai ficar sabendo o que ainda não chegou às senzalas. E, se nossa organização não cair em cima e fizer pressão, esse benefício jamais alcançará os escravos das fazendas. De que adianta brancos bem-intencionados assinarem leis se os negros nunca ficam conhecendo? Está entendendo qual é nosso objetivo? Seu filho vai nascer e você precisa conhecer os direitos dele. Pelo que soube, mesmo a mãe sendo livre, isso não impede que seu senhor tire a criança dela. Graças a essa lei, as crianças nascerão livres, mas em termos, porque a lei prevê que a criança permaneça no sistema de escravidão nas fazendas dos senhores até vinte e um anos. Depois, serão entregues ao governo. Sinceramente, não sei o que é pior: escravo do senhor ou do estado.

Nasceu uma grande amizade entre Antero e Antônio Bento. Em pouco tempo, Antero já era considerado um dos melhores alunos do colégio. Na ânsia de ler e escrever, não perdia um minuto do pouco tempo livre. Vivia com um caderno debaixo do braço.

João da madeira transmitia todas as informações que sabia. Parecia um negro tolo, vivia calado e sisudo na fazenda, porém, quando se encontrava com Antônio Bento e seu grupo, transformava-se em outra pessoa. João informou a Antônio Bento os nomes das mães que haviam dado à luz nas fazendas com as quais tivera contato, e o amigo de Antero anotou tudo. João, enquanto transportava lenha, colhia informações pelas estradas.

Os homens brancos vinham trazer donativos aos padres e se confessar. Enquanto os padres ficavam trancados nos confessionários, mulatos, negros e brancos bem-intencionados trocavam informações e traçavam planos.

Antônio Bento às vezes cochichava com alguns homens brancos que faziam parte do movimento. Pedia que inventassem diversos pecados para prender os padres em confissão. Eles eram vaidosos, adoravam ouvir os segredos dos coronéis, para depois tirar proveito do sigilo do segredo.

Entre eles havia dois padres, um italiano e um francês, que também lutavam pelos direitos dos negros. Sempre ficavam de vigia, enquanto os outros disputavam entre si os pecadores que traziam dinheiro nos bolsos.

Um mês e poucos dias depois que Antero estava no colégio, encontrava-se trabalhando na horta, quando percebeu um corre-corre danado no colégio. O que teria acontecido? Pelo comportamento dos padres, deveria ser algo muito grave. Frei Gregório saiu às pressas, acompanhado dos padres e de dois negros que tinham vindo buscá-lo.

– Será que algum senhor importante está à beira da morte? Ou já morreu? – sugeriu Antônio Bento.

– Vamos esperar que deixem o colégio. Você, Zé Luís, pegue a cabaça e vá buscar água fresca. Diga que o sol esquentou muito e não dá para beber a água. Procure se informar sobre o que aconteceu. Vamos ficar aqui fingindo que não estamos preocupados e não notamos nada.

Não demorou muito, o rapaz voltou pálido.

– O que aconteceu, Zé? Fala logo, homem!

– Armaram uma emboscada e acertaram o juiz, o irmão dele e todos os que estavam junto. A cidade está de pernas para o alto. Parece que estão chegando autoridades de outros estados. Negros, mulatos e brancos que defendem nossas causas estão exigindo que se apure o caso e que os culpados sejam apresentados à justiça.

– Mataram o juiz? – repetiu Antônio Bento, revoltado.

– Pelo que ouvi, morreram todos.

– Fiquem cada um em seu posto. Vou falar com o padre Antônio. Quero saber o que de fato aconteceu. Logo que tiver informações, trago para vocês.

O padre, que era um dos membros do movimento em prol da liberdade dos negros, informou a Antônio Bento que não sabiam exatamente se todos haviam sido mortos; só teriam certeza quando frei Gregório retornasse da cidade. Deveriam aguardar ao menos que viesse alguém do grupo trazendo notícias confiáveis.

No fim da tarde, tomavam banho quando ouviram o galope de um cavalo. Era um dos membros que fazia parte do grupo e viera trazer sabão, pó de café e biscoitos de tapioca para os padres. Na verdade, viera mesmo era trazer as notícias que todos desejavam saber: o juiz estava vivo ou morto?

O irmão do juiz estava morto, e também três pessoas que o acompanhavam. O juiz estava em estado grave, mas vivo. Viera um médico de outro estado para ajudar na cirurgia, porque ele tinha perdido muito sangue.

Antero deixou pender a cabeça.

– Meu Deus! Como ficará Arlinda e sua família? E meu filho, que está prestes a nascer?

Antônio Bento manteve-se em silêncio e afastou-se do grupo sem dizer uma palavra. Entrou no dormitório, sentou-se na cama e deixou o olhar se perder no chão. Naquele momento tomava uma grande e definitiva decisão: pediria apoio ao grupo e faria o que precisava ser feito. Não seriam os primeiros mulatos a serem mortos porque haviam assumido um posto que até então era ocupado por um branco.

Naquela noite, após as aulas, reuniu-se com todos os negros e mulatos do colégio. Apresentou seus planos e, quando terminou, comentou:

– Levante a mão quem quiser me seguir, e não fiquem constrangidos os que não estiverem prontos para deixar o colégio. Podem ficar, contanto que não revelem nosso plano.

Todos levantaram a mão sem pestanejar.

– Muito bem, arrumem as coisas de vocês que partiremos esta madrugada. Nosso destino será cruzar o rio. Chegando lá, receberemos o apoio de que precisamos para nos estabelecermos no local. Há um velho coronel que está do nosso lado e muitos ex-feitores e ex-escravos que defendem nossa causa. É necessário que todos estejam conscientes do que estão fazendo. Levaremos cerca de três dias para alcançar nosso destino, e, se porventura qualquer um de nós for pego, que morra pela causa e não entregue o grupo. Nossa honra e nossa causa são pelo povo, e não por nós em particular. Morrerei se assim for necessário para salvá-los e espero que cada um tenha certeza do que está fazendo. Não estou deixando o colégio pensando em minha liberdade, mas sim na liberdade futura para todos.

***

Os padres não enviaram nenhum comunicado sobre a fuga dos internos. Não havia como mandar a notícia, porque não haviam sobrado nem negros, nem mulatos. Todos haviam fugido, e com a ajuda deles, que rezavam a Nossa Senhora das Graças para que não permitisse que o frei ou os outros padres voltassem naquele dia.

Antônio Bento, com a ajuda dos padres, foi atravessando lugares que lhe eram indicados, até chegar à aldeia dos índios, que logo se prontificaram a ajudá-los na travessia do rio com rápidas canoas.

Dois dias depois, quando o frei chegou ao colégio e deparou com a situação, não suportou e desfaleceu, sendo amparado pelos padres, que o conduziram ao leito. Recobrando a consciência, queria saber de cada detalhe. Os padres relataram a história que haviam combinado entre si: que os internos haviam fugido naquela madrugada; não poderiam estar longe dali.

O frei ordenou que os negros que o acompanhavam fossem às fazendas próximas que tivessem negros e mulatos, e pedissem ajuda no sentido de formar um mutirão para recapturar os fugitivos. Alguns padres se prontificaram a ir junto, até mesmo padre Antônio e padre Joseh, que haviam facilitado a fuga.

O frei agonizava, perguntando-se:

– Como vamos sobreviver sem os negros e os mulatos? Antes não tivesse dado ouvidos ao conselho de que esse era um bom negócio para todos, inclusive para Deus!

– Tome seu chá, frei. Se Deus quiser, logo, logo teremos todos de volta. Precisamos depois é pensar em mais segurança para mantê-los aqui dentro. Os fazendeiros vão nos ajudar a recapturar cada um deles; é mais interesse dos coronéis do que nosso.

– Deus o ouça, meu filho. Deus o ouça – respondeu o frei.

***

Dois padres conversavam entre si. Um deles perguntou ao outro:

– Você confia em nossos irmãos Antônio e Joseh?

– Nem um pouco. Ainda bem que você também já percebeu. Não quis falar nada ao frei para não dar a entender que estou com ciúme. Os dois vão muito à cidade e andam em tudo que é fazenda. O frei os tem nas alturas do céu. A maioria dos negros e mulatos internos foram eles que negociaram com os fazendeiros. Posso estar cometendo um pecado diante do Pai, mas já me passou pela cabeça que estão envolvidos com os movimentos.

– Pelo amor de Deus! – O outro padre fez o sinal da cruz antes de prosseguir. – Seria uma heresia contra a igreja! Seriam capazes de tamanha traição?

– Desejo fervorosamente estar enganado. Mas ninguém me tira da cabeça que estão envolvidos nesta história. Precisamos ficar de olho neles dois. Vamos dar um jeito de pedir ao frei para um de nós sempre acompanhá-los nas missões em campo. Os dois gozam de muito prestígio com o frei por trazerem fartos recursos ao colégio, mas, por trás dos recursos, pode haver outros interesses.

– Você está certo. Devemos ficar de olhos abertos. Há alguma coisa errada com aqueles dois. Se estivessem tão preocupados, um deles não poderia ter ido levar a notícia ao coronel mais próximo, que pediria ajuda aos demais? Esperaram pelo frei para tomar uma decisão? Vou apresentar este ponto na reunião desta noite. Quero pegá-los de surpresa.

Os padres retornaram com os negros contratados, que também torciam pelos fugitivos e lamentavam não terem ido com eles. Enquanto retiravam as botas, eram observados pelos outros dois padres que estavam desconfiados.

Aproximando-se deles, um dos padres perguntou:

– E então, irmãos, conseguiram informar os fazendeiros? Eles vão nos ajudar na recaptura?

– Fiquem tranquilos. Vamos tranquilizar o frei também. Todos os fazendeiros das redondezas estão sabendo da fuga dos internos do colégio. Eles não estão longe. Para sair desta terra por qualquer lado, têm de atravessar o rio, e os coronéis já estão montando esquemas para trazê-los de volta. Pedi que não os maltratassem. Queremos todos com saúde.

O frei, ao ver os padres, alçou as mãos para o alto, aflito.

– E então, meus filhos?

– Fique calmo, frei. Descanse. Acreditamos que amanhã os fugitivos já tenham retornado ao colégio. Pedimos aos fazendeiros que não machuquem os rapazes. Devemos estudar uma maneira de lhes oferecer algo para que se sintam bem aqui dentro e não sejam atraídos pelo desejo de fuga.

– O que me sugerem, filhos?

– Que tal um campo para jogarem bola? E se permitirmos que façam capoeira, levantamento de peso, esportes em geral? Poderíamos construir uma piscina natural; o rio está próximo. Vamos promover campeonatos entre eles com prêmios, isso poderá estimulá-los e divertirá a todos.

– Obrigado, meus filhos. Sempre têm essas ideias abençoadas por Deus! Não sei o que seria de nós sem os queridos padres por aqui. Estou mais tranquilo agora. Sei que posso confiar em vocês. Vão pensando em tudo isso. Façam o projeto e partiremos para buscar os recursos.

Os dois padres, que haviam acompanhado toda a conversa, entreolharam-se. Antes de deixarem o quarto, um deles dirigiu-se ao frei.

– O senhor me consente acompanhar meus irmãos nesses projetos? Desejo acompanhá-los nessa nobre missão. Admiro a competência deles, e quero aprender um pouco mais.

O outro se aproximou e completou:

– Faço das palavras do irmão minhas palavras.

O frei, entre emocionado e orgulhoso, tornou:

– Se os padres não se importarem, da minha parte afirmo que só podemos ganhar se vocês também desenvolverem esses trabalhos de campo.

Estendendo a mão para o padre Antônio, um dos padres desconfiados, ironicamente, perguntou:

– Sou aceito como seu aprendiz?

– Será uma honra tê-lo conosco, não é, irmão Joseh? – comentou, olhando para o outro padre, que parecia indignado.

– Ah, sim. Se até o frei reconhece que somos bons, imagine agora que dobramos em número.

No pátio, as duplas se separaram.

– Você enlouqueceu? Como vamos trabalhar com estes dois do nosso lado? São duas raposas velhas e desconfiadas. Estamos em um mato sem cachorro – comentou o padre Joseh.

– Calma, padre! Mas que homem de pouca fé! Acha mesmo que esses dois têm raça para nos acompanhar? Na primeira saída com eles adentraremos regiões pedregosas. Vamos ver se aguentam o que para nós é café-pequeno.

– Notei que os dois trocavam olhares – afirmou padre Joseh. – Precisamos tomar certos cuidados quanto a nossa postura aqui no colégio. Vamos nos separar um pouco. Eles não são tolos; estão de olho na gente. Acredite no que estou falando. Vamos esperar as alfinetadas de hoje à noite à mesa de reunião. Aja de maneira calma, natural e tranquila – aconselhou padre Antônio.

Enquanto isso, a outra dupla traçava um plano:

– A partir de amanhã, qualquer saída dos dois, um de nós estará colado neles. Olhos e ouvidos bem abertos, mas não podemos deixar transparecer nossa intenção.

***

No silêncio do colégio só se ouviam as palavras dos padres, que ecoavam pelas paredes, ficando o som aprisionado na sala.

O frei falou sobre o infeliz acontecimento que havia tirado vidas de pessoas inocentes, comentando que o juiz estava entre a vida e a morte, nas mãos de Deus.

A Lei do Ventre Livre, assinada pelo barão do Rio Branco, causava polêmica. As pressões aumentavam de norte a sul do país. Os fazendeiros não queriam abrir mão dos direitos sobre os escravos, e uma guerra fora declarada. Os negros que haviam retornado da Guerra do Paraguai cobravam as cartas de alforria para si e a família; os fazendeiros, que haviam lhes prometido liberdade, agora não queriam cumprir a promessa, e a revolta era grande dentro das senzalas.

A produção caíra de tal forma que o prejuízo era irreparável. Os castigos não amedrontavam mais os escravos. Os indígenas ajudavam os fugitivos a atravessar as fronteiras do Brasil. Diversos escravos estavam sendo levados de um lado a outro por trilhas só conhecidas pelos índios. Para piorar a situação dos coronéis, muitos ex-capatazes e capitães do mato escondiam negros fugitivos na própria propriedade ou facilitavam a fuga deles.

O frei ponderou, pensativo, que a situação era grave. O trabalho deles era disseminar a palavra de Deus, mas nem por isso estavam isentos de serem atacados pelos movimentos que corriam como água de norte a sul. A fuga de todos os internos de uma só vez mostrava que haviam sido atingidos. O frei parecia abatido e preocupado.

Na sala de reunião, o clima entre os padres era tenso. Um dos padres da dupla que suspeitava de padre Antônio e de padre Joseh, pedindo licença, levantou a mão para falar.

– Não entendi por que padre Antônio e padre Joseh, tão acostumados a se embrenhar a cavalo por essas matas, não foram buscar ajuda imediata nas fazendas próximas ao colégio, esperando que o frei chegasse para só então tomar uma ação.

O frei coçou a barba, encarando os padres e também se questionando a respeito.

Padre Antônio não demonstrava nenhum embaraço ao responder:

– Para conhecimento de todos, vou responder ao irmão o que já sabia e que tornei a ouvir de todos os fazendeiros que visitamos hoje: quando há fugas de madrugada, não adianta correr atrás dos fugitivos durante o dia, pois estarão bem escondidos. Com certeza entre eles há algum que conhece um local seguro para passar o dia. Só vão sair à noite, para tentar atravessar a mata ou o rio, e essas regiões os caçadores de escravos conhecem como a palma da mão. Para seu governo, irmão, não sei se reparou, mas estávamos com dois cavalos selados para viagem. Caso até depois do meio-dia o frei não retornasse, iríamos às fazendas, mesmo correndo o risco de sairmos do colégio. Como em outras fugas que aconteceram por aí, às vezes os negros saem e ficam escondidos no caminho. Quando alguém sai em busca de ajuda, é morto. Essa é a estratégia deles, é a única chance de não serem recapturados. O irmão tem mais alguma dúvida sobre nossas intenções?

Todos os outros padres, até mesmo o frei, que soltara um profundo suspiro ao ouvir a explicação sincera de padre Antônio, encararam o inquiridor com ar de desaprovação.

– Perdoe-me, padre – justificou-se o outro, olhando de soslaio para o amigo e cúmplice. – Confesso que desconhecia esse fato.

– Irmãos, esse clima de desarmonia que se desenvolve fora do colégio não deve fazer parte de nossa vida. Nossa missão é salvar vidas, e não julgar pessoas – tornou o padre Antônio.

Os padres aplaudiram.

Terminada a reunião, o frei agradeceu a todos, abençoando-os e lhes desejando uma noite com Cristo.

Os dois amigos pararam a um canto e falaram baixinho:

– Aqueles dois se saíram bem! Mas na hora certa os pegaremos com a boca na botija.

***

A notícia chegou à casa azul e branca como uma bomba. Não demorou para que capatazes, capitães do mato e cães farejadores, sob o comando de seu Toninho, saíssem para se juntar aos grupos de outras fazendas em busca dos fugitivos.

O capataz Toninho já tinha tomado uma decisão: Antero voltaria em uma rede. "Quero ter o prazer de acabar com aquele mulato sem-vergonha e atrevido! Quando falo que essas pragas de mulatos machos deveriam ser eliminados ao nascer, não me dão ouvidos. Mais uma vez, a prova está aí! Estou com toda a razão. Não precisávamos passar por todo esse desconforto no meio do mato, cansando os cães, por causa de um bando de vagabundos."

***

Tio Chico estava sentado em um toco, fazendo sua oração de olhos fechados, e não percebeu a chegada de Toninho, que agora era o chefe da guarnição da fazenda.

– Está dormindo, negro velho? Não tem mais nada para fazer? Sua vida está boa demais. Preciso arranjar alguma coisa para preencher seu tempo. Não quero nenhum negro cochilando por aqui como se fosse rei! Vá apanhar o que tiver para picada de insetos. Por causa de seu protegido, passarei a noite no mato.

O negro velho saiu se arrastando. Já não conseguia andar em passadas rápidas como antigamente. Voltou com os remédios e os entregou ao capataz.

– Esse aqui é para passar antes de entrar no mato, porque espanta os mosquitos. E esse aqui é para o caso de ser picado.

O capataz arrancou com rudeza os remédios da mão do velho, sem sequer olhá-lo. Virou as costas e saiu galopando seu belo animal.

A sinhá-moça estava nervosa. Confiava em Toninho, e ele lhe prometera que não voltaria sem Antero. Ela pediu que o levasse direto ao colégio; que não aparecesse com ele na fazenda. Só desejava se certificar de que aquele mulato jamais fosse um empecilho em sua vida.

O senhor estava enfurecido. Dera ordens aos feitores para agir como deveria ser feito. Que não poupassem Antero, se assim fosse preciso. Onde já se viu um mulato desavergonhado daqueles! Colocara-o em um colégio, onde tinha a chance de viver o resto da vida em paz, se soubesse aproveitar, mas não... Resolvera fugir para desafiá-lo. Pois bem; seria recapturado e ele em pessoa iria ao colégio dar-lhe uma surra. E autorizaria ao frei colocar grilhões em seus pés para dormir, até que descobrisse o que era obedecer.

A sinhá-velha, vendo todo aquele movimento, queria porque queria saber o que estava acontecendo. Com a partida do neto, ficara muito abatida. Vivia cabisbaixa, com os olhos lacrimejantes. O filho lhe garantira e chegara a jurar que havia enviado Antero ao colégio dos padres. Ao mesmo tempo em que se alegrava por saber que ele tinha uma chance de construir uma vida digna, sentia sua falta, pois era a única pessoa da família que lhe devotava amor.

A sinhá-velha insistiu:

– Por favor, falem-me o que está acontecendo.

A neta, que não suportava mais a ansiedade e o interesse da avó, berrou:

– Seu querido Antero fugiu do colégio e agora está sendo procurado. Tomara que seja aberto ao meio pelos cães. Rezarei para que morra.

A sinhá-velha pôs a mão no coração e tentava estender a mão para a neta, que lhe virou as costas e deixou a sala. A criada a amparou. A velha senhora não conseguia respirar, e a escrava gritou por socorro. Por fim, a nora chegou e instruiu que a levassem ao quarto. Em seguida, a sinhá-moça quis saber o que havia acontecido, e a criada relatou o que ouvira.

– Se o senhor perguntar, você não escutou nada, entendeu? – a sinhá-moça ordenou com rispidez.

– Sim, senhora.

O filho chegou e, ao deparar com a mãe naquele estado, perguntou o que tinha ocorrido.

– Não sabemos, amor. A criada disse que foi de repente.

– Chamem já o Chico aqui – gritou ele. – E mandem buscar o médico imediatamente.

A criada saiu correndo para atender à ordem do senhor, e a sinhá-moça, deixando o quarto da sogra, encontrou a filha, que lhe fez um beicinho. A mãe a arrastou a um canto.

– Pedi que se comportasse – disse-lhe. – Falta apenas uma semana para você viajar. E agora se sua avó morrer? Vai ter de esperar quarenta dias de luto para poder sair.

– Então a senhora acha que vou me vestir de preto por causa dessa velha imbecil? Quero mesmo que morra. Ninguém vai me impedir de ir embora desse inferno. A senhora também teve culpa quando aceitou ficar com esse trambolho.

– Fale baixo! Seu pai pode ouvi-la. Vá para o quarto e não saia de lá. Já passou das contas por hoje. Não compreende o esforço que faço por vocês!

A moça saiu resmungando e falando alto:

– E vou ter de esperar ainda uma semana... Não aguento mais isso aqui.

***

O velho Chico chegou às pressas, andando o mais rápido que as pernas lhe permitiam.

– Trouxe os remédios, Chico? – indagou o senhor, ao vê-lo chegando.

– Sim, senhor. Está tudo aqui.

– Veja se ajuda minha mãe. O que acha que ela tem? – perguntou o senhor, acompanhando o que o negro velho fazia.

– Não posso responder ainda, senhor. Só depois que os remédios forem aplicados. Dependendo da reação, aí posso dizer o que foi.

– Então, vamos. Faça o que precisa se feito – ordenou. – Vou esperar na sala, e quero bons resultados.

O velho Chico pegou uma colher do remédio que preparava para estas ocasiões difíceis. Havia aprendido com os mais velhos alguns segredos de cura e, quando precisava, utilizava. Raspara o nervo seco da pata de um veado macho. Pedia aos caçadores, que eram os capatazes, patas, chifres e outras partes do corpo de alguns animais que, para quem os caçava, não tinham nenhuma serventia, mas que para ele eram relíquias. Guardava essas partes como remédio para curar quem precisava.

Pediu auxílio à criada e, com muito sacrifício, fez a sinhá engolir o que havia misturado com o pó. A criada sustentava a sinhá, e o velho Chico, com seus conhecimentos, pressionava os pontos certos dos nervos da sinhá. Mais de meia hora de luta, e a sinhá se acalmou, relaxando. Parou de convulsionar. Parecia cansada, e fitou o velho Chico com um olhar cheio de agradecimento.

O negro velho pediu à criada que fosse chamar o senhor. A sinhá estava melhor, mas precisava de descanso e cuidados especiais.

O senhor, entrando no quarto e vendo a mãe relaxada e tranquila, suspirou aliviado.

– A senhora está bem, mamãe? Não precisa falar. Só pisque os olhos para mim se estiver se sentindo bem.

A velha senhora desviou o olhar para tio Chico e, em seguida, fitou o filho. Balançou a cabeça em afirmativa, dizendo em voz baixa:

– Graças a Deus e à ajuda do velho Chico, posso respirar. Desejo dormir um pouco; sinto sono.

O senhor virou-se para o escravo e perguntou:

– O que foi que aconteceu com minha mãe, velho Chico?

– Ela tomou um choque, senhor. Na idade dela é muito perigoso. Já não aguenta mais choque assim.

– Pode ir, Chico. Se precisar, mando chamá-lo de novo – disse o senhor, observando a mãe que, pálida, ainda o encarava. O coração do senhor apertou; sentiu pena da mãe.

Será que alguém tivera coragem de lhe contar sobre Antero? "Se algum negro deu com a língua nos dentes perto dela, vai dormir no curral", pensou. Deu ordens à criada para que não saísse do quarto. Ao sinal de qualquer problema, ela deveria chamá-lo.

Dirigiu-se à varanda, onde estavam sentados os dois filhos e a esposa, tomando suco de manga. Ao avistar o marido, a sinhá-moça se levantou e veio a seu encontro.

– E então, como está minha sogra?

– Não sei o que este negro velho faz... Os remédios dele curam todo mundo. É um escravo de muito valor. Minha mãe está dormindo, agora relaxada. Você viu como estava toda retorcida? Segundo o negro velho, ela deve ter recebido um choque para ficar naquele estado. Alguém aqui sabe de alguma coisa? Ela ficou sabendo da fuga de Antero?

A filha, com o copo de suco quase à boca, interrompeu:

– Eu sei.

– O que você sabe? Pode me contar?

– As negras que estavam escolhendo feijão no alpendre falavam sobre a fuga. Eu mesma ouvi. Minha avó ficou escondida, só ouvindo o que diziam. O senhor me perdoe, não é por maldade o que vou lhe dizer, mas minha avó ultimamente vive se ocultando para ouvir conversas aqui e ali. Não sei se é a idade, mas deu para fazer isso agora.

– Helen, você tem percebido isso também, ou é implicância de nossa filha com a avó?

– Não é implicância. Sua mãe anda estranha nos últimos dias. Vai à senzala e fica de conversa com as negras. Não queria lhe contar para não lhe causar aborrecimentos, mas ela anda tirando coisas da casa e levando à senzala. Talvez não ande bem de saúde. Quem sabe, com a vinda do médico, ele possa lhe receitar um calmante.

O senhor sentou-se e ficou em silêncio. A filha pegou um copo de suco e lhe entregou.

– Não minto para o meu pai. Seja lá o que for, vou sempre lhe falar a verdade. Magoou-me o senhor duvidar de mim.

Ele puxou a mão dela e lhe beijou o rosto.

– Filhinha amada, aja sempre assim com o seu papai. Não quero que me esconda nada! Seja lá o que for, sempre me conte. Desculpa o papai? Vou lhe dar um presente. O que você quer?

– Quero aquela pulseira que o senhor guarda com tanto zelo, a pulseira de pedras da vovó. Vou usar com cuidado, e prometo lembrar com amor de minha avó toda vez que a usar. Se não fosse por ela, você não existiria, nem eu.

– Está certo. Vou dá-la à minha filhinha. Você merece.

Desviando o olhar para o filho, que exibia uma expressão de genuíno espanto diante da audácia da irmã, o pai comentou:

– E você, filho, que está aí calado nesse canto, procure seguir o exemplo de sua irmã. Por que da sua boca nunca ouço nada?

– O que poderia lhe dizer, papai? Não me envolvo com negros, não fico por aí prestando atenção ao que não me interessa, portanto, não tenho nenhum assunto para conversar com o senhor. Acredito que, quando estiver em Paris, terei muito que falar. Prometo que tentarei ser igual à minha irmãzinha. Mas uma coisa é certa: também sou sincero e corajoso.

– Vocês viajam a semana que vem. Já estão arrumando as malas?

– Estou com tudo arrumado. Só preciso, de fato, partir – tornou o rapaz.

– E em Paris vocês dois ficarão sob a custódia de seus avós maternos. Tratem de obedecê-los e se comportarem como dois jovens de família, como de fato são. Vou mandar quantia suficiente para se manterem e, assim que a minha mãe chegar lá, devem visitá-la toda semana, combinado?

– Sim, senhor. Prometo que faremos isso. Vou e arrasto meu irmão. Apesar de um tanto rabugenta, adoro a minha avó. O senhor sabe disso, não é? – indagou a jovem, fingindo uma docilidade e ternura que passavam longe de seu jeito de ser.

No barracão, o velho Chico comentou com as mulheres mais velhas o que havia ouvido da criada a respeito das palavras da sinhá-menina para com a avó. Aquela sinhazinha tinha um coração frio; era muito ruim tanto com negros quanto com brancos. Por causa das intrigas dela, diversos negros haviam recebido castigos perversos sem merecer.

Zulmira lembrou-se do castigo do negro Adelson, que o senhor trocara por um cachorro.

– Por onde será que anda este negro? Com certeza foi colocado para desenvolver a pior tarefa da fazenda. A sinhá-menina contou ao senhor que estava tomando banho e o negro foi espiá-la pela janela. Fez isso só porque o coitado se recusou a levar um recado falso para a avó. O senhor mandou chicotear o negro até desfalecer. Quando o tiraram do castigo, o pobre ficou oito dias entre a vida e a morte. Ao voltar a si, chegou a cuspir sangue. Se não fossem os remédios do velho Chico, teria morrido. Quando o negro se pôs de pé, o senhor, na frente de todos os negros, trocou-o por um cachorro, e a sinhá-menina ficou na janela, olhando a cena com ar de riso.

O velho Chico acrescentou:

– Quem somos nós para entender esses filhos de Deus? O negro se revolta porque é preto; o branco se revolta tanto quanto o negro. Dá para entender?

– Minha gente – disse Zulmira –, as coisas estão se tornando mais difíceis a cada dia que passa, e vocês, que são novos, vão durar mais do que eu. Tratem de instruir esses meninos, porque senão teremos dias bem piores. Não sabemos nada ainda dessa lei nova que dizem favorecer os que vão nascer daqui para a frente. Pelo que ouvi falar, os negros ficarão vinte e um anos com o senhor ou serão levados para ser propriedade do governo. Aqui no nosso meio pelo menos estamos juntos sob os castigos. Um socorre o outro. E lá nestas terras de meu Deus, que não sabemos onde ficam, como será a vida das criaturas?

– Onde ouviu isso, Zulmira?

– Os capatazes não falam em outra coisa – comentou um dos negros. – Dizem, tio Chico, que é a Lei do Ventre Livre.

A gente tem de esperar pela vontade dos senhores para ter certeza se é verdade e se nós aqui seremos beneficiados. Não adianta os brancos fazerem leis porque só são aplicadas quando querem. E quem é besta de se meter em querer conhecer estas coisas de leis?

Assunta entrou na conversa:

– Pois estou sabendo que muitos brancos, mulatos e capatazes que deixaram a profissão estão unidos e vão cobrar de todos os senhores a aplicação desta lei, que já foi assinada faz tempo. Nós é que demoramos para saber. Os negros e os mulatos que fugiram do colégio estão com eles. Tem um mulato chamado Antônio Bento que, segundo dizem, tem mais inteligência que muitos brancos. Pois então, esse mulato está protegido por brancos importantes, por esse motivo confio em Deus que Antero e todos os outros vão se sair bem. Neles, ninguém vai conseguir colocar as mãos.

– Já amarrei minha saia na mangueira – comentou uma das mulheres. – Só vou soltar quando vir todos os capatazes e capitães do mato voltarem com o rabo entre as pernas. A justiça de Deus pode ser demorada, mas chega. Não tenham dúvida disso. E quero estar bem viva e vê-los também vivos para comemorarmos juntos a libertação de todos os negros deste chão.

– Mulher de Deus, o sol anda lhe queimando os miolos? Para de sonhar com o que está adormecido – comentou uma das escravas.

– Não estou sonhando acordada. Tenho fé e certeza; tive uma visão daquelas que, quando me vêm, é certeza de virar realidade.

O velho Chico, levantando-se, deu boa-noite às mulheres. Caminhou alguns poucos passos e, voltando-se, comentou:

– Assunta, você é bem informada e esclarecida. Fique atenta sobre a saúde do juiz e o que acontece pela cidade. Procure saber principalmente como ficou a situação de Arlinda e dos pais.

– Fique sossegado. Tudo que souber, o senhor vai ficar conhecendo também.

As mulheres continuaram conversando sob a mira do capataz, que as observava de longe. Eram apenas lavadeiras, passadeiras e cozinheiras. As perigosas eram as moças, que se envolviam com capatazes, negros, mulatos e senhores, refletia o vigilante capataz.

Capítulo IV

A grande vitória

Após longa caminhada, Antônio Bento e seus amigos foram acolhidos pelos indígenas, que lhes dispensaram atenção especial. Descansaram aquela noite na aldeia, uma vez que já se encontravam fora de perigo, longe do alcance dos capitães do mato e seus cães. Na tribo eles jamais poriam os pés.

No outro dia logo cedo, guiados pelos índios, entraram na mata e saíram à beira do rio, onde eles escondiam as canoas. Levaram umas quatro horas viajando. As correntes estavam favoráveis, segundo o cacique. Desceram no novo destino e agradeceram aos indígenas pela hospitalidade e solidariedade. Foram em busca dos contatos fornecidos pelo grupo de apoio.

Ali despontava uma nova história na vida daqueles homens e na de muitos negros nascidos no solo brasileiro. Houve mortes e tristeza; porém, o símbolo da vitória dos negros começava a ser formado com a luta de muitos que não se viam como brancos nem negros, mas, antes, como irmãos.

O juiz sobreviveu, e Antônio Bento deu pulos de alegria. Um dia desejava conhecer aquele homem de pulso e fé.

Em um dos encontros do grupo, conhecera poetas e advogados brancos que eram irmãos de verdade. O cerco se fechava para os coronéis, que lutavam com todas as armas que podiam. Mas o fim da escravidão se aproximava.

Fraudes foram descobertas. Uma delas era a falta de registro de crianças que teriam direito à Lei do Ventre Livre. As fazendas estavam apinhadas de crianças, mas não havia nada que comprovasse a existência delas. Em um protesto público, os defensores dos escravos perguntaram aos senhores presentes o que estava acontecendo nas terras deles, porque as crianças simplesmente haviam parado de nascer.

Os padres e seus colégios passaram também a ser investigados. Alguns recebiam auxílio de outros países para ajudar na causa da libertação. Uma vez instalados, muitos deles recebiam ainda altos tributos dos senhores para manterem negros e mulatos em esquema fechado, como em uma prisão.

O país vivia o auge da pressão política. Países estrangeiros cobravam uma posição e ameaçavam fechar as portas do comércio caso o Brasil teimasse em perpetuar o sistema escravocrata.

As notícias espalhavam-se como fumaça. Os negros passaram a conversar mais a respeito dos assuntos de seu interesse. Muitos e muitos senhores apoiavam os movimentos abolicionistas. Houve uma campanha de incentivo para se libertar alguns escravos, e Antônio Bento conseguiu legalizar sua situação como homem livre. A partir daí, sua luta começou.

Os campos de lavouras e de criações de gado, cavalos, carneiros, galinhas e outros começavam a se espalhar pelo território. A plantação, colheita e criação "de meia" invadia todos os estados. Donos de terras, ex-capatazes e alguns coronéis, que lutavam pela libertação dos negros, forneciam a terra e a semente de gado, como se chamava na época, e os ex-escravos dia e noite se dedicavam à terra, embora muitos sofressem ataques de outros coronéis, que mandavam incendiar a plantação dos que tentavam se igualar a eles.

Vários escravos que não haviam obtido a liberdade provisória, filhos de coronéis e capatazes uniram-se a Antônio Bento, e muitos foram levados ao norte do país, principalmente para o Ceará. Naquele estado já havia um movimento maior em apoio à libertação dos escravos, tanto que os registros provam que, quatro anos antes de a Lei Áurea entrar em vigor, o Ceará não admitia mais o sistema de escravidão em seu território.

Antero e diversos outros negros e mulatos foram levados para o Ceará. Advogados, poetas e outros intelectuais mulatos, negros e brancos, com a ajuda do juiz Antônio Bento, grande líder nas terras paulistas que jamais poderá ser esquecido, acompanhado do mulato que também tinha o mesmo nome, com braços fortes ajudaram a arrebentar as correntes que prendiam os escravos no Brasil.

***

Antero ficou sabendo que Arlinda estava bem amparada e tinha dado à luz um menino chamado Francisco Chagas de Jesus. Mandou dizer a ela que estava lutando e tinha fé em que alcançaria um lugar no mundo para viver em paz com ela e o filho.

Também ficou sabendo que sua avó havia falecido em Paris e que o senhor e sua sinhá atravessavam momentos difíceis na vida por causa dos filhos. O moço perdera-se no vício do jogo, e a moça, em outros vícios carnais. Falavam que eles estavam vendendo o que possuíam e iam embora do Brasil. Antero ficou pensando em seus irmãos de sina. Como estariam vivendo envolvidos naquele ambiente pesado? Quanto aos outros, lamentava pela avó, mas dava graças a Deus por nunca mais ter de olhar para nenhum deles.

Soube também que Toninho havia morrido em uma briga entre capatazes. Não era de esperar outra coisa; ele vivia desafiando todo mundo, e uma hora teria de encontrar alguém à altura.

Temia pela sua situação. Pertencia a um senhor que, apesar de ser seu pai biológico, não temia matá-lo se assim fosse necessário; era apenas um bem que pertencia ao coronel. Se estava vendendo e transferindo tudo o que tinha, poderia complicar sua vida, deixando-o para novos senhores como escravo fugitivo.

O país atravessava uma das maiores crises financeiras e políticas. De um lado, os movimentos engrossavam, negros e mulatos se uniam, apoiavam-se mutuamente, e o boca a boca levava às senzalas informações sobre os direitos que cabiam aos escravos. As manifestações de revolta passaram a quebrar de vez o temor dos cativos. Não aceitavam mais o castigo imposto pelos senhores; muitos morriam e matavam, lutando corpo a corpo com capatazes armados, que começaram a temer a reação dos escravos, antes tratados como animais, mas resignados e calados diante de qualquer ofensa ou castigo.

O censo começou a ser feito com a ordem do Estado. As estatísticas provaram o absurdo dos absurdos! As crianças não tinham nenhum registro que lhes desse o amparo da Lei do Ventre Livre; apenas alguns casos de crianças deficientes, ou com outras doenças, eram apresentados e ofertados para fazerem parte do quadro no qual o estado se propunha a cuidar delas.

O velho Chico acompanhava toda essa movimentação de cabeça baixa. Temia pelo futuro, não apenas dos negros, mas de todos os povos.

Comentou certo dia com Assunta, sua fiel confidente:

– Essa luta é correta e deve mesmo prosseguir; porém, o que me entristece é que sabemos que em outras partes do mundo há castigos bem piores que o nosso, e a escravidão não vai terminar para essas pobres criaturas.

– Do que é que o senhor está falando? – indagou a mulher, assustada.

– Assunta, fique sabendo que aqui sofremos porque somos negros, mas há lugares no mundo em que as pessoas nascem brancas, são da mesma casta e, no entanto, encontram-se martirizadas no corpo e na alma por serem de sexo diferente.

– Misericórdia, tio Chico! De onde o senhor tirou esses pensamentos? O senhor sonhou com isso, foi?

– Não, Assunta, não é sonho; é realidade! Estou dizendo isso a você porque precisamos conversar com os jovens que começaram a meter as mãos pelos pés. Na cabeça deles todo o sofrimento do homem caiu sobre nós, mas não é verdade. Há pessoas que sofrem mais do que nós; sofrem física, moral e espiritualmente.

Assunta, entre curiosa e estupefata, encarava o negro velho.

– Senta aí – disse ele – que vou lhe contar tudo o que sei a esse respeito, e não é coisa da minha cabeça de velho, não! São fatos verídicos.

Então tio Chico relatou tudo o que conhecia sobre o sofrimento de irmãos de outras nações. Ao terminar de falar, Assunta, com lágrimas escorrendo pelo rosto, desabafou:

– Meu Deus! Tenho de pedir muito perdão pelos meus pecados; nunca me passou pela cabeça que houvesse pessoas brancas passando por estas tormentas.

Os dois trocavam ideias quando uma moça que servia na casa azul e branca chegou correndo.

– Tio Chico! Tio Chico! O senhor não queira saber o que acabei de ouvir!

– Se não parar com essa afobação e me contar, nunca vou saber mesmo – tornou ele, pitando o cachimbo de barro.

– O senhor vendeu esta fazenda, com tudo dentro dela. Vão para a tal Paris, e os novos donos vêm amanhã fazer uma coisa chamada vistoria. O senhor sabe o que é isso?

– Sei, sim. Vistoria é olhar tudo o que tem aqui e o estado em que se encontra. Eu, por exemplo, não passo na vistoria se forem contar os braços de trabalho. Hoje sou considerado um peso nas costas de qualquer senhor; já não sirvo para nada. Quanto a você, fique sossegada que não vai correr risco de ser mandada embora daqui. É uma negra nova e cheia de vida.

– Tio Chico, estou tremendo de medo e de preocupação, e o senhor me diz isso?

– Filha, deixe as coisas acontecerem primeiro para depois perder noites de sono. Se você ficar hoje a noite inteira sem dormir pensando nisso, será que a situação vai mudar a seu favor? Sabe o que temos de fazer? Rezar a Jesus pedindo proteção para nossos senhores que se vão; rogando por aqueles que virão e também por nós, que estamos aqui. Temos de aguardar e esperar para conhecer o amanhã. Vá se deitar, filha. Quando raiar mais um dia em sua vida, terá de estar de pé e pegar na labuta. Não saia espalhando essa notícia por aí; não tire a noite de sono dos que precisam dormir e descansar o espírito. Não vamos mudar a nossa história nem a de ninguém se perdermos a fé em Deus ou sairmos por aí incendiando os pensamentos de quem já vive em aflição.

A moça pediu-lhe a bênção e saiu cabisbaixa. O velho Chico balançou a cabeça naquele seu gesto tão conhecido.

– Em que está pensando? – Assunta perguntou.

– Não vou ter esse corpo neste mundo para ver o que está vindo a galope. E, talvez, se for a vontade de Deus, posso até não desfrutar, mas verei chegar o dia em que a negrada toda vai sair em festa pelas ruas. Vai ser bom de um lado e ruim do outro. Muitos escravos não estão preparados para sair pelo mundo sozinhos. Vários vão morrer assim que deixarem as fazendas; a bebida vai levá-los ao cemitério. Grave bem o que estou lhe dizendo.

No dia seguinte, logo pela manhã, o coronel já recebia visitas. Trancaram-se no escritório do senhor. Com certeza, tratava-se dos novos compradores. "Quem seriam? E o que fariam com eles?", refletiu o negro velho Chico.

Uma semana depois, em um sábado à tarde, o senhor reuniu os escravos e pediu que tomassem banho e vestissem roupa nova. Desejava que todos estivessem bem arrumados no domingo pela manhã. Seriam apresentados aos novos senhores. Dali para a frente, a fazenda azul e branca teria novos donos e um novo destino.

Os negros se entreolharam. As coisas estavam muito difíceis para todos; nada era mais como antes. Antigamente, relembravam os mais velhos, mesmo no sofrimento do cativeiro eles tinham suas alegrias; cada um sabia onde era o seu lugar. Mas, nos últimos tempos, ninguém entendia mais nada!

O assunto nos barracões da senzala era o que aconteceria no outro dia. Ninguém conseguiu dormir, nem mesmo o velho Chico, que rolou na rede e depois foi se deitar em uma esteira de palha, e nada de o sono chegar.

No dia seguinte, cedo, os homens se dirigiram para certo ponto do rio. Mulheres e crianças, a outro. Todos tomaram banho e se vestiram da melhor forma possível. Mesmo sendo cativos, tinham costumes ancestrais; gostavam de se arrumar e se enfeitar com ornamentos feitos de sementes.

Reunidos diante da grande casa azul e branca, aguardavam a presença do senhor. Não demorou muito, ouviram um tropel de cavalos. Eram os novos senhores, deduziram os cativos.

Em meio aos senhores, dois mulatos bem-apresentados chamavam a atenção dos negros. Muitos escravos, em silêncio, pensaram: “Devem ser os serviçais dos senhores...”

Todos desceram das montarias, mas nenhum mulato foi prestar auxílio aos brancos. Os cativos permaneciam ansiosos e como que paralisados. O capataz do senhor pediu a alguns escravos que levassem os animais à cocheira e que não se demorassem, pois logo o senhor falaria com eles.

Os visitantes entraram na casa do senhor, inclusive os dois mulatos! Mulatos ou negros, para entrar naquela casa, só se fosse para fazer algum serviço de manutenção ou pegar algo pesado, mas aqueles dois haviam entrado na sala de visitas. Era a primeira vez que mulatos entravam ali e eram tratados com igualdade.

Minutos depois, os senhores apareceram acompanhados dos visitantes.

– Aqui está o novo proprietário desta fazenda e senhor de vocês – anunciou o coronel, apontando para um dos visitantes. – O advogado dele, que se faz presente, vai cuidar de tudo. Quero também deixar claro aos amigos que nenhuma criança beneficiada pela Lei do Ventre Livre entrou como valor a ser pago. Eu as venho mantendo como posso; da mesma maneira que cuido bem dos escravos, faço-o também com os ingênuos. Todo escravo é bem tratado aqui; podem reparar na aparência deles. Sempre foram bem alimentados, e, nesta fazenda, escravo sempre gozou de certas regalias que, segundo sei, por aí não são permitidas. Espero que os senhores dispensem a eles o mesmo tratamento que tenho dispensado.

Apontando para os negros, afirmou, orgulhoso:

– Não tenho fugitivos entre eles. Todas as desavenças, coisa normal entre grupos de pessoas, são resolvidas da melhor forma possível. Assim, temos uma vida harmoniosa, com as graças de Deus.

Os negros permaneciam mudos e de cabeça baixa, cada um com os próprios pensamentos. O senhor falava de uma maneira que nunca tinham ouvido! Parecia calmo e compreensivo. E as chicotadas no curral? E os castigos que os capatazes aplicavam? E os pés descalços das crianças que cresciam? Ah, se não fosse tio Chico, que fazia alpargatas com o couro dos bois que eles matavam para vender e comer...

Cabisbaixos, também refletiam: "Então o dono é o mulato?" Uma felicidade e um sentimento de orgulho lhes invadiam o coração, especialmente do velho Chico, que se arriscava a dar uma olhada de esguelha para o novo proprietário da fazenda. Enquanto o observava, alegrava-se imaginando: "As mudanças estão mais próximas do que pensávamos... Quem me dera poder ver chegar esse dia em que, eu sei, a luta, o derramamento de sangue e o ódio chegarão ao fim".

Na frente dos visitantes, que observavam os negros, o senhor prometeu cuidar deles até a próxima semana, comprometendo-se em entregar tudo em perfeita ordem, inclusive os cativos.

O mulato que foi apresentado como novo senhor ficou de pé e falou alto:

– No próximo domingo, logo cedo, estaremos aqui assumindo a fazenda. Quero todos vocês presentes, a fim de receber as novas ordens que decidirão o destino de cada um. Celebraremos também a primeira missa na fazenda.

O senhor dispensou todos e continuou no alpendre com os convidados, bebendo e comendo. Os negros apressaram-se para o fundo da senzala. Cada um tinha um palpite, mas todos queriam mesmo era ouvir a voz da experiência de tio Chico e das mulheres mais velhas da senzala. Quando apareceram, todos os escravos os cercaram, no olhar a pergunta para a qual desejavam obter resposta.

O velho Chico se sentou e ajeitou o cigarro de palha.

– Não vamos nos precipitar em tentar ver o futuro – começou. – Com certeza, o que Deus já acertou a nosso respeito não mudará um palmo diante de nosso comportamento. Uma coisa é certa: se a fazenda é do mulato, o futuro pode ser várias coisas. Ter um senhor que não é branco nem preto deixa a gente sem saber direto o que está no coração dele, principalmente na cabeça. Tanto pode pensar como branco, como pode pensar como negro, mas pode, também, apenas pensar como gente. E é isso que devemos fazer: enquanto o domingo não chega, vamos viver como gente, independente de nossa cor. – Soltando uma baforada, avisou: – Espalhem-se aí, pessoal. Daqui a pouco o novo senhor resolve vir aqui e, se pegar a gente falando o que não deve, aí sim pode já traçar um plano de prevenção contra nós.

– O velho Chico tem razão, pessoal – concordou Assunta, levantando-se. – Vamos andando; cada um que vá cuidar de seus afazeres.

Aquela semana passou como um relâmpago. Assunta contou ao velho Chico que aqueles dois mulatos eram da família do juiz e que tinham outras fazendas. Colocavam administradores para tomar conta, pois não moravam nelas. Contou também que nas fazendas deles não eram contratados capatazes; os próprios escravos eram responsáveis pela organização do local. Ela ouvira essas informações de um empregado de confiança do novo senhor.

No domingo bem cedo, os dois mulatos apareceram acompanhados de dois negros e mais dois mulatos. João da madeira correu para perto do velho Chico e sussurrou:

– Aquele mulato de chapéu de couro é o Antônio Bento! Eu o conheci no colégio dos padres. É amigo do Antero...

O novo senhor falou dos planos que tinha traçado para o destino daquela fazenda que estava à beira da falência. Pareciam um tanto assustadoras para os negros aquelas novidades. Estavam habituados a fazer tudo no braço, mas o senhor disse, por exemplo, que traria água do rio para a fazenda, o que iria facilitar a vida de todos. As mulheres que carregavam a água do rio temiam ser vendidas. Se acabassem com o trabalho delas, o que fariam?

Muitos negros ficaram mesmo em estado de choque com as notícias dos novos senhores. Não sobraria trabalho na fazenda, e por certo seriam vendidos.

Logo após ter exposto seu plano, o mulato, que, mesmo sendo muito jovem, expressava-se como um sábio, falou:

– Ninguém aqui será vendido. A partir de amanhã começaremos a fazer o levantamento do direito de vocês, amparado pela lei. Mandaremos construir várias casas pequenas, mas que possam abrigar os que forem dispensados dos trabalhos da fazenda. Estes continuarão trabalhando e vendendo o fruto de seu trabalho para nós. Amanhã, na parte da tarde, quero falar com os mais velhos. Quem não souber a própria idade, não faz mal; venham assim mesmo que faremos uma estimativa, levando em consideração o tempo de cada um na fazenda.

Por fim, o mulato apresentou outro Antônio Bento como administrador da fazenda. Os escravos se entreolharam: dois Antônio Bento? O dono das terras era o juiz chamado Antônio Bento, e o outro, o administrador, era o Antônio Bento que ajudara Antero e outros a fugirem do colégio dos padres.

Antônio Bento, o administrador, disse com a firmeza de um verdadeiro guerreiro:

– Conheço alguns homens desta fazenda. Ali vejo o João da madeira e também outros amigos. Quero de antemão lhes dizer que trabalharemos com dignidade e decência, honrando os votos de confiança do nosso patrão aqui presente, meu xará, o senhor doutor juiz Antônio Bento, que será chamado por todos nós de senhor juiz. Por ordem do patrão, foi destituído o título de capataz nesta fazenda. Se nossos amigos desejarem continuar trabalhando conosco, será bom para todos. Vamos nos reunir e acertaremos os novos encargos de vocês. Para os que não desejarem permanecer conosco dentro do novo sistema, serão recompensados no que tiverem direito e dispensados do cargo. Teremos muito trabalho, e os que tiverem disposição com certeza terão seu emprego amparado por lei.

Logo após ter apresentado as novas diretrizes que a fazenda teria, o padre celebrou a missa na pequena capela na qual muitos negros jamais haviam posto nem pés nem olhos, e todos, curiosos, puderam entrar e ver o que tinha lá dentro. Em seguida, Antônio Bento dispensou-os para almoçar e falou que queria vê-los no fim da tarde em frente à casa azul e branca, que não tardaria a mudar de cor.

Por volta de dezesseis horas, Antônio Bento pediu:

– Vamos fazer um batuque aqui em frente da casa? Improvisem um tambor como puderem; vou mandar confeccionar alguns para alegrar as noites nesta fazenda.

Os negros saíram se abraçando e chorando de alegria. Era muita felicidade! Seria mesmo verdade?

João da madeira afirmava aos outros cativos que Antônio Bento era amigo de Antero e que tinha ligação com o movimento das leis que protegiam os escravos.

Um dos jovens chegou com um tronco oco e tirou um som de tambor. Não demorou para que improvisassem o que iriam mostrar aos senhores. Diante da casa azul e branca, ao cair da tarde, com o som dos tambores ao fundo, uma brisa perfumada parecia beijar a terra e seus viventes. Antônio Bento desceu e, em meio aos irmãos negros, puxou este canto:

Brasil e África neste instante param para ouvir o canto dos seus filhos; os ancestrais se alegram com nossa determinação. Não há mais separação de cor; agora é tudo união.

Agradecemos ao nosso Criador, que lá no céu olha por nós,
Ele não separa filhos pela cor,
Viva o Brasil, viva a África!
Brancos e negros agradecem
E pedem a proteção do Senhor,
Salve a África e o Brasil,
Salve seus filhos,
São guerreiros trabalhadores.

Outros cantos foram chegando de improviso. Sabe-se que todo canto é intuição de um mentor espiritual e, naquela noite, aquela fazenda, cenário de tantas tristezas passadas, também testemunhou grandes alegrias.

Tio Chico foi tomado de muita emoção e, sem que pudesse impedir, um negro velho baixou naquele terreiro da fazenda azul e branca. Era pai Francisco do Cruzeiro das Almas, que explicou a origem de seu nome: fora ele quem por muitos anos enterrara os escravos que morriam na fazenda do senhor, velhos, crianças e moços. Muitas vezes, os negros não suportavam os castigos ou eram acometidos de doenças. Era ele que se encarregava de cuidar dos funerais.

Antônio Bento sentou-se perto dele e pediu que todos os negros fizessem o mesmo.

– Pai Francisco, conte-nos sua história. Quem foi e quem é o senhor?

– Ah, meu filho! Fui um de vocês, e continuo sendo. Somos todos filhos de Deus, e aqui, entre nós, não temos culpados nem inocentes. Cada um tem sua missão, filho, e, quando um ajuda o outro a caminhar, as estradas se tornam mais curtas. É por essa razão que estou aqui. Vou passar a contar tudo o que fiz por aqui, antes de voltar novamente entre vocês.

E então pai Francisco do Cruzeiro das Almas narrou sua história:

Fui escravo aqui mesmo nesta fazenda, mas ela era bem menor do que é hoje. As coisas mudaram muito por aqui. O Chico tem esse nome por minha causa; sempre cuidei dele, desde menino. Quando ele nasceu, eu já era bem maduro. Não posso afirmar minha idade porque não tive registro. Ele devia ter uns três anos quando desencarnei.

Construí, com a ajuda de outros negros, o cemitério que existe até hoje. Na época, devia ter uns dezoito anos; calculo isso pelas minhas experiências atuais. Nunca vou esquecer a primeira criatura que enterrei naquele cemitério. Era uma menina que mal havia começado a andar. Morreu de um febrão para o qual não houve remédio na senzala que resolvesse. Fui encarregado de cavar sua sepultura e depois deveria buscar a menina para enterrá-la. Enquanto isso, a mãe poderia ficar com ela um pouco mais antes de voltar a cuidar de suas tarefas.

Cavei aquela covinha chorando... Um moleque veio correndo me chamar dizendo que o senhor já estava gritando por causa da demora. Entrei na senzala e estendi os braços para aquela pobre infeliz que soluçava, amparada por outras mulheres. Peguei em meus braços o corpo da menininha, enrolado em um pano de saco. O meu cachorro, cujo nome era Ligeiro, acompanhava-me em silêncio, apenas nós dois percorrendo aquele caminho doloroso.

O cemitério não ficava perto da casa-grande. Imagina se o senhor iria querer um cemitério de negros perto de sua fazenda! Chegando lá, pedi ao meu cachorro, que era tão obediente quanto eu, que ficasse me esperando na entrada. Ele se sentou nas patas, encarando-me com um olhar compadecido, pois sabia que eu estava chorando. Enterrei a menina, e as flores daquele túmulo foram minhas lágrimas. Rezei com as palavras que sabia, entregando-a ao Senhor do Céu.

O cemitério era cercado de arame farpado para impedir que os animais entrassem nele; acho que não era nem medo de destruírem as covas, e sim de acabarem contaminados. Puxei o fio de arame que servia de entrada e, olhando para trás e observando a cova, veio-me uma ideia à cabeça: farei uma cruz e a colocarei na covinha. Assim fiz; juntei as madeiras, amarrei-as bem com cipós e as firmei na sepultura. Isso me deu um conforto muito grande; saí aliviado, acompanhado de meu cão.

Assim foi acontecendo: todos os negros mortos era eu quem levava em minha carrocinha de mão se fosse adulto, ou no colo quando era criança. Em minhas horas de descanso, que não eram mais que quatro por semana, comecei a preparar cruzes, uma diferente da outra, assim saberia onde ficava cada um. O único que me acompanhava no trajeto fúnebre em uma caminhada de uma hora e tanto era o Ligeiro; aliás, no percurso de minha vida carnal, tive quatro cachorros, todos eles chamados Ligeiro, todos parecidos comigo: fiéis e obedientes.

Plantei várias flores ao redor do cemitério. As vacas iam lá e comiam tudo, mas dentro do cemitério parecia um jardim do céu. Na época das chuvas eram flores, borboletas e beija-flores sobrevoando os túmulos, um espetáculo que só Deus poderia criar.

Um dia, estava sentado, observando o cemitério, e então me veio outra ideia: na parte de dentro do cemitério e nas cercas de arame vou plantar aquela planta que se espalha fácil e é cheia de espinhos, e ela vai se enrolar pela cerca... Em um ano, a cerca do cemitério estava a coisa mais linda do mundo, e os pés de goiaba, jabuticaba, manga e jaca que plantei em cada canto estavam de dar gosto.

Apreciando a paisagem do meu lugar preferido em vida, tive uma intuição: "Pede licença ao senhor; corta angico-preto, que é madeira que não dá cupim, e faz um cruzeiro no meio do cemitério". Assim, passei a obedecer todos os pedidos que me vinham ao pensamento.

O senhor consentiu, dei viva a Deus, e preparei o cruzeiro. Passei nele sumo de jenipapo, que lhe deu uma cor arroxeada. Finquei no meio do cemitério e plantei oito pés de coco em formato de cruz. Virou uma verdadeira capela em volta do cruzeiro.

Continuei minha jornada. A tristeza maior foi quando o senhor morreu e o filho passou a tomar conta. Os castigos eram diários; ele não tinha noção da besteira que estava fazendo. Cada escravo que morria no castigo era prejuízo para ele, mas o rapaz não se dava conta disso, até que ficou mesmo na miséria.

Recebi uma ordem do perverso capataz:

– O negro que entrar em castigo no começo do dia embaixo do sol, para morrer de sede, e sobreviver até o galo cantar, pode levar para a senzala e mandar tratar. Mas, se estiver morto, antes de raiar o dia suma com ele daqui!

Enterrei muitos irmãos que, sem suportar o castigo do corpo, encontraram a liberdade.

As mulheres barrigudas [grávidas] às vezes tinham desejo de comer uma fruta, mas na fazenda daquele ingrato senhor o único desejo atendido era o dele. Havia mulheres que chegavam a abortar porque o desejo não era atendido, e aconteceu muito disso naquele tempo. As frutas do cemitério eram doces e perfumadas. Com honestidade, nunca vi em nenhum lugar uma goiabeira dar tantas goiabas! Eu enchia bornais e bornais e não dava vença; distribuía entre todos na senzala, especialmente entre as grávidas. Graças a Deus, os brancos não comiam nossas frutas; tinham medo, ainda por cima frutas do cemitério?! Para nós, contudo, era uma bênção.

Foi um período em que fiz muitas e muitas cruzes; acho que aquele senhor matou mais da metade dos escravos. Só caiu em si quando estava arruinado. A fazenda foi vendida, então tivemos um pouco de paz e sossego. Os novos senhores eram bondosos; dificilmente um negro recebia uma represália, e, quando praticava algum delito, não podíamos cobrir o sol com a peneira e dizer que todos os escravos eram santos, porque não eram! Alguns praticavam pequenos furtos – fumo, bebida, ferramentas, coisas assim. Ficavam trancados em um quarto escuro, de castigo, só comiam uma vez ao dia e dormiam no chão. Eram castigos que mais humilhavam do que machucavam fisicamente, e assim são os tempos dos homens. Havia épocas boas e difíceis, como acontece até nos dias de hoje, em que vocês vivem.

O mais engraçado foi quando a mulher do senhor veio escondida me pedir uma manga. Ela estava grávida e vira as crianças da senzala comendo mangas; eram aquelas mangas-rosa e mangas-espada. Tinha enchido o cemitério de frutas, tudo plantado em volta da cerca e na parte de dentro. Peguei as mangas mais bonitas e dei a ela, que saiu à espreita para não ser vista.

Ali naquele campo santo e abençoado eu sabia onde estava cada corpo. Quando os parentes tinham oportunidade de ir ao cemitério, eu os levava e apontava o lugar certinho onde se encontrava seu ente querido. Peguei tanto amor pelo cemitério que todos os dias dava um jeito de ir lá; era como se cada um ali enterrado fosse um filho meu.

Eu e meus cães Ligeiro caminhamos muito empurrando a carrocinha que levava alguém pela última vez naquela viagem. Vou revelar um segredo para vocês: os meus Ligeiro também foram enterrados lá; nunca contei a ninguém. Coloquei uma cruz na cova deles, afinal, foram os únicos amigos que me viram chorar os mortos. E eu também fui enterrado lá. Tive um substituto, e para ele foi um pouco melhor, pois tinha dois ajudantes, e os mortos eram levados em redes. Enterravam-nos com rede e tudo. Tempos melhores! Pois é, como a vida não está em nenhum corpo carnal, estou de volta para mais uma vez ajudá-los. Faço uma observação: o cemitério foi ampliado, mas não está tão bem cuidado como eu cuidava; as flores desapareceram... Nem notícia delas. Mas o cruzeiro está lá. E, apesar de precisar de cuidados, continua firme, provando que tudo, quando fazemos bem-feito, tem chances de alcançar muitas gerações.

Meus filhos, não chorem!

Todos estavam em lágrimas ao ouvir as palavras do querido preto velho. Antônio Bento[1] não continha a emoção. Beijou os pés de pai Francisco, e lhe disse:

– Vou me encarregar de cuidar do cemitério e, com sua ajuda, peço perdão ao senhor por esse descuido de minha parte. O senhor tem toda a razão. Ali é lugar em que muitos heróis foram enterrados, um local de muitas relíquias, os restos

1 Antônio Bento: administrador. Quando a história se refere a Antônio Bento, juiz, ele é designado como juiz ou de forma peculiar (Nota da Edição).

mortais de nossos antepassados. O senhor um dia poderia me mostrar onde estão seus restos mortais?

– Não só os meus, mas os de muitos parentes dos filhos que estão presentes, inclusive dos seus. Entenderam agora por que sou chamado de pai Francisco do Cruzeiro das Almas? Assim como Jesus, que também fez muitas cruzes e morreu em uma delas, eu também as fiz, e continuo a fazê-las em nome dele, de forma diferente. Venham todos aqui que quero cruzar vocês todos em nome de Jesus.

Um por um se aproximou do preto velho, derramando suas lágrimas; cada um recebia dele palavras de fé, amor, esperança e conforto. A presença de pai Francisco dava segurança e trazia esperança.

Assunta estava tão emocionada que não conseguia falar. Pediu licença a Antônio Bento, e pediu que alguém lhe fosse buscar um pouco de chá na senzala. Quando se acalmou, solicitou a atenção dos presentes:

– Não posso dizer a vocês que me lembro de pai Francisco, mas posso afirmar que cresci nesta fazenda ouvindo falar dele. Não havia um só negro entre nós que não chorasse quando tocava em seu nome. Sei onde estão os restos mortais dele. Os mais velhos, quando podiam ir ao cemitério e à sua cova, ajoelhavam-se e rezavam muito, e saíam de lá confortados. O Chico até hoje, quando pode, vai lá e coloca flores sobre sua sepultura. Ele fez uma cruz e repôs a antiga, que se partiu com o tempo.

O preto velho sorriu.

– Então agora vocês não precisam mais ir ao cemitério; no tempo que tiverem livre vamos conversar aqui mesmo. Deixem o cemitério para o descanso de outras vidas que precisam se refugiar do sol, da chuva; falo dos pobres répteis e outros animais que buscam alento em lugares seguros e calmos, como o cemitério.

Antônio Bento chorava ao lado de pai Francisco. Este espírito enchia de conforto o coração dos presentes; sua sabedoria ficava clara aos ouvintes.

O juiz Antônio Bento ajoelhou-se aos pés de pai Francisco e lhe perguntou:

– Posso pedir algo ao senhor?

– Se for permitido pelo nosso Pai Criador, é para isso que vim, filho. Desejo dar minha contribuição àqueles que ainda têm muito que fazer nesta terra.

– Gostaria que o senhor assumisse a missão de nos doutrinar, desenvolvendo essa grandiosa tarefa espiritual e ajudando a trazer outros irmãos espirituais, a fim de preparar os encarnados para recebê-los.

– Pelo que entendi, o senhorzinho está me dando um cargo de confiança na fazenda?

– Sim. Confio no senhor e sei que vai nos auxiliar a ter uma vida melhor, tornando os momentos de nossos dias mais justos e próximos de sua sabedoria.

– Pois então pai Francisco do Cruzeiro das Almas aceita. E não vou deixar para amanhã o que já posso fazer hoje. Chame essa filharada aqui!

Ali sob o céu estrelado, entre muitas testemunhas, pai Francisco aconselhou, orientou e desarmou capatazes, fazendo com que chorassem como crianças diante dos senhores.

Antes de se retirar, pai Francisco deixou recomendações de como queria que os filhos se apresentassem no próximo encontro e se portassem diante dos guias. Ficou determinado dia e hora, tudo com aprovação dos senhores, e o preto velho instruiu homens e mulheres para que se preparassem de modo a não abusar de alimentos, bebida alcoólica e sexo, e como deveriam fazer a limpeza física e astral para participar do sagrado ritual.

Muitos trabalhos foram desenvolvidos no terreiro da casa azul e branca. Foram histórias que salvaram e mudaram diversas vidas, ficando registradas na mente espiritual dos beneficiados e dos trabalhadores espirituais que participavam dos trabalhos.

Quantas histórias fantásticas se perderam na poeira dos terreiros das casas-grandes! Hoje, por meio das psicografias, presentes da espiritualidade à humanidade, muitos médiuns irradiados pela divina luz dos mentores trazem ao conhecimento verdades que não foram escritas pelas mãos dos homens.

Capítulo V

A recompensa

Começava uma nova vida para todos. A fazenda mudou de aparência. Vilas de pequenas casas foram construídas e os mais velhos foram dispensados dos trabalhos, incentivados a continuar fazendo seus produtos para que estes fossem adquiridos para abastecer a fazenda.

Cada família recebeu uma casinha. Na verdade, criaram um povoado, com todos os recursos básicos e a maior surpresa de todos os tempos: uma escola de alfabetização foi implantada na vila; jovens e crianças poderiam se matricular para aprender a ler e escrever. Os capatazes, em vez de aplicarem castigos usando chicotes, agora usavam lápis e caneta-tinteiro para alfabetizar os negros. De inimigos, passaram a ser vistos como amigos, mestres e parceiros.

A mulher poderia costurar, bordar, fazer doces e artesanatos, panelas de barro, tachos de ferro – toda a criatividade de um povo sábio surgia naquelas terras. Os produtos eram comercializados pelos próprios senhores, e a renda ia para as mãos dos negros trabalhadores. Assim como naquela fazenda do sudeste brasileiro, outras também adotaram esse sistema, que estava dando certo e trazendo benefícios imensos para senhores e escravos.

A fazenda foi reformada; os mourões agora eram realmente para bois e cavalos. Correntes, chicotes e todos os instrumentos de tortura desapareceram das mãos dos capatazes. Muitos foram destruídos nas próprias fazendas, por isso não se encontram tantos instrumentos de tortura expostos por aí.

A fazenda tinha água em abundância; o novo proprietário canalizara a água do rio para a fazenda e muitos reservatórios haviam sido feitos. O trabalho agora era dobrado, mas a satisfação, que antes não existia, fazia o cansaço desaparecer. Todo mundo trabalhava assoviando ou cantando, e o que antes lembrava o inferno agora era visto como paraíso. Naquela fazenda, brancos e negros já começavam a se apertar as mãos, e a escola era para todos – estudavam crianças brancas, mulatas e negras.

Antônio Bento disse aos amigos da fazenda que Antero estava muito bem instalado nas terras do Ceará e que não pretendia voltar. Ele e muitos outros negros haviam conseguido, por intermédio da ajuda de amigos, regularizar seus documentos. O coronel, antes de embarcar a Paris, foi procurado por um advogado e, sob pressão dos novos compradores da fazenda, concordara em assinar a liberdade de Antero, que agora era livre.

Segundo Antônio Bento, ele conhecera uma boa moça – que era branca de alma e de pele, filha de holandeses que lutavam ao lado deles –, casara-se com ela e estava muito feliz. Antero lhe confidenciara que tinha conhecido o filho em uma visita rápida às Minas Gerais e que o garoto vivia com a mãe, que também adquirira a liberdade. Arlinda estava casada com um nobre e educava Francisco Chagas de Jesus em escola de brancos. Contou que ficara sabendo de tudo isso pela boca da própria avó, que levara o menino até ele. A senhora lhe disse que, quando o menino nasceu, Arlinda fora amparada pelo senhor que a protegia, e que registrara o menino com o nome de Francisco Chagas de Jesus em homenagem às Chagas de Nosso Senhor Jesus Cristo e ao tio Chico.

O velho Chico ficou muito feliz em saber que Antero agora era um cidadão livre e bem-sucedido na vida; que Deus o abençoasse. E pediu a Antônio Bento que, assim que possível, enviasse as boas notícias dos irmãos da fazenda: que estavam todos vivos e agora muito bem.

Antônio Bento vivia lutando pela causa dos irmãos de sina. Pai de dois filhos, passava mais tempo fora de casa do que vendo as crianças crescerem. Os negros da fazenda admiravam e respeitavam Antônio Bento, e tinham também muito respeito por sua esposa. Ela era uma mulher linda. Filha de um capitão do mato com uma indígena, era dotada de beleza exótica: morena, cabelos negros, lisos e brilhantes, olhos cor de mel e um corpo bem contornado. Sua beleza atraía muitos olhares; se não fosse uma mulher honesta e fiel ao esposo, seria candidata fácil a cair nas malhas das tentações que a cercavam. Não se envolvia nas questões políticas que absorviam o marido e deixara bem claro que não desejava acompanhá-lo nas viagens. Discreta, falava pouco; vivia para a casa e os filhos.

O tempo passava, e as notícias das lutas dos envolvidos no movimento abolicionista chegavam à fazenda por intermédio de trabalhadores que acompanhavam o administrador e protetor dos negros, Antônio Bento, visto por eles como um anjo, e não como homem.

Antônio Bento não dormia sequer uma noite inteira em casa, comentavam os escravos. Andava dia e noite, percorria cidades e cidades, lutava como um leão defendendo o fim da escravidão. Quando saía e passava uma semana sem retornar e sem dar notícias, o terreiro ficava apinhado de negros e brancos rezando por seu retorno e pedindo auxílio a pai Francisco do Cruzeiro das Almas, que, além de mentor espiritual, era o porto seguro de todos.

Os antigos capatazes agora eram grandes colaboradores de Antônio Bento. Com a ajuda deles, o administrador conseguira retirar do cativeiro milhares de escravos, muitos dos quais foram enviados às minas de ouro das Minas Gerais e ao norte e nordeste do Brasil. Diversos filhos de capatazes foram trazidos de volta à fazenda. Antônio Bento comprara centenas de escravos e ajudara a libertar milhares deles, e os capatazes eram agora aliados dele nessa luta.

Pai Francisco brincava com os filhos, lembrando que agora até as panelas haviam se unido: cozinhavam o feijão sem se preocupar se era para branco ou para preto. E que as mesmas letras que o branco aprendia a escrever o pretinho também estava escrevendo.

O senhor dono da fazenda pouco aparecia; quem tocava todos os negócios era o mulato Antônio Bento, que se tornou conhecido e respeitado por sua coragem em defender publicamente negros e brancos. Ele explicava aos fazendeiros da região como era muito mais lucrativo ter os negros como parceiros, e não como inimigos. Mas enfrentou diversas demandas; senhores e capatazes que não aceitavam o fim da escravidão não poupavam esforços para eliminá-lo. Não foram poucas as vezes em que se livrou pela proteção divina de atentados em emboscadas nas estradas que percorria com os companheiros altas horas da noite.

***

Naquele terreiro de terra batida, iluminados pela luz da lua e das estrelas, desenvolviam-se mentes e corações. Os pretos velhos atendiam e aconselhavam negros e brancos, que vinham de longe para obter auxílio, e assim a fama de pai Francisco ia abrindo estradas de luz e trazendo outros fazendeiros e capatazes para ouvir suas sábias palavras. Os resultados eram os louros da liberdade que surgia aqui e ali.

O preto velho, fumando seu cachimbo de barro, repetia sempre aos filhos de fé:

– Não é o chicote nem o peso do ouro que carregamos nos bolsos que faz o homem mudar; o que transforma o coração do homem é a sabedoria do amor.

De norte a sul do país, o movimento abolicionista crescia. Negros, mulatos, brancos e muitos estrangeiros engajavam-se na luta. As notícias corriam como se levadas pelo vento. Os fazendeiros que escondiam dos escravos os direitos que haviam conquistado eram autuados e pagavam multas altas. Os fazendeiros que não aceitavam o fim da escravidão no Brasil lutavam como feras enjauladas, tentando derrubar o grande movimento abolicionista. Vários simpatizantes da abolição perderam a vida lutando por justiça social entre brancos e negros, e a cada morte o movimento se fortalecia.

***

O tempo passou voando. Tio Chico ria e dizia consigo mesmo: "Não pensei que ia durar tanto tempo neste velho corpo". Sentado na calçada de sua casa, pitando o cigarro de palha, conversava com as amigas da senzala. Assunta, que só de olhar para o velho Chico sabia o que estava pensando, comentou, rindo:

– Vamos ficar para semente! O senhor já reparou que dos negros velhos homens só resta o senhor de semente?

– Que culpa tenho eu, mulher, se Deus me escolheu para ficar no meio de vocês? Vai ver que é para cuidar das que perderam os companheiros. Acho que vocês são minhas cruzes...

– Ah, Chico. Tenha santa paciência! Quem de nós aqui é uma cruz na sua vida? Fazemos de tudo por você, seu ingrato – respondeu Assunta fazendo um beiço.

– Não posso mais brincar, criatura? Vamos dar graças a Deus, pois, apesar de velhos, ainda podemos fazer muitas coisas boas pelos moços! Temos ajudado Antônio Bento a mudar a história que foi construída com noites maldormidas, corpo massacrado, sangue derramado, apesar de continuar acreditando que tudo isso não foi por acaso nem em vão.

A mulher, respirando fundo, respondeu:

– Graças a Deus que Antônio Bento trouxe saúde para nós. Hoje qualquer um quando partir não deixa motivo para os outros lamentarem. Só deixa saudade, porque é impossível esquecer momentos como este e outros que já passamos juntos.

– É verdade, Assunta – concordou tio Chico. – Os momentos tristes da senzala ficarão guardados em nossa memória, pois os nascidos daqui para a frente vão ouvir nossas histórias e ficar imaginando se foram de fato verdadeiras. Assim como a gente hoje escuta as histórias dos mais velhos, quando se incorporam em um médium no terreiro, e por alguns segundos também nos perguntamos: será que tudo isso aconteceu? Mas de fato, Assunta, você falou uma coisa muito sábia: momentos como estes que vivemos agora precisam ser guardados na memória. Talvez um dia Deus nos permita nos reunirmos outra vez e então poderemos por esses terreiros afora levar alegria e fé aos muitos filhos de Deus.

Assunta, que escutava com atenção, meneou a cabeça em um gesto afirmativo.

– Olha, minha amiga – prosseguiu tio Chico –, vou dizer uma coisa para você. Ainda era menino, mas guardei bem as palavras do meu pai; é como se tivesse ouvindo agora: ele dizia que chegaria um tempo em que haveria tantas pessoas em terra recebendo a luz dos anjos como estamos recebendo a luz das estrelas. Isso quer dizer que no futuro muita gente vai fazer o que estamos praticando hoje no terreiro da casa-grande.

– Credo, Chico! E de onde virão tantas entidades para tanta gente? Aí não vai ter guia para todo mundo trabalhar!

O velho Chico deu uma risada.

– Mulher de Deus, não me faça pensar que não tem aprendido nada com essa idade que lhe marca os cabelos brancos! Mesmo com nossas dificuldades visuais, ainda podemos enxergar o clarão das estrelas no céu. Será que precisamos para cada um de nós uma estrela ou todas elas iluminam o mundo inteiro e o que tiver dentro dele? Assim são os guias; podem baixar e inspirar vários médiuns em muitos lugares do mundo, levando para cada um a bênção de um trabalho que se fizer necessário. Você pensa que pai Francisco do Cruzeiro das Almas só se incorpora comigo? Pois afirmo a você que mesmo aqui nesta terra de meu Deus que é o Brasil ele já chega em muitos terreiros, minha amiga, e o que faz por nós aqui faz por muita gente por aí afora.

– Santo Deus, meu velho amigo, você é sábio demais! De onde tira tanto conhecimento? Um homem que pouco andou pelo mundo como pode saber de tantas coisas? É para qualquer um ficar pensando nos mistérios de Deus.

Uma das velhas amigas que só ouvia a conversa dos dois interrompeu:

– Chico, posso lhe perguntar uma coisa? Será que é possível quando a gente partir deste mundo se encontrar e viver junto de novo, trabalhando e sendo amigos como somos agora?

– Eu, nos meus poucos conhecimentos e entendimentos, acredito que a gente vem junto cumprir uma obrigação de vida e, quando partimos, continuamos trabalhando naquilo que demos início. Então é possível que a gente se encontre e continue a vida de trabalho por esse mundo afora.

– Como é bom acreditar nisso! Nunca quero ficar longe nem do senhor, nem do pai Francisco do Cruzeiro das Almas, que é a luz de meus olhos – respondeu a mulher.

Assim, ficaram trocando ideias até altas horas da noite. Chico lembrava que não ouviam mais os gritos no mourão nem o estalar dos chicotes, tampouco as lágrimas das mulheres encolhidas na senzala sem saber se iriam ter de volta o ente querido vivo ou morto. Essas lembranças eram como um pesadelo... Graças a Deus, agora as noites eram de sonhos e sons de pássaros noturnos, sapos e grilos. Para os moradores da antiga fazenda azul e branca, as vozes do cativeiro agora eram o som dos tambores e dos cantos de alegria em louvor aos mentores espirituais.

E tio Chico, acendendo um cigarro de palha, ofereceu-o às mulheres, que o aceitaram. Puxou uma garrafinha de vidro e uma caneca que tinha ganhado da mulher do ex-capataz, e convidou com um riso divertido:

– Vamos tomar um gole dessa cachacinha com ervas. Vai fazer bem para as dores das juntas, além de ajudar na digestão. Não precisamos sair correndo para dormir porque não temos mais hora para levantar. Os coitados dos galos estão cantando mais tarde, notaram isso? Não precisam mais acordar ninguém.

E tomaram a erva amarga, continuando a pitar seus cigarrinhos.

Assunta, gargalhando de súbito à lembrança de algum fato, comentou:

– Chico, você lembra quando a gente disputava para lamber os copos sujos das bebidas dos senhores? Para que aquilo, se a gente adivinhasse que hoje poderíamos beber o que a gente quisesse?

– Para você analisar, minha amiga Assunta... Quando a gente se precipita, acaba fazendo besteira sem necessidade. Quantos irmãos ficaram com raiva um do outro e deixaram de se falar por causa de um copo sujo!

Fizera-se uma pausa, cada um deles relembrando os momentos difíceis que haviam atravessado juntos. Estavam velhos, tranquilos e sossegados, gozavam de certa regalia, tinham quem fizesse tudo para eles. O passado era visto como um pesadelo, um sonho ruim que não amedrontava mais ninguém.

Foi tio Chico quem cortou o silêncio:

– Que recompensa divina recebemos de Deus! Já temos tantos filhos espirituais preparados; não precisamos mais nos preocupar em quem confiar tarefas tão sagradas. O terreiro agora está todo pintado e enfeitado com aqueles tambores lindos; jovens, velhos e crianças, pretos e brancos bebendo a mesma água de coco na cuia de pai Francisco. É bom demais! Quando partirmos deste mundo, vamos transportar uma só bagagem: o peso do agradecimento divino. E por falar em partir, na idade que nos encontramos não é para se ter mais pressa para nada; devemos aproveitar bem o tempo, conversar, brincar e viver. Devemos ficar mais tempo acordados, aproveitando a vida, que dormindo. Tem alguém aqui com sono? – perguntou ele com uma risada.

Ao notar que as amigas também não tinham sono nenhum, prosseguiu:

– Bom, se ninguém vai dormir, vamos botar os assuntos em dia. Você, Assunta, que sempre foi a mais bem informada, conte-nos as últimas notícias.

– Ah, tenho boas notícias sim. O senhor vai ficar contente! Fiquei sabendo que o filho de Antero com Arlinda, com tão pouca idade que tem, é dono de uma mina de ouro. O senhor acredita?

– Acredito! Ele estudou desde cedo e, sendo filho de quem é, tanto de um lado quanto de outro, só pode ser bom fruto. Mas me conte toda a história dele. Como gostaria de conhecer esse menino, que carrega no nome a força da oração das Chagas de Jesus!

– Soube que Arlinda teve outros filhos, assim como sabemos que Antero também teve. Dizem que ele tanto planta algodão como cria ovelhas, e que está rico e ajudando a negrada. Quantos anos deve ter esse menino da Arlinda? Parece que foi ontem que ela saiu daqui. Como pode o filho dela ser tão novo e tocar uma mina de ouro?

– Assunta – tornou tio Chico –, quando a gente fica velho, parece que os anos não passam. Segundo as conversas que tenho com Antônio Bento, já faz mais de vinte anos que Arlinda saiu daqui carregando Francisco das Chagas de Jesus no ventre. Pense bem... Para ter uma ideia, quando Antônio Bento chegou aqui era solteiro. Se ele já tem filhos moços, o filho de Antero já é um homem, concorda?

– Tem razão, velho Chico. Eu é que me perdi no tempo.

– Seu Pedro me contou que nas minas desse rapaz tem mais de mil homens que eram escravos e capatazes, e que ele construiu casas boas para os trabalhadores nas proximidades da mina. Segundo o Pedro me contou, o lugarejo é bem grande. O senhor Antônio Bento foi para as Minas Gerais. Quando ele voltar, o senhor puxe este assunto com ele: parece-me que o filho da Arlinda financia a compra das cartas de alforria dos negros que vão trabalhar com ele, e que os negros vão pagando devagar a liberdade ao trabalhar nas minas.

E assim os amigos prosseguiram contando casos, até que, ao ouvir o galo cantando, uma das mulheres comentou:

– Acho que o galo se adiantou hoje. Também, para que a gente quer saber da hora?

– Você está certa, a gente não quer saber da hora, mas o galo não se adiantou não – esclareceu tio Chico. – Dá uma olhada para o Cruzeiro do Sul! O galo já cantou e o Cruzeiro já virou, e nada de o sono chegar para nenhum de nós. Vamos aproveitar e observar como o céu está lindo. Reparem como as estrelas cruzam o céu nesta hora; parecem trocar informações.

– Zulmira, mulher de Deus, por que está tão calada hoje? – indagou Assunta.

– Estava pensando na vida. Cada dia que passa parece que a gente tem mais ansiedade em aprender; quer viver o presente, imaginar o futuro e apagar o passado. Estava deixando para contar a novidade perto de a gente ir para a cama, se é que vamos ter sono, como disse o velho Chico. Na idade em que nos encontramos não temos mais pressa para deitar nem precisamos dormir tanto.

– E qual é a novidade, Zulmira? Estamos esperando – disse Assunta.

– Hoje fui visitar a mulher do professor Juca, nosso antigo capataz. Ele enviuvou e se casou de novo. Vocês são sabedores disso. A mulher dele deu à luz uma menininha. Levei aquele conjunto de lã que fiz para o bebê e tinha muita gente proseando por lá. No meio da conversa, Juca soltou que ficou sabendo que nosso antigo senhor está aqui no Brasil, na fazenda de um parente. Tomara que não resolva fazer uma visita para saber como a gente está. Parece que está sozinho no mundo. A sinhá, que Deus a tenha, com toda aquela posse e vida cheia de regalias, se foi, e nós estamos aqui, firmes como rochas. Os filhos se perderam na vida. A moça virou mulher de vida livre; disse o Juca que ela fez um pé de meia e sustenta o irmão, que se perdeu na bebida e no vício. Fim triste dessa família. Para quem tinha tanto orgulho e vaidade no coração, olhando as tristezas do passado, nossa vida hoje é um céu aberto. Acho que muitos de nós aqui já passamos dos noventa, não é não, velho Chico? E estamos aqui, firmes e fortes.

– Olha, Zulmira, se tiver aqui entre nós alguém mais jovem do que eu, passa dos oitenta. Mas não exagere dizendo que já estamos todos com mais de noventa! Devo ser mais velho que Assunta cerca de cinco ou oito anos, e você e essas meninas aí devem ter setenta e nove, oitenta, por aí.

Depois desse comentário, todos ficaram em silêncio. A notícia dada por Zulmira tivera o efeito de uma bomba. Após alguns instantes, tio Chico voltou a falar:

– Gente, não vamos ficar pensando bobagens a respeito do nosso antigo senhor. Se ele está por aqui, é um direito que lhe cabe; o mundo não é nosso, pertence a Deus. E, como você ouviu, Zulmira, ele já pagou um preço alto, não acha? Nós ganhamos paz, tranquilidade, saúde, amor e liberdade, e talvez ele tenha perdido o que conquistamos.

Assunta teve um ataque de tosse; todas as vezes que ficava nervosa, passava mal. Quando se acalmou, respondeu:

– Tenho fé em Deus que esse espírito sem cor não vai aparecer por aqui. Não suportaria reviver minhas dores olhando para ele e me lembrando de tantos que morreram com o corpo cheio de cicatrizes dos malditos chicotes com os quais ele mandava acoitá-los.

– Calma, Assunta! O que é isso, mulher? E de onde você tirou essa história de "espírito sem cor"?

– Pai Francisco diz que espírito não tem cor, que todos os bons espíritos têm luz. Mas eu, quando falei pensando nele, imaginei-o sem cor mesmo! Sem nenhuma luz em volta e coberto de fumaça negra, que é como ele deve ser.

– Assunta, você está cometendo um erro muito grande julgando um filho de Deus. Com certeza, se ele distribuiu coisas ruins, deve ter guardado as boas, e quem sabe se agora ele não quer repartir isso com os outros irmãos?

– Chico, meu velho amigo, que Deus tenha misericórdia de minha alma tão pecadora e, se for de meu merecimento, que possa continuar do seu lado para iluminar a minha estrada e arrancar as pedras das minhas mãos quando já estiver pronta para atirá-las. Acho que ainda preciso aprender muito e praticar de verdade a lei do perdão.

– Assunta, aquele senhor, ainda menino, era levado ao campo das lavouras e obrigado pelo pai a atirar pedras nos escravos que trabalhavam em silêncio. Foi treinado para se tornar um senhor de escravos; era assim que os meninos fidalgos cresciam nas fazendas dos pais: treinavam para se tornar torturadores. Será que a culpa é apenas dele? Pense nisso.

Ao se recolherem, a barra do dia já aparecia no céu. Devia passar das três horas da manhã. Tio Chico se deitou na cama. Era um luxo só, na opinião dele. Estirou as pernas e ficou olhando as restas que entravam no quarto. Ficou ainda algum tempo fazendo suas orações. Assim que adormeceu, saiu do corpo e encontrou pai Francisco, que o abraçou e o convidou para ir ao cemitério. Faziam sempre este passeio. Enquanto andavam, pai Francisco ia cantando pelo caminho:

Quantas saudades eu tenho,
Do tempo do cativeiro,
Não do sofrimento, Senhor,
Mas da felicidade que tive,
Ao lado dos meus companheiros,

Sou trabalhador,
Da ordem superior,
Sirvo ao nosso Pai,

Também sou um pecador,
Filho de Nosso senhor.

Tio Chico recebeu as instruções do amigo preto velho. Apreensivo, refletia sobre como os outros irmãos iriam receber aquela novidade trazida por pai Francisco. Só lhe restava rezar e pedir a Deus muita proteção e sabedoria a todos.

***

Lá pelas dez horas da manhã, as ruas dos Velhos, como ficou sendo chamada pelos jovens, recebia uma visita indesejada e inesperada. Tratava-se do antigo senhor da fazenda, que em nada se parecia com o que fora um dia. Assunta, ao observá-lo, pensou: "Graças a Deus a fazenda ficou muito melhor e mais bonita, e ele está como merece: acabado e com cara de doente! Um verdadeiro lobo vestido em pele de cordeiro. Pode enganar quem quiser, mas não a mim".

O coronel estava velho. Olhando-o agora, ninguém poderia dizer que um dia fora altivo e arrogante, um homem que dava ordens batendo e estalando o chicote de prata no chão, fazendo brancos e negros estremecerem.

Juca o acompanhava e disse que recebera ordens de Antônio Bento para levá-lo até tio Chico e aos outros mais velhos. O antigo senhor havia implorado a Antônio Bento para ver os negros velhos, especialmente tio Chico.

Diante do bondoso negro, o homem branco com aparência sofrida, doente e cansada desabou a chorar como criança. Ajoelhou-se aos pés dele e em voz alta pediu perdão por todas as aflições que o fizera passar.

As mulheres mais velhas se encolheram a um canto. O que queria aquele maldito entre eles? Ficaram em silêncio, tentando ouvir o que ele falava, uma vez que o sotaque estava bem pior que antes, impedindo-os de entenderem as palavras.

Minutos depois, tio Chico ofereceu um tamborete ao antigo senhor e pediu que um dos moleques fosse buscar uma quartinha com água fresca da mina.

O negro velho virou-se para as mulheres, que já estavam rodeadas por jovens e crianças, e pediu:

– Venham até aqui. Cumprimentem o senhor; ele veio para nos ver.

Assunta, mãos na cintura, de pé diante do antigo senhor, perguntou:

– Lembra-se de mim?

– Perdão, não consigo me lembrar de ninguém. Quem é a senhora?

– Pelo meu nome o senhor vai se lembrar: sou Assunta.

Ele se levantou e, beijando-lhe as mãos, falou:

– Estou aqui para pedir o perdão de todos vocês. Sei que é tarde demais para fazê-lo a muitos que já se foram.

Assunta, desvencilhando-se logo das mãos dele, tornou:

– Não imaginava que um dia fosse vê-lo nesta situação. Como o senhor já não é mais meu senhor, e sei que não serei punida pelo que vou dizer, falo por mim e por todos aqueles que já morreram. Existe um ditado que diz: "Aqui se faz, aqui se paga". Ele caiu certinho para o senhor; jamais iria reconhecê-lo em lugar nenhum do mundo com essa aparência de morto que não foi enterrado.

Ele baixou a cabeça e duas lágrimas rolaram pelas faces enrugadas.

Tio Chico pegou o braço de Assunta e a levou para um canto, falando com firmeza:

– Mulher de Deus, ponha-se em seu devido lugar! Você não pode humilhar uma criatura que está se arrastando a seus pés.

– Precisava colocar um pouco da minha raiva para fora; o que ele nos fez passar não dá para esquecer facilmente.

– Agora que já esvaziou o rancor do coração, vamos ficar em silêncio e ouvir os demais.

O professor, como era chamado agora o antigo capataz, quebrando o clima de tensão, indagou a tio Chico:

– Vai ter trabalho hoje à noite? O senhor vai estar presente?

– Se Deus quiser, meu filho, estarei lá. Enquanto puder dar meus passos, ouvir e falar, desejo e quero servir a Deus com toda a minha boa vontade. Mas por que me perguntou isso, filho?

– Porque seu Edgar, o antigo senhor da fazenda, quer falar com pai Francisco do Cruzeiro das Almas. Acho que ele mesmo pode explicar ao senhor, melhor que eu, o porquê dessa necessidade.

O antigo senhor, observando o velho Chico, falou:

– Ouvi muitas e muitas vezes meu pai contando as histórias desse negro Francisco. Meu pai dizia que ele fazia coisas especiais, que muitas pessoas avistavam durante a noite um clarão no cemitério, como se tivesse uma fogueira acesa, enquanto ele rezava pelos mortos. Preciso pedir perdão a ele, que ajudou tantas pessoas neste mundo. Só agora reconheço sua presença valiosa entre nós.

O senhor foi embora deixando acertado que se encontrariam à noite.

As mulheres se aproximaram de tio Chico.

– O senhor perdeu o juízo? Como é que vai trazer pai Francisco para abençoar o filho do senhor que o maltratou tanto?

– Assunta, Zulmira, mulheres, pensem no que falam, mas engulam as palavras e as digiram para limpar o coração e o pensamento. Quem sou eu e quem são vocês para julgar o senhor e seus ancestrais? Deixem pai Francisco fazer o que ainda não temos condições nem conhecimento para realizar. Vou cuidar dos meus afazeres, e vocês cuidem de fazer uma faxina no coração e nos pensamentos, ou não apareçam nos trabalhos de hoje, entenderam?

O velho Chico partiu com ar de aborrecimento.

Assunta, cabisbaixa, refletiu por alguns instantes. Depois, voltando-se para as outras mulheres, ponderou:

– Pensando bem, deixemos esse assunto para lá. Vamos esperar a opinião de pai Francisco. Ele sempre sabe mostrar as verdades com clareza. Tanto quanto vocês, não posso negar que estou chocada com a presença desse ingrato entre nós. Mas depois vamos pedir perdão ao Chico; ele não merece o que lhe fizemos.

Uma das mulheres desabafou:

– Pois olha aqui, tia Assunta, Deus vai me perdoar, e peço perdão também a pai Francisco. Contudo, esse senhor é um lobo vestido de cordeiro! O que ele vem fazer aqui no meio de nós, chorando como se não tivesse feito nada? Só mesmo tio Chico, que é um santo, todo mundo sabe disso, para acreditar naquele demônio!

– Calma, Jandira – aconselhou Assunta. – Ouviu o que disse da última vez o preto velho que trabalha com seu Mané, aquele que se identifica como pai Benedito? Lembra do que ele nos disse?

– Lembro sim, tia Assunta. Disse que o malvado senhor de ontem pode ser um bondoso anjo no amanhã, e que pode de repente lutar para nos salvar do cativeiro que ele criou. Mas o senhor ainda não morreu! Não deu tempo de pagar os pecados pelas maldades que fez conosco, então está bem longe de ser anjo!

Tio Chico, de longe, respondeu:

– Jandira, sua vida mudou em alguma coisa quando saiu da senzala para viver nesta vila, tendo uma casa e toda regalia que tem hoje?

– Graças a Deus, mudou. E como! Meus netos sabem ler e escrever. Quando iriam ter essa chance se esse coronel arrependido ainda fosse o nosso senhor?

– Você precisou morrer para receber esta ajuda de Deus? E por que Deus também não pode ter ajudado o infeliz senhor, dando-lhe outro caminho e uma nova oportunidade de consertar os estragos que causou na própria vida?

A mulher ficou de cabeça baixa por alguns segundos antes de responder:

– Tio Chico, quem me dera ter seu coração e sua sabedoria; estou muito distante de alcançá-lo.

– Não está distante não, Jandira! Estamos juntos e de mãos dadas nesta difícil caminhada, um dando forças ao outro. Se não fossem vocês, o que teria feito por aqui? Se não fosse o senhor, que valor eu daria a tudo que tenho hoje? Será, minha irmã, que teríamos a fé que aprendemos a conservar no coração?

Tio Chico retornou de onde estava e permaneceram conversando e falando das oportunidades que Deus concede a todos, e também das missões a serem cumpridas, pouco importando de que lado se está, tanto como escravo quanto como senhor. Segundo tio Chico, ambos sofriam do mesmo jeito.

Naquele dia, não havia outro assunto na fazenda: todos ansiavam pela chegada da noite. Os mais novos queriam ver de perto o tal senhor que provocara tantos sofrimentos entre os mais velhos. Um dos jovens chegou a comentar:

– Será que seu Antônio Bento deu mesmo ordem para o professor Juca deixar esse malfeitor entrar aqui?

O amigo acudiu em responder:

– Seu Juca não levanta uma palha sem ter recebido instrução de seu Antônio Bento. Mesmo assim, vamos ficar alertas. Ele está velho, mas a gente nunca pode esperar milagres do diabo, porque diabo não tem idade. Se esse malvado tentar alguma coisa contra um dos nossos, a gente dá cabo dele aqui mesmo.

***

À noite, Antônio Bento e a família apareceram na varanda da casa-grande. Estavam com visitas, observou tio Chico. Entre os visitantes, um deles chamou sua atenção. Tratava-se de um jovem corpulento e bem trajado. Pela postura do andar e pelos ornamentos que usava, não era qualquer um. Com essa novidade oferecida por Deus, mulatos, negros e brancos já se reuniam em grupos, embora fosse ainda algo raro. Aquela fazenda fora abençoada; não era em todas que reinava aquela felicidade.

Tio Chico não desgrudou os olhos do rapaz. Observando melhor, notou que era um mulato bem-apessoado e bonito, e era bem novo. Quem seria? Com sua experiência de vida e visão de alma, percebeu discreta troca de olhares entre o moço e a filha mais velha de Antônio Bento.

Ficou imaginando como os jovens eram impulsivos e ao mesmo tempo inocentes; os olhares furtivos que trocavam não deixavam dúvidas de que havia interesse de ambos os lados.

Antônio Bento veio até onde se encontravam os negros. Primeiro, faziam uma oração diante da casa-grande e só depois iam ao barracão, onde antes era a senzala. Agora, ali era o barracão de pai Francisco do Cruzeiro das Almas.

Colocando o braço nos ombros de tio Chico, Antônio Bento falou:

– Pessoal, quero apresentar a vocês estes amigos que vieram nos visitar. Os rapazes são filhos de dona Arlinda. Os mais velhos desta fazenda conheceram e conviveram com ela e sua família, e aquele ali à esquerda saiu daqui na barriga da mãe. É o filho de Antero e de dona Arlinda. Muitos conheceram bem os dois. O nome dele é Francisco das Chagas de Jesus. Recebeu este nome em homenagem ao negro velho tio Chico, que está aqui entre nós, e à oração que ele reza nesta fazenda. Desça aqui, meu amigo Chico Preto. É assim que é conhecido nas Minas Gerais. O apelido carinhoso surgiu porque ele é muito trabalhador, embrenha-se nas minas e sai da cor do carvão. O nome tem a ver mais com o carvão do que com a cor da pele.

Chico Preto veio até onde se encontrava tio Chico.

– Vim aqui para conhecê-lo e agradecer tudo o que fez pela minha família – falou.

O negro velho tremia de emoção. O moço o abraçou dizendo que se orgulhava muito de levar seu nome e que sua oração cobrira-lhe os caminhos de luz e proteção.

Antônio Bento contou que aquele jovem era responsável pela liberdade de centenas de escravos. Todos trabalhavam na mina de ouro e, aos poucos, iam saldando com ele a dívida contraída pela compra da carta de alforria. Os negros sentiram-se felizes e orgulhosos, pois Chico Preto era famoso. Todo negro jovem já ouvira falar dele: enriquecera e também enriquecia outros negros com a mina de ouro que herdara do padrasto, um rico senhor que o adotara como filho.

Dirigiram-se ao terreiro. Não demorou muito e lá chegava pai Francisco, abençoando e agradecendo a todos. E foi grande a emoção quando, para surpresa dos presentes, pai Francisco pediu a atenção de quem estava ali e foi elucidando em detalhes a trajetória da família de Chico Preto. Os mais velhos conheciam muito bem a história e os personagens. Chico Preto era tataraneto de pai Francisco do Cruzeiro das Almas.

O jovem Chico Preto, que brilhava de ouro da cabeça aos pés, chorava diante do preto velho, emocionado. Pediu ajuda ao tataravô, pois desejava muito mais para o povo, especialmente para os negros. Contou a pai Francisco que, apesar de ser jovem, era rico, muito rico.

Pai Francisco respondeu:

– Pelos negros você já faz muito, meu filho, e pelos brancos faz dobrado! Explico melhor: para onde vai toda a riqueza dessa mina? Vai para as mesas dos brancos e também chega às mesas dos negros. O que você precisa mesmo, meu menino, é juntar uma herança só para você. Invista agora para usufruir no futuro.

– Não entendi o que o senhor quis dizer. Tenho tudo! Sou muito rico, pai Francisco, e sou trabalhador. Chamam-me de Chico Preto porque me enfio na mina e saio de lá da cor do carvão. Desde meus quinze anos abracei o trabalho da mina e fiz dela um império.

– Vou explicar direitinho para você qual é a fortuna que precisa começar a juntar, meu menino. Não falo das riquezas que lhe cobrem o corpo físico e o regalam com os prazeres da vida; falo, antes, de outra riqueza, que nos é consentida pelo Pai Maior, conforme compreendemos o outro que está fora de nós. Falo da riqueza da alma.

– E o que devo fazer para encontrar esse tesouro, pai Francisco? Ajude-me a encontrar o caminho – pediu o rapaz.

– Vou ensinar sim, meu menino. Nessa estrada você não vai poder negociar com ouro a entrada nos caminhos que precisa seguir, mas cada um de seus gestos em prol de um irmão, sem distinção de raça ou cor, vai valer mais que todos os tesouros de sua mina.

Pai Francisco ofertou diversos conselhos e orientações ao jovem Chico Preto. Narrou-lhe todos os seus passos, como se o acompanhasse desde o nascimento.

– Você, filho, anda pelos sertões, visita os vilarejos pobres e geralmente habitados por descendentes de escravos, não é mesmo, filho? Está sempre levando aos pobres um pouquinho de conforto.

Chico Preto então contou o que fazia pelos vilarejos: mandara cunhar moedas de ouro nas regiões onde se encontravam as famílias carentes. Brincava especialmente com jovens e crianças: jogava as moedas e mandava que adivinhassem a posição em que cairiam, se cara ou coroa; depois, presenteava os ganhadores com a moeda de ouro. Em meio a brincadeiras, ia provendo auxílio a todas as famílias.

O comprador de todas as moedas no fim era ele mesmo. Pagava mais do que valiam na verdade. As moedas eram suas companheiras de viagem; iam e voltavam em seu bolso. Seus empregados fingiam ser os compradores. Sempre levava dinheiro suficiente para adquirir as moedas e assim ajudava as comunidades carentes.

Trabalhador e amante do campo, possuía fazendas nas quais empregava muitos trabalhadores do sul e do nordeste do Brasil. Era apaixonado por cavalos; tinha vários cavalos de raça, mas, também, diversas mulas, que o haviam ajudado a enriquecer, levando nas costas valiosas cargas que vinham da mina. A sela de seu cavalo de passeio era toda ornamentada em ouro; botas e roupas de couro também levavam acabamento com fios desse material. À mesa, até mesmo os palitos de dente eram de ouro. Chico Preto nutria verdadeira fascinação pelo metal amarelo. E contou a pai Francisco que havia mandado fazer um caixão de ouro. Ele o guardava em uma das fazendas deixadas pelo pai adotivo. Ouro não estragava nem apodrecia. No dia que morresse, queria ser enterrado naquele caixão.

Pai Francisco, apertando-lhe uma das mãos, comentou:

– Meu filho, o que você vai deixar na terra é apenas um corpo físico que não precisa de luxo. Com o passar do tempo, o que vão sobrar mesmo são apenas alguns ossos. Para que enterrar uma quantidade de ouro dessas em um cemitério? Não que o esteja recriminando, é a sua vontade e suas posses também. Se for mesmo seu desejo, nada o impede de realizá-lo. Não é pecado nem crime, desde que não esteja prejudicando ninguém. Mas que paixão mais doida é essa, meu filho, de se enterrar em um caixão de ouro?

– É um desejo meu, pai Francisco. Já preparei também um cemitério onde quero que meu corpo descanse. Ouvi umas histórias de meu professor sobre o antigo Egito. Os nobres eram enterrados com muitas riquezas e se tornavam múmias. Não quero ser uma múmia, mas, como Deus me colocou uma mina de ouro nas mãos, quero ser enterrado ao menos em um caixão de ouro!

Naquela noite, pai Francisco recebeu outro ilustre visitante, que chegou acompanhado do antigo capataz, agora professor. Fez-se silêncio absoluto à sua entrada. Todos se entreolhavam, os mais velhos incomodados, aguardando a reação de pai Francisco.

Assim que o senhor Edgar foi convidado para se sentar perto de pai Francisco, ele também chamou Chico Preto para perto dele. Pegou a mão do senhor Edgar, que tremia e estava úmida, e colocou a mão de Chico Preto sobre ela.

– Deus abençoe vocês dois. O sangue que corre nas veias de um é igual ao sangue que corre nas veias do outro.

Chico Preto desvencilhou-se da mão do senhor branco. Não sabia quem era aquele sujeito, mas não se sentia bem ao lado dele.

Pai Francisco, encarando Chico Preto, perguntou:

– Você tem conhecimento de quem é esse senhor?

– Não, nunca o vi e não tenho a menor ideia de quem seja – tornou o rapaz, incomodado pela presença dele.

– Este é o pai de Antero, portanto, seu avô. Deus programou este encontro entre ambos. Não está sendo fácil para nenhum dos dois, mas a vontade de Deus está acima de todas as nossas vontades.

O senhor Edgar, com olhos marejados, estendeu as mãos em direção ao neto. Este recolheu as próprias mãos para trás.

– Peço perdão a Deus, a meu tataravô e a todos os presentes, mas não reconheço este homem como meu avô, da mesma maneira que ele nunca reconheceu meu pai como filho dele. Não o reconheço como parente meu. – E, fitando o senhor Edgar, acrescentou: – O senhor bem sabe quantas lágrimas foram derramadas por sua causa. Meus pais foram vítimas de sua violência! Nunca procurou saber de nenhum de nós; por que me importaria com o senhor agora?

O senhor Edgar tremia. Encarava o jovem alto, corpulento e coberto de ouro, e via algo de Antero nele. Aquele rapaz era o neto que ele havia renegado! Lembrava-se do dia que expulsara a mãe dele da fazenda. Não quisera saber de seu estado de saúde. Ali estava aquele feto que, à época, Arlinda guardava no ventre.

Pai Francisco pediu que o rapaz se aproximasse e, tomando-lhe uma das mãos, acrescentou:

– Meu menino, falamos há pouco de uma riqueza que você não possui, mas estou lhe oferecendo a oportunidade de começar a gerar uma das maiores fortunas que alguém pode obter: a riqueza do perdão. Não é fácil, filho. Avisei você de que essa riqueza não se compra com ouro, e sim com a força do coração, onde temos depositado o nosso amor.

Chico Preto baixou a cabeça. Transpirava muito e esfregava uma mão na outra. O senhor Edgar tremia e tentava segurar o pranto.

Pai Francisco acendeu seu cachimbo e ficou também em silêncio. Minutos depois, virou-se para Edgar e indagou:

– Voltou para esta terra porque perdeu sua fortuna ou foi sua consciência que o trouxe de volta, meu senhor?

– Pelos dois motivos, pai Francisco. Agradeço a Deus por ter me tirado tudo! Quando comecei a ficar sem nada, passei a enxergar a presença de Deus em minha vida. O senhor pode olhar para dentro do meu coração que vai perceber o quanto estou sendo sincero e verdadeiro, pai Francisco. Sei que dificilmente vou conseguir obter o perdão de tantas pessoas a quem fiz mal; porém, preciso ao menos tentar, para ter um pouco de paz em minha consciência.

Voltando-se para Chico Preto, pai Francisco disse:

– Ele está disposto a procurar os caminhos da riqueza da qual lhe falei. A porta de entrada para alcançar o perdão chama-se humildade. Ele já a encontrou, e ele precisa de seu perdão. Tenta, menino! Levanta a cabeça e olha dentro dos olhos deste homem, que tem o mesmo sangue que o seu! Não é fácil perdoar, por esse motivo é que o perdão oferece à alma tantas riquezas.

Chico Preto, envolvido pelas palavras de amor e bondade do preto velho, levantou a cabeça e passou a observar aquele branco, tão diferente dele. Pai Francisco tinha razão: precisava conhecer os caminhos do próprio coração. Se negasse uma oportunidade a este senhor, levaria aquele peso na consciência e talvez não tivesse outra oportunidade como aquela, diante do avô, do tataravô e do velho tio Chico, sobre o qual a mãe tanto lhe falara. Tomou coragem e estirou a mão em direção ao senhor Edgar:

– Por favor, não me peça para abraçá-lo nem espere que lhe diga "eu te amo". Ouvindo as palavras de meu tataravô, sei que ele está coberto de razão. Estendo minha mão ao senhor e prometo diante dele que vou me esforçar para tentar compreendê-lo.

O senhor Edgar, soluçando e com a voz entrecortada pelas lágrimas, pediu:

– Filho, por favor, gostaria de me encontrar com seu pai. Mesmo que ele não se aproxime de mim e não levante os olhos para me ver, preciso vê-lo e lhe pedir perdão.

O rapaz, desconcertado por estar diante de pai Francisco, cuja presença sentia como sendo de fato a de um de seus ancestrais, respondeu honestamente:

– Não vou prometer algo apenas para agradá-lo. Eu e meu pai nos vimos poucas vezes. Não que tenha algo contra ele; é pela distância que nos separa. Eu estou em Minas Gerais e ele, no Ceará. Acredito não ser a pessoa mais indicada para promover o encontro entre vocês.

Pai Francisco interferiu:

– Vamos deixar para falar sobre isso depois, meu senhor. O menino tem toda a razão. Ele não é o melhor caminho para levá-lo a seu filho. Precisamos buscar outra ajuda, mas, antes, é necessário preparar Antero para esse reencontro.

O senhor Edgar pediu a pai Francisco que falasse em seu nome com Antônio Bento. Desejava ser voluntário a serviço da fazenda. Nada queria em troca, apenas um prato de comida. Estava disposto a ajudar em qualquer setor, para reparar um pouco de todo o malefício que provocara naquela gente. Desejava ressarcir a própria culpa fazendo algo de bom por eles.

Antônio Bento prometeu conversar com os trabalhadores da fazenda. Sabia que o ex-senhor daquelas terras tinha muita experiência e acreditava na boa vontade dele. Talvez pudesse auxiliar na administração da escola. Verificaria as possibilidades.

Quando o senhor deixou o barracão, Chico Preto refletiu: "Será que Antônio Bento programou este encontro? Se fez isso, não foi nada agradável". Se fosse mesmo verdade, seria capaz de romper relações com ele, embora estivesse encantado com sua filha. Jamais sentira algo parecido por nenhuma outra mulher. Mas, diante de tal traição, renunciaria até mesmo a um grande amor. E tio Chico? Estaria também envolvido naquela história?

Como se ouvisse seus pensamentos, pai Francisco o chamou para perto de si e então falou:

– Meu menino, tudo o que aconteceu nesta noite não foi programado por nenhum de vocês, foi programado por Deus! Você, meu querido tataraneto, está desconfiado, achando que foi traído pelo amigo Antônio Bento? Peça perdão a Deus, pois ele não teve nenhuma participação nessa história e muito menos o Chico, que nem sabia quem era você até ser apresentado por Antônio Bento.

Tudo esclarecido, pai Francisco pediu licença para se retirar com aqueles que o acompanhavam. Abençoou o rapaz, cujos olhos se encheram de lágrimas, e recomendou que contasse ao avô que chegara a pegá-lo no colo quando ainda era um bebê. Falou que, quando estava acamado na senzala, esperando pela sua hora, haviam levado o tataraneto, às escondidas, para que ele o conhecesse. Sentira muita alegria por conhecê-lo e tê-lo apertado em seus braços.

Assim que pai Francisco deixou o corpo de tio Chico, as mulheres correram e lhe ofereceram uma caneca de água, pedindo que se sentasse um pouco.

Minutos depois, Chico Preto vinha a seu encontro. Abriu os braços e deu um abraço apertado no velho Chico, ficando depois em silêncio. Antônio Bento mantinha-se calado, só observando os dois.

Minutos mais tarde, Chico Preto falou:

– Quero agradecer de todo o meu coração ao senhor por esta grande oportunidade de encontrar meu tataravô. Não me resta nenhuma dúvida de que falei e estive com ele. Meu avô vai ficar muito emocionado quando lhe contar toda a história, as mesmas que ouvi da boca dele. Quanto a você, Antônio Bento, devo-lhe desculpas. Cheguei a pensar, sim, que tivesse armado uma cilada para mim. Vou pensar e repensar com muito carinho em tudo o que ouvi de pai Francisco.

Antônio Bento se aproximou dele e o abraçou.

– Apesar da diferença de idade entre nós, porque você tem idade para ser meu filho, tenho muito respeito e admiração pelo seu trabalho e por sua conduta como homem. Jamais faria algo que viesse a aborrecê-lo. Devo-lhe muito, Chico. Talvez não tenha consciência do quanto é amado e querido, por tantas famílias que ajudou a tirar do cativeiro.

Os irmãos de Chico Preto e os que o acompanhavam – pois nessas viagens andava com muitos homens fazendo-lhe a segurança – estavam boquiabertos com tudo o que haviam visto e ouvido.

***

No dia seguinte, Chico Preto fizera questão de conhecer a casa de tio Chico e, sob protestos, presenteara-lhe com uma boa quantia em dinheiro.

– Faça o que o senhor achar melhor – disse ao velho negro. – Não me interessa o que fará. Meu prazer é que o senhor aceite.

Tio Chico, ao encarar aquele homem-menino, pediu:

– Meu filho, fale-me um pouco de você. Ainda é tão novo e já anda com a responsabilidade de um homem amadurecido!

– Tio Chico, estudei nas melhores escolas e recebi de meu pai adotivo o que há de melhor neste mundo: muito amor. Ele foi um anjo em minha vida e na vida de meus familiares. Passei a acompanhá-lo no trabalho aos quinze anos. Aos dezesseis, já estava à frente da mina. Meu pai faleceu e eu assumi todos os seus negócios, que são bens de meus irmãos e minha mãe. Herdei de meu pai a mina, ele ainda estava vivo quando documentou o processo em cartório. Confesso que nem eu mesmo entendo como as coisas aconteceram a meu favor. Enriqueci de um dia para o outro. Tenho fazendas de café e muitas vacas leiteiras. Meus cavalos também valem uma fortuna; tenho paixão por cavalos. E ouro, então? Não posso mentir: tenho demais!

O velho Chico o ouvia e balançava a cabeça naquele seu gesto peculiar.

– Meus irmãos são apenas estudantes – prosseguiu –, não se envolvem com o trabalho. No começo deste ano vão estudar fora do Brasil; quero fazer deles dois doutores. Minha mãe ainda é jovem. Se um dia resolver se casar novamente, darei todo o meu apoio e ficarei feliz por ela. Naturalmente, deve ser com alguém tão digno quanto foi meu pai adotivo.

– E quantos anos você tem hoje, meu filho? Sou ruim de contas. Fiquei pensando se você tinha dezenove anos ou mais...

– Estou com vinte e três anos. Sou novo para algumas coisas, mas velho para outras. É assim que meu avô fala.

– Meu Deus, cheguei a teimar com Assunta e Zulmira que você estava com dezenove anos!

– Dezenove anos faz que meu pai biológico mudou-se para o Ceará. É que o tempo corre tão depressa, que a gente nem percebe mesmo, e acaba se confundindo. Vou lhe contar uma confusão danada que fiz tempos atrás: o senhor é conhecedor do juiz e promotor Antônio Bento, que também é envolvido no movimento abolicionista?

– Sim, eu o conheço – respondeu tio Chico.

– Pois então, negociei muito tempo com o Antônio Bento mulato achando que era o juiz. E, por coincidência, no dia em que marcamos o primeiro encontro entre as lideranças de todos os estados brasileiros e alguns países estrangeiros, qual não foi minha surpresa ao conhecer os dois Bento e perceber que minha felicidade era dobrada por ter ganhado dois bons amigos e companheiros de movimento. O mais empolgante nessa história é que os dois Bento acabam confundindo os perseguidores das leis. Quando pensam que é um Bento que está à frente da história, é o outro. Chega a ser divertido.

– É, filho, é tudo muito divertido, só que em alguns casos também é perigoso, tanto para um quanto para o outro. Você sabe que o nosso Antônio Bento já sofreu muitos atentados por parte dos que querem tirar vocês do caminho? Com as graças do bom Deus, estava protegido. E o juiz, nem se fala... Quantas perseguições que ele sofre! Segundo nosso Antônio

Bento, o outro Bento é um homem de justiça; luta pela justiça dos homens e pela de Deus também.

– Nisso concordo com ele. O juiz é um homem sério e justo. Ele tem libertado muitos negros das garras dos senhores, principalmente crianças e velhos, e dado base ao movimento, facilitando negociações e fiscalizando o descumprimento das leis. Esse homem tem pulso firme, e vou lhe dizer uma coisa: ainda não o mataram devido à influência que ele tem dentro e fora do Brasil.

Chico Preto continuou a falar das coincidências entre os dois Bento. A esposa do juiz tinha o mesmo nome da esposa do Antônio Bento administrador. Chico Preto revelou ainda a tio Chico alguns segredos: como negociavam e retiravam as famílias dos cativeiros.

Tio Chico ficou assombrado com tantas coisas boas, que nem de longe imaginava. Então um Antônio protegia o outro! Antônio Bento, com a ajuda de outros membros envolvidos no projeto da libertação, facilitava a fuga dos negros, e o outro Antônio Bento, o juiz, entrava em ação, amparado pela lei.

Os donos de escravos reforçavam a segurança, pois um escravo que escapava era prejuízo para o senhor. Mas a lei dava amparo ao negro. Na condição de fugitivo, se houvesse um comprador, ele poderia se apresentar diante do juiz já com a proposta do comprador, e o antigo senhor era ressarcido pelo prejuízo, que às vezes chegava a apenas 30% do valor real do escravo.

Nenhum escravo fugia sem a orientação e o amparo dos abolicionistas. A corrupção de feitores e capatazes contribuiu bastante para o sucesso da fuga de muitos negros. A organização recebia dinheiro vindo de outros países, de organizações secretas que lutavam para libertar os negros. Essas verbas eram administradas por homens sérios que não deixaram seu registro como heróis. Pagavam um preço alto para capatazes, feitores e capitães do mato facilitarem a fuga dos negros.

De São Paulo a Minas Gerais, e de Minas ao nordeste brasileiro, tudo estava dentro do esquema planejado e bem amparado, especialmente pelo dinheiro, que forrava os bolsos de muitas autoridades. Assim, a escravidão no Brasil estava com os dias contados. Nem de longe a causa foi a lei promulgada pelo santo e bondoso coração da princesa Isabel, e sim a luta, ao longo de anos e anos, de homens de boa vontade, tanto negros quanto brancos.

Chico Preto contou a tio Chico que o outro Antônio Bento era de família muito rica. Formado em direito, fora promotor e agora era juiz, e, como tal, defendia os desvalidos. Possuía algumas fazendas em São Paulo, Minas Gerais e no Ceará, além de outros estados, cuja liderança fora assumida por amigos.

Antônio Bento tinha relações com a maçonaria, e os maçons de outros países investiam bastante dinheiro na libertação dos escravos. Apesar de católico, o juiz tinha envolvimento secreto com a maçonaria. Chico Preto não soube explicar bem o que era a maçonaria, pois naquela época não se comentava muito a respeito. Só participavam dela homens de posses e de bons conhecimentos.

Tio Chico, assustado, perguntou:

– Essa tal maçonaria é alguma religião?

– Dizem que é uma Ordem. Sinceramente, não sei explicar. Não pode ser uma coisa ruim se tem ajudado tanta gente, o senhor não acha?

– É verdade, filho. O mal jamais lutaria para fortalecer o bem, então com certeza deve ser algo bom. Se só tem pessoas boas envolvidas, devemos rezar para que tudo dê certo.

E, com orgulho, Chico Preto acrescentou:

– Tio Chico, quando faço negócio com Bento, já dou entrada na carta de alforria, que é assinada pelo outro Bento, o juiz. Assim, aqueles que levo para a mina passam a ser meus empregados, e aos poucos vou descontando todo mês do ordenado deles uma pequena quantia. Faço tudo conforme manda o juiz Antônio Bento. Vou lhe confessar um segredo: nenhum negro chegou a me pagar a dívida até o fim. Sabe por quê? Eu os presenteio no aniversário ou em qualquer outra ocasião importante, como quando nasce um filho, por exemplo, dando fim à dívida. Sou tão rico! Para que tirar de quem é tão pobre?

Ficaram trocando ideias durante muito tempo sobre a previsão do fim da escravidão no Brasil. Chico Preto comentou que nunca tivera vontade de sair do Brasil para conhecer outros países. Dinheiro ele tinha, mas o que não tinha mesmo era vontade! Pelo que dizia, quando conversava com amigos que vinham de fora, percebia que não havia lugar melhor no mundo que o Brasil, que, com o fim da escravidão, seria um país ainda mais bonito e cobiçado.

Tio Chico pegou sua garrafa com a cachaça do alambique e ervas amargas e a ofereceu ao rapaz, que a aceitou.

– Preciso que esse seu remédio me encha de coragem, tio Chico. Tenho outra coisa para lhe confessar e peço sua ajuda.

– Santo Cristo, meu filho! É coisa tão séria assim que precisa beber para tomar coragem? Na sua idade, quando fazíamos isso, o motivo era sempre o mesmo: mulheres! Estou certo?

– O senhor é mesmo danado, tio Chico. A minha mãe tem razão quando fala que quando as nuvens estão se formando no céu o senhor já sabe para que lado elas vão correr. É verdade; é coisa que envolve mulher. E o pior é que não é uma mulher filha de qualquer um, é a filha do meu amigo Bento! Como o senhor acha que ele reagirá se eu chegar a pedir a filha dele em casamento?

Tio Chico, bebericando lentamente a bebida, respondeu:

– Posso lhe fazer uma pergunta antes de dar minha opinião?

– Claro! A casa é sua, e o maior interesse é meu em saber o que o senhor quer me perguntar.

– Já conversou com a moça? Tem certeza de que ela quer mesmo namorar você?

– Não, senhor! Estou aqui planejando pedi-la em casamento e não sei nem mesmo se sou correspondido em minhas intenções. Trocamos muitos olhares, e confesso que me casaria com ela agora sem pensar duas vezes. Foi amor à primeira vista; nunca senti isso antes. E olha, tio Chico, que ouro atrai mulher! Não é para me gabar não, mas há mulheres tão brancas quanto leite, com cabelos da cor do ouro, mulatas, negras, jovens, mais velhas que eu, todas tentando me levar para o altar. Mas, sinceramente, nunca aceitei, porque não me imaginava casado e perdendo minha liberdade. Contudo, agora estou aqui, queimando de paixão e me perguntando como vou retornar para Minas Gerais sendo que meu coração está nesta fazenda. Não sou homem de meia conversa; vou procurar agora mesmo a filha de Bento e saber das intenções dela para comigo. Se me disser sim, hoje mesmo, durante o jantar, peço a mão dela em casamento. Só espero não ser expulso da mesa. Se der algo errado, venho jantar com o senhor e dormir em uma de suas redes. E, se ela me disser não, monto no meu alazão e saio estrada afora mordendo a minha dor.

Tio Chico riu.

– Tenho certeza de que você vai jantar na mesa do Antônio Bento – respondeu –, e peço a Jesus que abençoe vocês dois com muita paz, saúde e fartura. E olhe, menino, que nunca ouvi dizer que havia pessoas que mordiam suas dores, mas bem que gostei do pensamento!

– Tio Chico, posso lhe confiar um medo que me acompanha desde criança? Talvez o senhor possa me ajudar a entender essas premonições, que me apavoraram e ainda me deixam apreensivo.

– Pode, filho. Sabe que pode confiar em mim – respondeu o negro velho, encarando o rapaz.

Chico Preto ficou sério por alguns segundos, fitando o vazio da imensidão do céu.

– O senhor talvez possa me entender. Ainda menino tive umas visões. Não era dormindo; estava acordado e me via morto em um caixão coberto de flores. Era uma criança, mas via um homem jovem e morto, e sabia que era eu. Tive essa visão várias vezes. A imagem daquele homem morto me persegue, e o pior é que, mirando-me no espelho agora, aproximo-me muito daquele homem que via quando criança. Tenho quase certeza de que não vou envelhecer e ficar como o senhor, de cabelos brancos. Por esse motivo, sempre tive muita ansiedade em realizar tudo de bom em minha vida: trabalhei cedo, enriqueci cedo e quero me casar cedo. Desejo ter filhos e aproveitar a companhia deles enquanto puder. O que o senhor me diz de tudo isso?

Tio Chico baixou a cabeça ao responder:

– Por algum motivo muito especial Deus lhe permitiu ter essa visão. Quem sabe não seja exatamente para que valorize mais seu tempo, cuidando bem do corpo físico, prevenindo-se de muitas coisas. Por exemplo: você não tem necessidade de andar pelas estradas escuras levando ouro no lombo das mulas. É bom mesmo que se case, assim vai ter um motivo para querer voltar cedo para casa e não ficar de cidade em cidade jogando moedas aqui e acolá. Sei que sua intenção é das melhores. Aqueles pobres que você ajuda rezam pela sua saúde todos os dias, mas você também tem muitos inimigos, meu filho! São aqueles que permanecem ocultos ou, quando aparecem, não lhe dão um sorriso, embora permaneçam à espreita na sua passagem.

O rapaz se levantou e, abraçando o negro velho, pediu:

– Por favor, não fique preocupado comigo. Acho que o sol das estradas cozinhou meus miolos. Deus não ia me mandar um aviso de graça, afinal de contas, não sou tão necessário lá em cima; posso fazer muito mais pelos filhos Dele aqui embaixo.

O rapaz se despediu de tio Chico prometendo voltar a vê-lo antes de sua partida para Minas Gerais. Mesmo que o pedido de casamento não fosse aceito, voltaria para lhe dar um abraço.

Tio Chico ficou parado, observando o rapaz corpulento e bem trajado pisar firme no chão. Duas lágrimas rolaram de seus olhos. Como seria bom se pudéssemos mudar o destino... O caminhar do rapaz lembrava o de Antero. Era mesmo divina a criação de Deus. Aquele menino saíra da fazenda no ventre da mãe, invisível aos olhos de todos, mas já era um filho daquela terra, e ali pisava firme pelas trilhas nas quais pisara seu pai, sua mãe.

Agora, o ex-senhor estava ali também, com outros pensamentos em relação aos negros. Que pena ser tarde demais para reparar um prejuízo tão grande!

Se os encarnados pudessem enxergar o futuro, todos os erros do presente seriam evitados, mas então onde estaria a sabedoria de Deus se não permitisse que seus filhos encontrassem o próprio caminho andando por si mesmos? Certamente receberiam do Pai uma nova oportunidade e encontrariam no verdadeiro amor as forças necessárias para vencerem juntos todas as provações da vida.

Capítulo VI

A grande aliança

De volta à fazenda do juiz Antônio Bento, Chico Preto pensava em como iria falar, se é que iria, com o outro Antônio Bento, pai de sua pretendente. Será que não se enganara? Talvez o olhar dela tivesse outra motivação. Quem sabe entendera errado aquele olhar apaixonante que ela lhe dirigira algumas vezes. Só tinha um jeito de saber: falar diretamente com ela! Na sua vida sempre fora assim, tudo muito rápido! Amadurecera cedo, contava-lhe o pai adotivo; enriquecera cedo; e, quando queria algo, não tinha dúvida nenhuma: ia direto ao assunto. Ou dava certo ou dava errado; não era homem de perder tempo.

Chegando à fazenda, avistou sua amada entre as flores do grande jardim. Estava vestida de maneira singela e encantadora. Usava um vestido rosa-claro todo bordado em prata, os cabelos negros cacheados descendo-lhe até a cintura. O coração de Chico Preto acelerou; as mãos gelaram e as pernas tremiam. Tentou manter-se firme e, assim que desceu do belo animal, um dos empregados veio correndo a seu encontro. Ele ordenou ao empregado que levasse o animal à cocheira, e saiu com passos decididos rumo ao jardim onde a moça estava.

Josefina fingiu não perceber a chegada do rapaz; no entanto, as mãos ficaram geladas e o coração disparou. Agarrava-se a uma dália, sua flor preferida, para esconder o tremor das pernas.

Enquanto avançava até onde estava a moça, receoso, refletia: "Um negro que briga com onça e anda noite adentro pelas estradas escuras está aqui tremendo feito um coelho acuado diante de uma criatura que é mais frágil que todas as rosas deste jardim! Preciso tomar coragem, senão vou gaguejar perto dela, ou a voz não vai sair, justo eu que falo como um papagaio!"

Aproximando-se da moça, Chico Preto falou:

– Com licença? Posso me aproximar da mais linda rosa deste jardim?

Ela se voltou para ele, mas a voz não saía.

– Não precisa ficar com medo. Só quero olhar dentro de seus olhos e ouvir de sua boca uma resposta que o meu coração quer saber: quero ouvir um sim ou um não!

– E o que quer saber de mim? – perguntou ela, fitando-o fixamente.

Tomando as mãos da moça, que tremiam, ele perguntou:

– Você quer se casar comigo?

– Está querendo me pedir em namoro? – indagou Josefina, ainda trêmula.

– Não. Estou pedindo-a em casamento. Não quero apenas namorar você. Se seus olhos não mentem, como os meus, acho que não me enganei. Diga sim ou não, e hoje mesmo vou falar com seus pais e marcar o noivado e o casamento, se sentir o mesmo que eu.

Erguendo o rosto da moça, e olhando-a dentro dos olhos, confessou:

– Não tenho nenhuma dúvida; encontrei em você tudo o que preciso de bom para minha vida. Foi amor à primeira vista. Quando a vi, senti em meu coração: é ela! Sou assim; reconheço o que vai me fazer bem à primeira vista. Se não aceitar meu pedido de casamento, juro que não vou me matar. Vou sair sem mágoa nenhuma, afinal, posso ter me enganado. Mas não vou mentir; sei que vou sofrer muito, embora saia de cabeça erguida.

A moça, encarando-o, respondeu:

– Eu também, quando o vi, tive a mesma certeza: é ele! Não tenho nenhuma dúvida, e desejo me casar com você. A impressão que tenho é de que já nos conhecemos há muito tempo...

Chegando mais perto da moça, Chico Preto indagou:

– Posso falar com seus pais esta noite durante o jantar? Você vai confessar a eles que também me quer?

– Sim, pode falar com meus pais. Talvez meu pai vá se assustar; ele ainda me vê como uma menina. Mas tem muito respeito e admiração por você. Meu pai elogia bastante o seu trabalho, por isso imaginava que você tivesse a idade dele, e não que fosse tão jovem e bonito.

– Você me acha bonito? – perguntou Chico Preto, levantando o queixo de Josefina.

– Para mim, é o homem mais lindo do mundo – tornou ela, corando.

O rapaz a atraiu para si, abraçando-a contra o peito. Trocaram o primeiro e apaixonado beijo entre as flores do jardim.

A mãe da moça espreitava o casal pela fresta da janela. Lágrimas lhe inundaram os olhos brilhantes, que emolduravam um rosto fino e bonito. Era a mulher mais bela das redondezas. "Meu Deus", refletia, "parece que foi ontem que Josefina nasceu e já é uma moça pensando em se casar. Antônio não acompanhou muito o crescimento dela. Envolvido nesses movimentos abolicionistas, não para em casa. Vive pelas cidades e fazendas das redondezas. Bem que percebi a inquietação de Josefina quando esse moço chegou. Peço a Deus que ele de fato seja uma pessoa boa para ela. Pelo que Antônio diz, é visto como um anjo, mas ser marido é bem diferente. Meu Antônio também é visto como um santo, bom para todo mundo, inclusive para mim. Como pessoa, realmente não tem outro igual, mas, como marido, nunca faria nenhuma mulher feliz; é mais ausente que presente. Contudo, não posso reclamar. Antes de aceitar me casar com ele, fui advertida por ele mesmo de que ficaria mais sozinha que em sua companhia. Mas quis, estava apaixonada demais. Se fosse hoje, porém, não me casaria com ele, mesmo amando-o tanto quanto o amo. Só durmo em paz quando ele se encontra em casa, o que é muito raro. Há anos que passo as noites tendo pesadelos e acordando sobressaltada com qualquer ruído que vem de fora".

Sacudiu a cabeça, tentando afastar aqueles pensamentos. Todavia, não conseguiu: "Será que esse rapaz vive o mesmo destino que Antônio? Preciso abrir os olhos de Josefina; também fiquei apaixonada pelo pai dela, e naquela ocasião parecia que o problema que tenho hoje não me afetaria em nada, mas não quero que minha filha tenha o mesmo destino que o meu. Qualquer dia desses vou criar coragem e falar com esse pai Francisco do Cruzeiro das Almas. Todos falam bem dele. Antônio crê em suas palavras cegamente. Eu tenho minhas desconfianças. Se de fato ele sabe de tudo, então deveria saber o que venho sofrendo durante anos longe de meu marido. Por que não faz Antônio ficar mais em casa?"

Os dois jovens andavam em torno do jardim e trocavam olhares apaixonados. Chico Preto propôs uma festa de noivado dali a um mês, e o anúncio do casamento para seis meses depois. Disse que pediria ao amigo Antônio Bento para que ela, acompanhada dos pais ou de outra pessoa, fosse a Minas Gerais. Desejava que Josefina escolhesse tudo para montar a nova casa.

O sol já baixava no horizonte quando a moça se despediu do rapaz, prometendo se encontrar com ele na sala de jantar. Disse também que anteciparia o assunto com a mãe, assim o pai não seria pego de surpresa.

Os trabalhadores que cuidavam dos arredores da casa cochichavam entre si:

– Acho que vai dar casamento entre a filha do seu Antônio Bento e o homem do ouro. Dizem que esse rapaz é muito rico e poderoso, e deve ser mesmo, porque quem tem uma mina de ouro não é qualquer um – comentou um dos trabalhadores, admirando o rapaz.

Josefina procurou a mãe, que estava sentada na janela do quarto, parecendo alheia a tudo.

– Mãe? – chamou a moça.

– Pode falar, Josefina. É sobre o Chico Preto que quer conversar, não é? – respondeu a mãe, entristecida.

– Como a senhora sabe?

– Estava olhando daqui da janela. Você ficou tão envolvida que nem se lembrou de olhar para cima.

– Estou gostando do Chico, mamãe, e ele me pediu em casamento. Quer falar com papai e a senhora sobre nosso noivado e marcar a data para a gente se casar.

A mãe se levantou em todo o seu esplendor; não aparentava ter mais idade que a própria filha.

– Venha até aqui, Josefina. Sente-se a meu lado. Olhe para mim e preste bastante atenção no que vou lhe contar. Quando tinha sua idade, conheci seu pai. Ele era um ídolo, como é até hoje, um herói entre negros e brancos. Apaixonei-me por ele e não parei para pensar nem por um segundo sobre a vida que me esperava ao lado dele. Você faz ideia do que tem sido minha existência? Pelo que sei desse rapaz, a vida dele não é diferente em nada da que o seu pai leva.

A mãe sentou-se na cama enquanto secava as lágrimas. Josefina estava pálida.

– Você não é feliz com meu pai, que é um verdadeiro herói? – indagou a moça, decepcionada pelas palavras da mãe.

A mãe respondeu entre lágrimas:

– Seu pai de fato é um herói; todo filho queria tê-lo como pai, e qual é a mulher que não cobiçaria um marido como Antônio Bento? – Soluçando, continuou: – Mas não sou feliz comigo, Josefina! A culpa de minha infelicidade não é de seu pai, e sim de mim mesma. Seu pai é um homem realizado, faz o que ama e é um anjo na vida de muitas famílias. No entanto, criei uma fantasia dentro de mim: sonhei que Antônio largaria tudo para ficar a meu lado, e isso não aconteceu. O seu pai sempre soube o que queria da vida; quem nunca soube fui eu. Por esse motivo temo que venha a ter o mesmo destino que a sua mãe, o de viver sozinha seus dias e suas noites, o de ter como companhia apenas pesadelos que não abandonam as mulheres que vivem situações semelhantes à minha. Pense bem, filha, antes de se comprometer com esse rapaz. Ele é bonito, é rico, e deve ser cobiçado por dezenas de mulheres, mas é sua vida que está em jogo. Você não o conhece bem; será que, sendo um abolicionista, também não vive o mesmo destino de seu pai? Não se precipite noivando e marcando casamento com alguém que não conhece. Riqueza não quer dizer nada; pense no que será sua vida quando tiver a minha idade. Não desejo que olhe para trás e venha a se arrepender das decisões tomadas com precipitação.

Josefina estava pálida. Tinha tanto orgulho do pai! Sempre invejara a mãe, sempre desejara se casar com alguém tão nobre quanto ele, e a mãe vinha agora desabafar toda a sua infelicidade?

– Mamãe... – falou a moça, com a voz embargada pelas lágrimas – estou chocada e assustada com o que ouvi sair de sua boca. Você é invejada por todas as outras mulheres das redondezas, casou-se com um homem que está acima de qualquer suspeita em termos de caráter e honestidade, e vem me dizer que é infeliz? Que meu pobre pai nunca tenha conhecimento do que a senhora me confessou; ele não merece ouvir o que ouvi! Sinto-me decepcionada; jamais imaginei ouvir de minha própria mãe palavras tão ofensivas contra alguém que sempre lutou por todos nós. Se a senhora é infeliz como diz, não acredito também que o faça feliz!

Josefina se levantou e, antes de sair do quarto, arrematou:

– Não levarei em consideração as suposições que a senhora fez quanto ao Chico. Acredito que tenha mesmo puxado a meu pai; sei o que quero e vou seguir adiante. Pelo que entendi de suas palavras, a senhora se casou com o meu pai por interesse e *status*, o que não é o meu caso. Eu amo o Chico e vou me casar com ele e ser muito feliz! Se ele tiver de passar alguns dias fora de casa, vou acompanhá-lo, coisa que a senhora nunca fez, e sou testemunha de que meu pai sempre a convidou. Se hoje ele já não faz mais esses convites é porque conhece a resposta.

Antes que a mãe pudesse retrucar, Josefina fechou a porta e saiu, passando ligeira pela empregada, que mal a reconheceu. Era sempre simpática e meiga... O que teria acontecido entre ela e a mãe?

No quarto, Josefina se jogou na cama e soluçou. Fora tão feliz pedir a ajuda da mãe! Esperava ouvir dela outros conselhos, e não recriminações e ofensas. Não voltaria atrás em nada; iria se casar com Chico e ponto final.

Josefina se arrumou com esmero. Usou um perfume novo que havia ganhado no aniversário; era um perfume importado da França, que só passava em ocasiões importantes.

Antônio Bento foi ao encontro da esposa. Ao abraçá-la, percebeu que havia chorado. Preocupado, atraiu-a para si e perguntou:

– O que aconteceu? Por que chorou?

– Chorei por mim mesma, nada que tenha importância para quem quer que seja. Chorei como toda mulher que se olha no espelho e se percebe, foi o que aconteceu comigo.

Olhando para aquela moça linda, Antônio Bento se sentiu culpado. Jamais deveria ter se casado... Era feliz porque fazia o que gostava, amava cada uma de suas conquistas, realizava-se ao ajudar seus irmãos de sorte. Mas e quanto à esposa?

A educação dos filhos ficara sob o encargo dela, e ele mesmo era um visitante na própria casa, aparecia só de vez em quando. Naquele momento, fitando-a, questionou-se: "Cobro tanto dos escravagistas, mas não serei um deles? O que tenho feito com esta mulher? Ela não deixa de ser uma escrava de luxo; vive sob um regime de clausura, nunca me importei em saber se ela é ou não feliz com a vida que lhe ofereço".

Ela permanecia cabisbaixa. Nunca abrira a boca para reclamar da vida ou dos problemas que tinha de resolver sozinha na ausência dele. Antônio Bento, erguendo o queixo da esposa, falou:

– Posso lhe fazer uma pergunta? Antes de me responder, olhe dentro dos meus olhos, por favor.

– Nunca menti para você; pode perguntar.

– Você é feliz?

Ela hesitou e não respondeu; baixou a cabeça e permaneceu em silêncio.

– Esse silêncio é a resposta. Apenas hoje me dei conta do quanto fui egoísta ao longo de todos esses anos, mantendo-a como minha prisioneira. Nunca fui de verdade um companheiro em sua vida. E não sou o único a fazer da própria esposa uma escrava. Precisamos mudar nossa história, sim, libertar os negros e nos libertar também; somos prisioneiros em uma sociedade injusta e, sem que percebamos, estamos criando outro cativeiro ao aprisionar nossos familiares, abandonando-os à própria sorte. Neste momento, olhando para você, percebi o quanto errei em arrastá-la comigo por uma estrada tão perigosa.

Antônio Bento sentou-se na beirada da cama e cobriu o rosto com as duas mãos, pondo-se a chorar.

A esposa se aproximou e o abraçou.

– Antônio, eu amo você. Sempre o amei e continuarei a esperá-lo, como venho fazendo. Não posso negar que minha vida não tem sido fácil, até mesmo pela sua ausência. Não saio de casa, porque não fica bem para uma mulher casada andar sozinha por aí. Sabe quantos anos faz que não faço uma viagem? Só vejo meus parentes porque eles vêm aqui. Não me recordo da última vez que fui à cidade com você ao lado dos nossos filhos. Se não posso afirmar que sou infeliz, também não posso mentir dizendo que sou uma esposa realizada. Você me pediu sinceridade quanto a meus sentimentos, e estou sendo honesta.

Os dois permaneceram um tempo em absoluto silêncio. Por fim, a esposa falou:

– Prepare-se para logo mais ouvir algo a que não sei como reagirá. É a respeito de nossa filha e o moço da mina de ouro.

Antônio Bento levantou-se e indagou:

– O que é que está sabendo que ainda não sei?

– O rapaz vai pedir a mão de nossa filha em casamento; parece que já quer noivar e marcar a data. Conversei com ela para não se precipitar em marcar noivado e muito menos casamento, e ela saiu daqui muito nervosa, mas está decidida. Você, como pai, veja o que pode fazer por ela.

– Vou tomar banho e a espero lá embaixo – disse Antônio Bento, deixando o quarto. Estava transtornado com a notícia.

"Meu Deus...", ponderou a esposa, "será que fiz bem em antecipar o assunto do namoro da Josefina? Do jeito que ele saiu, não é bom sinal!"

Apressou-se em se arrumar e foi até o quarto da filha. Bateu de leve à porta, Josefina abriu e ficou em silêncio.

– Posso entrar? – inquiriu a mãe.

– Pode sim, a senhora é minha mãe, vou sempre lhe abrir a porta.

– Josefina, por favor, não fique magoada comigo. Fiz um desabafo a você; talvez tenha errado, afinal, falei de seu pai e, como pai, ele é o melhor do mundo. Mas falei como mulher, e não como sua mãe. Por favor, perdoe-me; esqueça tudo o que lhe disse.

– Esquecer será difícil. Para mim, foi um choque. Sempre considerei vocês dois como o casal mais invejado do mundo, e de repente você me confessa ser uma mulher infeliz. Será que a culpa não é sua? Casou-se com um homem que, além de ser seu marido, é a esperança de muita gente. O que faria no lugar dele? Abandonaria tudo para ficar a seu lado?

– Josefina, perdoe-me. Você me procurou para falar de você e fui egoísta não lhe dando a atenção merecida. Vamos conversar, por favor. Antes de descermos, ouça-me.

– Se for para falar do Chico, por favor, eu lhe peço: vamos descer em silêncio; não quero me aborrecer nem lhe causar aborrecimentos.

– Não, filha, não desejo falar do Chico, e sim de você.

A moça sentou-se diante da mãe, esperando para ouvir o que lhe diria.

– Minha filha, você é tão jovem, por que já marcar um noivado e o casamento assim correndo? Que vocês se gostam eu entendo, o que não entendo é a pressa. Espere completar dezoito anos para se casar. Assim podemos preparar seu enxoval com bastante calma; você é a única menina, seu pai sempre sonhou em vê-la se casar como nos casamos, com muita gente, três dias de festa. Namoramos, noivamos e casamos em três anos. Espere pelo menos um ano, está bem?

– Sinto desapontá-la! O Chico quer marcar o casamento para daqui a seis meses, e eu aceitei. Vamos descer que eles já estão nos esperando.

A moça se levantou e convidou a mãe a fazer o mesmo.

Enquanto Josefina descia as escadas, dois homens a observavam, um com admiração, outro com remorso. "Meu Deus, como não percebi que minha filha já é uma mulher? Nunca me passou pela cabeça que ela se casaria e sairia de minha vida".

Chico Preto observava a beleza de Josefina. "Meu Deus, trocaria a mina de ouro, as fazendas, os cavalos, tudo o que tenho, por ela! Se meu amigo não consentir a sua mão, vou ter de roubá-la; nunca roubei nada de ninguém, peço a Deus que não precise cometer esse delito."

Sentados à mesa, o clima parecia tenso. Chico Preto então falou:

– Meu amigo Bento, não posso me servir à sua mesa com algo preso à minha garganta. O respeito que tenho por você, meu amigo, é o de um filho para com o pai. Jamais abusaria de sua boa vontade. Preciso lhe falar. Estou amando sua filha Josefina, e ela mesma vai lhe dizer com suas palavras os sentimentos dela a meu respeito. Quero pedir a mão dela em casamento, e você sabe que não sou homem de esperar muito por aquilo que desejo. Quero fazer sua filha feliz e já sou um homem feliz por amá-la.

Antônio Bento permaneceu em silêncio, observando ora a filha, ora o rapaz. Depois de alguns momentos, respirou fundo e respondeu:

– Chico, não percebi que o tempo não para. Minha filha cresceu e se tornou uma linda mulher. Não posso negar que fiquei chocado, não por ela nem por você, mas por mim mesmo. Como pai e homem, reconheço que a minha filha soube fazer bem sua escolha; e, sem querer me gabar, duvido que encontre nas redondezas moça tão bela e cheia de predicados quanto a minha Josefina. Ainda não fiz a pergunta clássica antes de lhe dar minha resposta. – Voltando-se para a filha, indagou: – Josefina, você quer se casar com o Chico?

– Sim, papai, desejo me casar com ele, e estou certa disso.

Fitando a esposa, que continuava em silêncio, perguntou:

– O que acha da decisão de sua filha?

– Josefina é muito parecida com você; ela sabe o que quer da vida. Sendo assim, vou respeitar a vontade dela.

– Bem, meu amigo Chico, não tenho mina de ouro, você sabe que sou apenas um trabalhador a serviço de meus irmãos de sorte, porém, considero-me um homem rico. Tenho a felicidade de ser o pai dessa joia preciosa. Só peço que faça a minha filha feliz. Se esta é a vontade dela, abençoo a união de vocês e agradeço a Deus pelo homem que você é. Continue sendo esta pessoa digna, honesta, leal e companheira.

Chico Preto respirou fundo e prosseguiu:

– Quero marcar para daqui a um mês a realização do noivado, e já deixaremos acertada a data do casamento. Conversei com Josefina, e gostaria que pudessem acompanhá-la até Minas Gerais. Ela precisa escolher como ficará nossa casa e mudar tudo ao gosto dela. Não se preocupem com gastos de enxoval, e a festa será um presente meu à minha noiva e a meu amigo Bento.

– Chico Preto, você conhece bem a minha vida – explicou o pai de Josefina –, não acumulei riquezas, mas, para fazer o casamento de minha filha, tenho recursos suficientes. Ficarei ofendido se tornar a falar neste assunto.

– Não ofereci esse presente no sentido de ofendê-los. Gosto de fazer isso com os amigos que se casam; você mesmo é conhecedor desse meu gosto.

– Sim, tenho conhecimento desse seu jeito nobre de incentivar os casais, mas desta vez trata-se de minha filha, entendeu?

– Entendi, meu amigo, você tem toda a razão. Acredito que, quando se trata dos filhos, os sentimentos pessoais precisam e devem ser respeitados.

Chico Preto, voltando-se para a mãe de Josefina, expressou:

– Espero que a senhora não se decepcione comigo. Vou fazer sua filha feliz, e não preciso fazer nenhum esforço para isso. Eu a amo, e sei que sou correspondido. Seu marido me conhece muitíssimo bem; ele é a pessoa mais indicada para lhe dar qualquer informação a respeito de minha pessoa como homem.

Ela não deu nenhuma resposta, apenas balançou a cabeça em concordância.

Dirigindo-se agora a Antônio Bento, Chico Preto perguntou:

– Posso considerar que o senhor aceitou meu pedido de casamento com sua filha?

– Se minha filha está certa do quer, na condição de pai não posso proibi-la de escolher com quem deseja dividir sua vida. E, como seu amigo, sinto-me feliz por minha filha ter escolhido um homem de caráter. – Fitando a esposa, Antônio Bento perguntou: – E você é a mãe de Josefina. Tem algo para dizer aos dois?

Respirando fundo, ela respondeu:

– Tudo que peço a Deus é que esse rapaz faça a nossa filha feliz.

O irmão de Josefina apenas ouvia e comia, como se não tivesse prestando atenção. Quando todos terminaram de falar, ele se manifestou:

– Será que agora também posso dar a minha opinião? Afinal de contas, Josefina é a minha irmã, e, na ausência de meu pai, que está mais ausente que presente, sou o responsável por ela e por minha mãe.

Josefina antecipou-se em responder:

– Pode falar, Augusto. Você está coberto de razão; reconheço que na ausência de nosso pai você é o homem da casa.

– Pois bem, acho que Josefina é uma menina de sorte. Escolheu bem o noivo. Além de rico, é jovem, bonito, e acredito que deva ser cobiçado por muitos pais cujas filhas estejam em idade de se casar. Mas vou dizer o que penso a respeito desse casamento: Josefina vai se sair bem por dois motivos: primeiro, porque gosta do rapaz, e segundo, porque, sendo rico, não vai precisar ficar como meu pai, rodando pelo mundo atrás de recursos para sobreviver, a não ser que tenha a mesma paixão dele.

E, desviando o olhar em direção ao pai, que o encarava, prosseguiu:

– Vejo minha mãe, desde que me reconheço por gente, quase todas as noites apagando a luz e se deitando sozinha. E foi escolha dela; meu pai é líder abolicionista, nunca foi rico e jamais deixará o movimento que ele mesmo ajudou a criar. Nossa mãe é muito inteligente; jamais exigiu de nosso pai que fizesse a escolha entre ela ou o movimento, porque sabe que ele é um homem de palavra e fiel àquilo em que acredita. Certamente escolheria o movimento, que é a força de sua palavra.

Virando-se para a mãe, perguntou:

– Nosso pai não a enganou, não é mesmo, mamãe? A senhora sabia que sua vida seria assim, ou poderia ser diferente se a senhora fosse diferente, se não fosse caseira. Se tivesse o espírito de aventura, poderia seguir nosso pai pelas estradas enfrentando chuvas, tempestades e perigos, e nos deixando aos cuidados de pessoas de sua confiança. A senhora optou por ficar na segurança do lar e, principalmente, permanecer perto de nós. E assim vive, entre sonhos e desencantos, mas também acredito que, se a senhora não amasse o nosso pai, não estaria todo esse tempo esperando por ele. Sou um adolescente, porém enxergo o que se passa à minha volta; respeito meus pais pela coragem deles. Quanto a você, Josefina, teve a felicidade de ser filha desse casal que é um grande exemplo para nós. Você sabe o que quer na vida, aprendeu as lições que nossos pais nos ensinaram. Tem meu consentimento para se casar, desde que nunca se esqueça de que a escolha foi sua e que as consequências de uma vida a dois devem ser administradas por vocês com sabedoria e determinação.

Os pais se entreolharam. Todos ficaram em silêncio. Antônio Bento baixou a cabeça e duas lágrimas rolaram de seus olhos, queimando-lhe as faces. Ainda tratava os filhos como crianças, mas já estavam crescidos e amadurecidos. O que acabara de ouvir do filho o fizera refletir ainda mais sobre seu casamento. Lutava pela liberdade, mas descobrira-se escravagista. Aprisionara e torturara uma moça que o amava;

mantivera-se distante dos filhos que também o amavam. Tentava se lembrar de quantas vezes havia brincado com o filho de jogar bola, caçar, nadar etc.

Chico Preto percebeu a tristeza que abatia o amigo e por isso se manifestou:

– Caro Augusto, suas palavras me deixaram encantado e até envaidecido. Sou muito jovem, mas, como você mesmo disse, tive a felicidade de encontrar pessoas como seus pais. Graças aos sacrifícios de homens como os Antônio Bento e outros, podemos nos dar ao luxo de uma vida melhor. Pretendo ser feliz ao lado de sua irmã e farei o possível para fazer dela uma mulher feliz. E, para o sossego de todos, pois notei que a maior preocupação da família, inclusive do meu amigo Bento, é se depois de casado vou continuar correndo atrás de ouro, sinceramente confesso que o que possuo é o suficiente para amparar minha família e lhe deixar uma boa herança. Vou me centrar nos negócios em minha própria residência, onde mantenho um escritório. Como você, Augusto, não tive muito a presença de meu pai biológico, e meu pai adotivo era um homem que trabalhava e viajava muito, e cresci sentindo falta do aconchego familiar. Como Deus me concedeu a felicidade de ter o que tenho hoje, quero desfrutar do convívio familiar. Prometo a você que, quando precisar fazer alguma viagem, farei de tudo para levar sua irmã comigo, e, se porventura ela não puder ou não desejar me acompanhar, farei o possível para voltar correndo para casa.

A esposa, tocando o braço do marido, que discretamente secava os olhos, pediu:

– Bento, por favor, vamos fazer um brinde aos futuros noivos e à nossa família. Como disse Augusto, sempre espero você porque o amo, e você sempre volta também porque me ama.

Após o jantar, o clima era outro. Augusto foi ao piano e, para surpresa do pai, exibiu o que de melhor sabia fazer nas teclas. Bento sentiu orgulho do filho. Observando a esposa, refletia: "Quanto devo a esta mulher! Ela educou nossos filhos sozinha. Em todos esses anos, nunca me cobrou nada; jamais criticou meu trabalho. Era uma mulher linda, meiga e serena, e como a amava!" Não lembrava qual fora o último presente que trouxera para ela ou para os filhos. Deixava com a família praticamente todo o seu pagamento, mas será que isso era tudo na vida deles?

Enquanto tomava o licor feito na fazenda pelos ex-escravos, tomou uma decisão: "Amanhã vou me aconselhar com pai Francisco do Cruzeiro das Almas. Nosso movimento está composto por muitos homens competentes; não vou me desligar, mas delegarei algumas das funções que assumi a outras pessoas. Vou retribuir à minha família um pouco do muito que lhes tirei".

Josefina se aproximou da mãe e, beijando-lhe as mãos, pediu:

– Perdoe-me pelas besteiras que lhe falei. Meu irmão me abriu os olhos, mostrou-me o quanto estou errada em relação a você. Desejo sinceramente que meu pai também tenha entendido o que ele quis dizer. Ainda há tempo de vocês viverem a linda história de amor que os uniu. E fique tranquila, por favor, porque aprendi com você a saber o que quero. Vou lutar sempre para estar ao lado do Chico. Você, mamãe, ama o meu pai, e só esperou por ele todo esse tempo porque sabe o que quer!

Antes de Chico Preto se retirar, ficou acertado que dali a um mês voltaria para a festa de noivado, e fazia questão de trazer sua mãe e os demais membros da família que pudessem acompanhá-lo. Mandaria avisar o pai biológico. Se Antero pudesse vir, seria maravilhoso.

Bento lembrou ao amigo Chico Preto que no dia seguinte pai Francisco do Cruzeiro das Almas viria abençoar a fazenda e seus moradores. Aconselhou o rapaz a viajar depois do encontro.

– Pensando bem, tem razão, Bento. Vou esperar para falar com meu tataravô, afinal, ele é um dos meus convidados e será o mais velho da família a ficar sabendo do noivado.

O casal permaneceu na sala de visitas. O irmão pediu licença e se retirou para o quarto, e Josefina acompanhou o namorado ao alpendre. Passados alguns minutos, Bento se levantou e fez menção de ir atrás da filha. A mulher pegou sua mão, puxando-o de volta.

– Deixe os dois um pouco a sós. O primeiro encontro deles foi hoje, embaixo dos meus olhos, e o que está acontecendo lá fora neste momento não é nada de mais. Confie em sua filha.

– Minha filha vai se casar! Não demora e já, já seremos avós. Conheço esse Chico Preto. Ele não tem paciência de esperar por nada, por isso fiquei preocupado de ele estar a sós com Josefina.

– Fique tranquilo. Sua filha é uma moça ajuizada. Jamais faria nada de errado. Devemos dar graças a Deus por nossos filhos. São corretos e zelam por sua imagem. São filhos de Antônio Bento, o pai que todo filho almeja ter, o homem que toda mulher sonha em ter como marido.

Após trocarem beijos às escondidas e juras de amor, Chico Preto se retirou para seus aposentos, onde seus homens estavam recolhidos.

Josefina cumprimentou os pais e se afastou rapidamente. O coração pulsava forte e as pernas tremiam. Ainda podia sentir o cheiro de seu amado impregnado em seu corpo.

Antônio Bento tomou a mão da esposa e a convidou para acompanhá-lo. Ela se assustou. Bento nunca a convidava para passear lá fora. A lua estava um tanto encoberta pelas nuvens, que lhe emolduravam o contorno com um tom rosado.

Passando o braço pelos ombros da esposa, Antônio Bento indagou:

– Ainda me ama? – Antes que ela pudesse responder, acrescentou: – Sei que não a fiz feliz durante esses anos todos, porém, ouvindo o que disse nosso filho, arrisquei em lhe fazer esta pergunta.

– Eu o amo, e sempre vou amá-lo. Entre amar e ser feliz há uma distância a ser considerada. Como posso afirmar que sou plenamente feliz sempre longe de quem amo? Quando amamos e temos essa pessoa presente, pode-se dizer que então há felicidade. Eu o amo, e preencho a falta que sinto de você com a presença de nossos filhos. Quando eles forem cuidar da própria vida longe daqui, terei de aprender a gostar da minha amiga solidão e continuar esperando-o por dias, semanas ou até meses...

Abraçando a esposa junto ao peito, Bento confessou:

– Hoje tomei uma decisão muito importante para nossa vida. Não vou deixar de lado aquilo que ajudei a criar, não vou abandonar os que sempre acreditaram e confiaram em mim.

Você sabia que sou chamado de Pai da Esperança? Não posso decepcionar meus afilhados, que me veem como um herói. Mas delegarei certas funções a alguns companheiros que têm condições e competência de desenvolver o trabalho. Quero ficar com você e com nossos filhos. Vou aproveitar o tempo e ficar mais na companhia de nossa filha. Até o casamento, desejo ficar a seu lado, para conhecê-la um pouco mais.

A mulher arregalou os olhos, tamanha era sua felicidade. Enlaçando o marido pelo pescoço, disse:

– Entendi bem o que me falou? Que vai ficar na fazenda? Não vai viajar depois de amanhã?

– Não, não vou viajar depois de amanhã, a menos que queira ir à cidade fazer compras, então faremos isso juntos.

– Não estou acreditando neste milagre! É muita felicidade para mim. Preciso contar a meus filhos que o pai deles não vai viajar!

– Calma! Não precisa ir correndo contar para eles. Amanhã de manhã, durante o café, contaremos a novidade. Vamos andar um pouco pelo jardim; quero namorá-la.

Josefina, que não conseguia tirar Chico do pensamento, dirigiu-se à janela do quarto e viu os pais abraçados e se beijando. Fechou a cortina e voltou para a cama sorrindo. "Graças a Deus, estão se entendendo. E, agora que estou apaixonada e amando, como mulher posso entender minha mãe. Também não seria feliz longe do Chico! Coitada de minha mãe; um dia de felicidade nos braços do marido e dez dias de solidão longe dele..."

Antônio Bento e a esposa ficaram até altas horas da noite conversando no jardim. Fizeram muitos planos. Visitariam a família dela e comprariam móveis novos. A esposa confessou que tinha uma pequena fortuna guardada; agora poderiam usá-la com o enxoval da filha e algumas mudanças na própria casa. Era o milagre do amor.

***

Tio Chico, sentado com as amigas, bebia em sua cuia a aguardente preparada com ervas amargas. Assunta comentou:

– Fiquei sabendo que o danado do menino Chico Preto pediu a mão da filha do senhor Antônio Bento em casamento, e o noivado vai ser daqui a um mês, já marcando o casamento. Esse menino é filho de Antero mesmo! Bateu o olho na filha do seu Bento e puxou logo para ele. A danadinha é bonita demais! Também, sendo filha de quem é... A mãe é a mulher mais bonita destas terras todas.

Outra mulher comentou:

– É verdade. A mãe de Josefina é muito linda. Na minha opinião, é muito mais bonita que todas essas estrangeiras brancas que já moraram aqui, não acham?

Tio Chico, pitando o cachimbo de barro, esbravejou:

– *Eita* mulheres que falam! Deixem a vida deles pra lá. Vamos falar da nossa, que é melhor. Experimentem essa bebida que fiz com várias raízes. Não querem saber quais são as raízes?

Ficaram conversando madrugada adentro. Um galo puxou um canto lá na fazenda, e tio Chico, rindo, comentou:

– Em outros tempos, a gente pulava da rede ou se levantava da esteira e saía correndo, lembram-se? Agora o galo canta e nós aqui de papo para o ar, bebendo uma amarguinha, numa regalia só. Parecemos doutores. Que pena que tem muita gente roncando a esta hora, quando poderiam aproveitar mais um pouco a vida!

– Não vem contando vantagem, Chico – respondeu Assunta. – Estamos aqui bebendo uma amarguinha porque estamos velhos. Não temos sono a essa hora, senão estaríamos também esticados na cama e roncando feito eles.

Ficaram muito tempo brincando e relembrando o passado. Era o assunto preferido. Os amigos se despediram, lembrando que era dia de pai Francisco vir trabalhar e que deveriam descansar um pouco.

Assunta e sua amiga de quarto, deitadas e massageando as pernas, ainda conversavam sobre os trabalhos de pai Francisco do Cruzeiro das Almas.

– Sabe de uma coisa, Assunta? Perguntei a pai Francisco se não fazia mal a gente tomar esta bebida no dia em que iríamos trabalhar. Sabe o que ele me respondeu? Os pecados de vocês são tão inocentes que não causam nenhum peso na matéria. Mas, veja só, ele também deu a receita para o tio Chico: aguardente mesmo é só para retirar o sumo das folhas ou extrair a essência das raízes. Na verdade, o que a gente bebe é o sumo das plantas, que para nós é medicamento. Pai Francisco me disse que nenhum médium pode ingerir álcool nem se empanturrar de comida, ou outras coisas que já não fazem mais parte de nossa vida, por exemplo, o sexo. Explicou que tudo isso interfere na comunicação entre a matéria e o espírito.

Àquela hora, algumas pessoas na fazenda já estavam acordadas.

***

Chico Preto não se contentava de alegria. Antes de partir, falaria com o tataravô e daria a notícia do casamento. Por alguns instantes ficou pensativo... De repente, veio-lhe à mente a imagem do avô branco. Como estaria ele? Sua felicidade era tamanha que não se importaria com a presença dele. Não via a hora de abraçar tio Chico. Ele seria seu padrinho de casamento. Não havia outra pessoa mais indicada para abençoá-lo na ocasião mais importante de sua vida.

Chico lembrava que os irmãos e os amigos – era assim que tratava seus empregados – haviam ficado surpresos com a decisão do rapaz. Tinham chegado ali para uma visita e logo teriam de voltar para um compromisso. Chico recordava o semblante risonho do irmão.

– Não me surpreendo com nada que você faça – comentara ele, abraçando Chico. – Fico preocupado é quando fica muito tempo parado sem fazer algo parecido com o que fez hoje. Parabéns, meu irmão. Sei que você vai ser feliz; sua noiva é filha de um homem honrado.

Naquela noite, muitas almas demoraram a sair dos corpos carnais, embora os espíritos estivessem leves e fortalecidos pela essência do amor.

Capítulo VII

Tio Chico

O dia amanheceu com o céu em tons rosáceos. Um vento suave balançava as copas das árvores; muitas flores caíam ao chão. O cemitério ficara forrado de flores; parecia ter tapetes em todo o chão. Zacarias, o mulato que cuidava do local, ficou arrepiado. O lugar onde estava a sepultura de pai Francisco do Cruzeiro das Almas estava recoberto de flores recém-abertas. De onde haviam surgido aquelas flores? Mesmo trêmulo e assustado, ajoelhou-se diante do fenômeno e manteve-se em oração, de olhos fechados. Um vento leve roçava-lhe o rosto. "Meu Deus, alguma coisa vai acontecer! O que será? Valei-me, meu pai Francisco. Não deixe acontecer nada de ruim com nenhum dos nossos."

O campo santo estava todo perfumado, e os raios de sol pareciam fazer questão de iluminar o cemitério de canto a canto. O rapaz deixou o lugar um tanto assustado; nunca havia presenciado nada igual. Na volta, parecia que alguém lhe falava em silêncio: "Não comente o que viu nem o que sentiu". Ele prometeu à voz interior que não iria comentar com ninguém o acontecido.

***

Na fazenda, o clima era de alegria geral. A notícia do casamento de Josefina se espalhava. Chico Preto avisou aos irmãos e amigos que iria até a casa de tio Chico e logo estaria de volta.

Tio Chico estava coando o café quando ele bateu palmas na porta. Sem olhar quem era, o negro velho falou:

– Pode entrar, meu filho! Chegou em uma boa hora. Vamos tomar um café juntos.

O rapaz contou do pedido de casamento feito ao amigo Bento e que já estava tudo combinado. O noivado seria dali a um mês; o casamento, dali a cinco.

– Tenho um pedido a lhe fazer, meu querido amigo Chico – avisou o rapaz.

– Pode pedir, meu filho. Se puder atender, farei de coração – respondeu o negro velho.

– Quero que o senhor seja o meu padrinho de casamento, representando meu pai adotivo, que me levou a ser quem sou hoje.

– Tudo bem, filho. Estarei a seu lado; mesmo que não seja fisicamente, estarei com vocês.

– O senhor é um touro, tio Chico. É bem capaz que eu parta e o senhor ainda fique por aqui! Deus me livre de não encontrá-lo firme neste velho corpo no dia do meu casamento. – Abraçou o velho Chico e sentiu os olhos se encherem de lágrimas.

Ficou mais algum tempo proseando e contou que só iria partir no dia seguinte. Queria conversar com o tataravô e também roubar alguns beijos e apertos de Josefina.

Tio Chico, rindo, comentou:

– Menino, menino, tenha juízo! Você é afoito demais; espere com paciência a hora de essa joia ser colocada em suas mãos.

– Estou brincando, meu velho. Jamais faria qualquer coisa que viesse a manchar o nome de Bento. E depois amo tanto aquela moça que viveria mil anos só a contemplando.

– Também não precisa exagerar, filho. Se chegar à minha idade só a contemplando, aí de fato é mesmo a única coisa que vai fazer!

Despediram-se em meio a brincadeiras.

Ao retornar à fazenda, soube que o ex-senhorzinho estava na escola; pelo que se dizia, estava combinando de ajudar os professores. Chico Preto teve certeza de que nada acontecia por acaso. Se ele fosse participar dos trabalhos com seu tataravô, o que deveria fazer? Convidá-lo para o noivado?

Josefina estava mais bonita do que nunca, e o rapaz esqueceu o mal-estar de rever o avô. Convidou a moça para dar uma volta pelas redondezas.

– Vou avisar meus pais e volto logo – respondeu ela.

Realmente, logo Josefina estava de volta. Ajudou-a a montar em seu belo animal e saíram a galope, sendo admirados por todos os moradores da fazenda, até mesmo pelo irmão e os pais da moça.

O ex-senhor ficou cabisbaixo ao saber que o neto saíra para passear. Era evidente que o rapaz evitava se defrontar com ele. Foi convidado para almoçar com o professor, ex-capataz agora responsável pela alfabetização na fazenda, e ficou sabendo que o preto velho pai Francisco do Cruzeiro das Almas viria abençoar os filhos da fazenda. Em um impulso, pediu permissão para ficar e pernoitar na fazenda. O professor lhe disse que poderia não só pernoitar como também, se desejasse, poderia assumir o cargo e a moradia – tudo já estava autorizado pelo senhor Bento.

De volta à fazenda, Chico Preto suspirou de alívio ao ver que o avô não se encontrava na casa de Bento. A família estava reunida, inclusive seus irmãos e amigos.

O sol baixava no horizonte. Tio Chico já tinha tomado seu banho sagrado, arrumado os pertences de trabalho e foi avisar as mulheres que já estava indo para o terreiro da fazenda. Queria ir andando, embora caminhasse devagar. Nunca mais havia tocado nas árvores prediletas. Ele as plantara; era como pai de cada uma delas. Bento mandava agora buscá-los de carroça, por isso só as via de longe. Desejava, naquele momento, abraçar uma a uma.

Assunta, pondo a mão na cintura, gritou:

– Está maluco, Chico? Acha que virou menino de ontem para hoje? Se for a pé, vai chegar no terreiro com a língua para fora! Na nossa idade qualquer palmo de chão é uma légua. Espera, homem de meu Deus, pela carroça que vem buscar a gente. Se está com essa saudade doida das árvores, pede ao senhor Bento que amanhã mande uma carroça para levá-lo até elas. Você vai subindo e descendo, assim pode falar com todas as suas amigas. Mas hoje, por favor, esquece essa ideia. Você precisa estar descansado para o trabalho espiritual, velho amigo.

– Não, Assunta. Não vou esperar a carroça. Vou andando; preciso fazer essa viagem. Quero sentir a força da terra sob meus pés. E depois, do que estaria cansado? De viver? Não estou nem um pouco cansado. Adoro a vida! Quero sentir o cheiro das flores, as pastagens, olhar para o horizonte e agradecer a Deus pela minha grande felicidade.

– Velho teimoso! Então deixa as coisas do pai Francisco que a gente leva; toma uma moringa com água.

Ele saiu a passos lentos, com o coração repleto de alegria. Fazia tempo que não se sentia assim. Mas, com a intensa alegria, sua alma também foi invadida por um sentimento de saudade.

Tio Chico avistou as primeiras frondosas árvores que plantara naquela estrada de um lado e de outro; estavam todas floridas, parecendo lhe sorrir. Ele tocava cada uma delas e ria. Não concordava quando diziam que as plantas não falavam, não viam, nem ouviam! Meu Deus, elas respondiam com tanta evidência aos seus sentimentos!

Antes de escurecer, chegou à fazenda. Bento arregalou os olhos.

– Não acredito que o senhor fez essa caminhada toda sem necessidade – comentou.

Sentando-se e tomando o primeiro gole de água que lhe foi oferecido, tio Chico falou:

– Bento, meu filho, você acha que na minha idade eu faço alguma coisa sem necessidade? O carroceiro deve estar chegando. O pessoal passou por mim no caminho e foi difícil convencê-los a me deixar seguir minha caminhada. Precisava muito vir a pé hoje. Estava saudoso das minhas árvores; pude ir falando e tocando cada uma delas, e fui recepcionado com uma chuva de flores. Está tudo bem, fique tranquilo.

As primeiras estrelas apareciam na imensidão do céu. Os trabalhadores preparavam o terreiro e o barracão, que ainda lembrava a velha senzala. Tio Chico se concentrava embaixo da frondosa amiga árvore, que tanto o auxiliara a ser melhor com ele mesmo e com os outros, a antiga árvore que fora testemunha de tantos sofrimentos e alegrias.

A lua cheia despontava, iluminando a casa-grande. Várias cadeiras estavam ocupadas pelos moradores da fazenda e visitantes das redondezas.

Assunta e outras mulheres mais velhas cercavam tio Chico. De olhos fechados, oravam e aguardavam a chegada de pai Francisco. Logo todos puderam ouvir suas palavras carinhosas e alegres. Sentado no tronco, ele pediu para falar com Bento e a família. Lágrimas escorriam dos olhos de cada um deles. Pai Francisco agradeceu e abençoou a esposa de Bento; disse-lhe palavras que apenas um sábio poderia dizer. Ela lhe beijou os pés em agradecimento pela grande felicidade que aquela boa alma trouxera à sua família, pedindo perdão pela própria ignorância.

Chico Preto foi até o tataravô e lhe beijou as mãos. Abraçou o preto velho sentindo forte emoção. Após longa conversa com o rapaz, pai Francisco pediu que ele chamasse o ex-senhor. Sentados frente a frente, pai Francisco entre eles, falou, estendendo as mãos e mostrando o espaço que os separava:

– O tempo pode ser um grande ou um pequeno espaço; porém, quando está entre nós, é a grande chance que temos de aproveitar as oportunidades oferecidas por Deus. Querido tataraneto, como me orgulho de você! Em pouco tempo você encontrou a maior riqueza que lhe faltava: o amor de uma mulher! Não temos muito tempo para descobrir que podemos amar, perdoar e recomeçar. Quando ganhamos de Deus essa riqueza que você ganhou, meu filho, somos capazes de entender os que amam e os que não aprenderam ainda a amar. O que está esperando para abraçar seu avô e deixar para trás esse peso que não vai lhe engrandecer em nada lá adiante?

Chico Preto olhou fundo nos olhos do avô e viu um homem cansado e triste, uma alma perdida, desejosa apenas de um pouco de amor. Estendeu os braços e apertou contra o peito o velho avô. As lágrimas de ambos se misturavam; naquele momento não se lembravam da cor da pele, e sim do que sentiam no coração.

Pai Francisco disse com um sorriso:

– Hoje nasceu mais uma estrela no céu! É assim que brotam as estrelas nos céus de nossas almas, quando presenciamos as fagulhas do amor se transformando em pontos de luz. Aqui está sendo quebrado um grande bloqueio, não apenas entre eles, mas um bloqueio familiar. É através de meu tataraneto que toda a família deixará os pesados fardos de lado para andar livre em uma só direção.

Pai Francisco ficou um bom tempo abraçado aos dois.

"O que será que ele fez para Chico Preto?", pensava um de seus irmãos. Chico não era homem de estremecer diante de nada, e estava ali como uma criança desamparada, agarrado àquele velho senhor branco.

Chico Preto tomou a bênção do tataravô e lhe beijou novamente as mãos. Tomou a bênção do avô e lhe beijou também as mãos. Ninguém sequer se atrevia a entender o que pai Francisco havia feito. Chico ajudou o avô a se levantar e distanciou-se dos pés de pai Francisco abraçado a ele.

Pai Francisco chamou os irmãos de Chico Preto e só então eles puderam compreender o que sentira o irmão. Ambos desataram a chorar; nunca haviam imaginado carregar dentro de si tantos sentimentos. Aquele negro velho era um anjo envolto em luz.

A lua já alcançava uma boa altura no céu, como observou Assunta, quando pai Francisco, auxiliado por ela e pela outra amiga de tio Chico, entrou no barracão. Muitos pretos velhos já estavam atendendo os visitantes e moradores da casa.

Quando o atendimento chegou ao fim, pai Francisco continuou sentado em seu toco dentro do barracão. Todos os pretos velhos se levantaram e se aproximaram dele. Ajoelharam-se e agradeceram muito as grandes oportunidades que ele dava a cada irmão.

Pai Francisco, como sempre, aguardou a desincorporação dos médiuns. Antes de se afastar, sempre deixava uma mensagem geral para a comunidade.

Todos estavam atentos à mensagem, mas ele não parecia ter pressa. Pegou uma pequena cuia cheia de pedrinhas do rio. Despejou-as no chão e pediu que um dos médiuns olhasse para cada pessoa ali presente e colocasse uma pedrinha na cuia. O rapaz fez isso com muito cuidado para não errar, e depois indagou:

– Posso pôr uma para nosso tio Chico?

– Pode, porque ele está aqui entre vocês – respondeu o preto velho.

Agradeceu o rapaz e, apontando para uma médium, solicitou:

– Seria capaz de olhar para cada espírito aqui presente e colocar uma pedrinha na cuia?

– Não, senhor! Não tenho vidência, meu pai. Acredito com todo o meu coração no senhor, mas não posso mentir dizendo que vejo outros espíritos; nunca tive essa felicidade.

– Pode ir para o seu lugar, filha. Que Deus a abençoe pela sua fidelidade a Ele. Sei que você não vê, mas crê. O mais importante não é ver, e sim crer. Nenhum de vocês aqui presentes, por mais que possam enxergar irmãos espirituais nos trabalhos, jamais poderiam afirmar quantos irmãos passaram por aqui hoje. Precisaríamos de uma carroça cheia de pedrinhas do rio e muitos médiuns para trabalhar. O que quero pedir a todos vocês é que não se preocupem em contar os espíritos, e sim se eles podem contar com vocês. Vejam bem: ninguém aqui presente precisa ser letrado para compreender o pequeno número de pedrinhas colocadas na cuia representando cada um de vocês. Assim também não precisam ser videntes para entender a quantidade de irmãos que vêm de longe buscar nosso socorro.

Diante dos olhares atentos dos médiuns, prosseguiu:

– Estejam sempre unidos em pensamentos e ações. Não percam tempo com adornos e outras preocupações pessoais. Cada minuto que é dedicado à espiritualidade equivale a dezenas de anos, pois, neste pequeno espaço de tempo, um médium pode resgatar e libertar centenas de espíritos aprisionados e esquecidos na eternidade. Que os mais velhos repassem aos mais moços as lições que aprenderam com a vida e as lições que aprenderam com a espiritualidade. A vida física é a prisão da alma encarnada; a vida espiritual é a liberdade. Para onde iremos e o que faremos, e o que receberemos depois de deixarmos essa prisão, depende do que desenvolvemos ao longo dela. Não venham até aqui porque acreditam em mim ou porque precisam de minha ajuda. Venham por vocês. Todos os pontos recebidos por meio do trabalho de vocês serão acumulados e destinados unicamente ao trabalhador. Jamais vou abandonar as tarefas iniciadas com tanto amor, independente de um dia não ter mais meu parceiro trabalho, no qual me apoio com total segurança. Desejo encontrar em cada um que se coloca à disposição do Mestre uma porta aberta e iluminada.

Com uma expressão que irradiava paz e tranquilidade, pai Francisco continuou:

– Estou muito feliz pelos preciosos presentes recebidos neste dia. Quero dividir a felicidade deste encontro com cada um de vocês.

Olhando para Zacarias, que, em silêncio, derramava lágrimas, fez-lhe um sinal. O rapaz ajoelhou-se aos pés dele, muito emocionado.

– Entre o céu e a terra há muitas coisas que os nossos olhos veem e não compreendem, nossos ouvidos escutam e não entendem; são os anjos do Senhor anunciando boas-novas a todos nós – disse pai Francisco.

Zacarias lembrou-se do cemitério. O que será que pai Francisco tentava lhe dizer, que não entendia?

Pai Francisco, abraçando cada médium e dando-lhe para beber um gole do seu líquido à base de ervas, colocava uma pedrinha na mão de cada trabalhador. A última mão foi a de Assunta. Olhando-a profundamente, falou:

– A você e a todos que receberam uma pedrinha, a presença de cada trabalhador aqui é muito importante. Se faltar uma dessas pedrinhas, vai fazer muita diferença. Por esse motivo devemos estar unidos para assumir o trabalho de cada pedra e também nos preocuparmos em lapidar novas, para dar sustentação na falta daquelas que precisam ser retiradas.

Alegremente, abençoou todos e se afastou da matéria de tio Chico.

Tio Chico, saindo de leve atordoamento, abraçou Chico Preto, que partiria no dia seguinte pela manhã. Agradeceu a todos e aceitou voltar na carroça com os demais moradores da vila.

Chegando em casa, tomou um banho de ervas, comeu um pedaço de bolo de mandioca feito por Assunta, bebeu seu chá e encaminhou-se para a rede ao ar livre. Logo chegaram suas amigas. O assunto eram as bênçãos dos trabalhos de pai Francisco e os ensinamentos deixados. Elas aproveitavam para fazer perguntas a tio Chico.

Lá pelas duas da manhã, as amigas estavam sonolentas. Pela idade delas, os trabalhos espirituais exigiam da matéria e lhes causavam certo cansaço. Pediram licença a tio Chico para dormir. Assunta aconselhou-o a fazer o mesmo. Ele, rindo, deu boa-noite a elas e disse que ficaria mais alguns minutos antes de se deitar no colo dos anjos.

Pouco depois que as mulheres se recolheram, o negro velho começou a ver uma coisa estranha. Não entendia o que estava acontecendo. Viu descendo do céu, em sua direção, uma bola imensa de luz. Pôde vê-la nitidamente pousando na copa de uma árvore, bem perto dele. O que seria aquilo? Olhou fixamente para a bola de luz, que mudava de cor, e a bola saiu lentamente da copa da árvore e veio deslizando em sua direção. Parou bem em cima de seu coração e, ao observá-la de perto, tio Chico notou que uma porta se abria e muitas pessoas conhecidas e queridas saudavam-lhe com palmas. Sua mãe, radiante, envolta em um manto de luz, sorria-lhe de braços abertos. Ele correu para ela como uma criança. Pai Francisco do Cruzeiro das Almas lhe estendia os braços:

– Filho querido, seja bem-vindo!

– O que está acontecendo, pai Francisco? Nunca tive um sonho maravilhoso como este. Nem dá vontade de acordar mais.

– Qual foi seu último trabalho na Terra? – perguntou pai Francisco, levando-o ao encontro de outros seres iluminados.

– Mas o senhor estava comigo! Foi no barracão da senzala – respondeu o negro velho.

– E, antes de ter esse sonho, estava onde?

– Estava na minha rede. As mulheres se retiraram, mas eu não sentia sono. Resolvi ficar um tempinho a mais e, de repente, vi uma bola de luz baixando no pé de mangueira que fica diante da minha casa. Eram muitas luzes. E aí uma porta se abriu e eu entrei aqui.

A mãe acariciava-lhe o rosto, e duas lágrimas desciam-lhe em forma de luz sobre a delicada face.

– Claro que estou sonhando! Meu Deus, que sonho lindo... – Ele fechou os olhos, mas podia até mesmo sentir o perfume que envolvia o ambiente.

– Abra os olhos, meu filho – pediu pai Francisco. – Você não está sonhando. Esperamos você descansar do corpo físico e obedecemos à ordem sagrada do Divino Mestre. Apenas resgatamos você porque a sua viagem estava autorizada.

– O senhor quer dizer que morri? Não desacredito do senhor, meu pai. Mas como posso estar morto se não sofri dor nenhuma? Nem doente eu estava!

– Sente-se aqui, filho, entre mim e sua mãe. Você sofreu na carne todas as dores necessárias; porém, no momento de sua partida, foi agraciado por Deus e não sentiu dor física nenhuma nem precisou passar por nenhum processo de desenlace. Quando atravessou aquela porta, foi desligado do corpo físico sem nenhum transtorno para seu espírito, que simplesmente pulou de uma nave para outra. Agora, anime--se, e vamos abraçar os amigos e familiares que o aguardam.

O negro velho foi reconhecendo seus amigos. Cada abraço era uma festa. A mãe lhe tomou uma das mãos e o convidou a acompanhá-la.

– Vamos descansar um pouquinho – sugeriu. – Você precisa beber um copo de água que tem todas as cores do arco-íris. Quer ver?

Tio Chico ficou encantado com a fonte de água em forma de luz que iluminava um jardim de beleza indescritível.

– Sente-se aqui neste banco. Vou pegar água para você. – Em segundos, ela voltou com um copo cheio de águas coloridas. Rindo, o negro velho comentou: – Muita gente não iria acreditar nisso. Talvez nem eu mesmo acreditasse no que agora estou vendo!

– Beba bem devagar. Vá sentindo a força que cada cor lhe concede. Logo vai poder enxergar seu corpo como ele é. Esta água vai curando a visão espiritual, reconstituindo cada parte do corpo espiritual.

Ele sentiu sono, e ela lhe ofereceu o ombro. Quando tio Chico deitou a cabeça, amorosamente sua mãe lhe disse baixinho:

– Vamos rezar a oração das Chagas de Jesus? Vou rezando e você vai ouvindo. Quero que durma tão tranquilo como quando era menino. Vou levá-lo ao leito celestial para o colo dos anjos.

Ouvindo a oração das Chagas de Jesus, tio Chico adormeceu de fato como um menino.

***

A morte de tio Chico abalou a estrutura da fazenda. Uns gritavam, outros desmaiavam, ninguém queria acreditar que ele estava morto.

Um dos moleques da fazenda trazia o leite logo cedo para a vila dos velhos, como os jovens chamavam. Deixava as vasilhas de leite penduradas nas estacas das casas, assim nenhum gato se atrevia em bulir nos caldeirões. Os velhos iam dormir quase na hora de eles se levantarem. Mas o garoto achou estranho... Chico, àquela hora, deitado na rede com as mãos cruzadas no peito? Ficou parado, observando e refletindo: "Ele trabalhou até tarde ontem com o pai Francisco. Deve ter adormecido aqui mesmo na varanda. Será que devo acordá-lo? Já sei! Vou à casa de Rosário. Ela deve estar se preparando para ir à escola; quem sabe não acorda a avó e pergunta se devemos ou não chamar o tio Chico".

Depressa, pendurou as vasilhas de leite e saiu correndo. Bateu à porta da menina que vivia com a avó, uma das amigas de tio Chico. Ele relatou o que tinha visto e a menina sugeriu:

– Vou chamar minha avó. Tio Chico nunca dormiu na varanda não! Todo dia passo por lá quando vou para a escola e nunca o vi deitado na rede a essa hora.

Adelina, alertada pela neta, apressou-se em calçar os chinelos, prendeu o cabelo e foi andando no compasso em que a idade lhe permitia.

Diante da casa de Assunta, parou e pensou: "Acho que devo chamá-la. Ela é muito esperta e está sempre com ele; quem sabe está sabendo de alguma coisa?"

Assunta se levantou às pressas, sem se preocupar sequer em prender os cabelos. As duas mulheres andaram em silêncio até a casa do velho Chico. Avistando o amigo deitado na rede, antes mesmo de chegar perto dele, a velha senhora já sentiu uma pontada no coração:

– Chico, o que faz deitado nessa rede, tomando a friagem da manhã?

Tocando em seu rosto, tão sereno quanto o de um anjo, sentiu que a face estava gelada. Sacudiu-lhe de leve o braço e gritou:

– Chico, pelo amor de Deus, acorde, homem! Não mate a gente do coração. Pelo amor de Deus, acorde!

Chico não se mexeu, Chico não respondeu. Assunta passou a gritar por pai Francisco do Cruzeiro das Almas.

– Valei-me, meu pai! Não deixe o Chico partir!

A notícia correu mais rápida que o vento. A fazenda em massa estava na casa do velho Chico, que parecia dormir o mais doce sono.

Zacarias chorava e não se perdoava por não ter contado a pai Francisco do Cruzeiro das Almas o que vira no cemitério. Os médiuns choravam, recordando das pedrinhas e dos conselhos de pai Francisco. E agora? Faltava a pedrinha mais preciosa, faltava a fonte, o caminho, a direção. Como viveriam sem ela?, todos se perguntavam.

***

Chico Preto abraçou o caixão do preto velho e, chorando, lamentava-se:

– Tão pouco tempo estivemos juntos, mas foi suficiente para nunca mais viver sem ele!

Relembrava os conselhos do tataravô. Estaria ele sabendo e, quem sabe, até esperando o término dos trabalhos espirituais para levar tio Chico com ele? Recordava as conversas que tivera com o negro velho, e a resposta que ele lhe dera na ocasião do convite para ser padrinho de seu casamento. Dissera-lhe que estaria presente, e com certeza estaria mesmo, porque nunca mais deixaria de levar tio Chico dentro do coração.

O cemitério encontrava-se forrado de flores. Assim que o corpo do velho Chico desceu a cova, o sol brilhava de um lado e uma nuvem passageira derramava-lhe água na sepultura. O cheiro da terra molhada e das flores cobria o campo santo com um perfume singular. Brancos e negros, e gente de toda a redondeza, lotavam o lugar. Um bando de pássaros cantava sobre a cova onde agora jazia o corpo de tio Chico.

Todos os presentes se ajoelharam no túmulo de pai Francisco do Cruzeiro das Almas. Oravam e pediam que cuidasse do amado tio Chico.

Na cova de tio Chico, a pedido dele mesmo a seus filhos espirituais, foi fincada em terra a cruz que o próprio pai Francisco, incorporado no negro velho, preparara para a ocasião de sua partida.

Chico Preto recebeu do avô paterno todo o amparo paternal. Um novo sentimento tomava conta do coração do rapaz em relação ao avô. Antes de partir, dirigiu-se a ele e o abraçou da mesma forma que fizera na presença de pai Francisco.

O avô, chorando, disse-lhe:

– Meu neto amado, vamos aproveitar os ensinamentos do amado pai Francisco e ganhar um pouco de luz, pois ainda é tempo. Ganhei de Deus esta grande oportunidade e não posso perdê-la. Quero continuar a pedir perdão a todos. Por favor, meu neto, não posso morrer sem pedir perdão ao meu filho Antero. Em nome de Deus, interfira por nós.

– Prometo que farei o possível para colocá-los frente a frente, e Deus há de colocar no coração dele a mesma luz que entrou no meu. Daqui a um mês estarei de volta. Quero reencontrá-lo. Pai Francisco, meu tataravô, tem toda razão: preciso aproveitar bem meu tempo. Quero tê-lo perto de mim, por essa razão, quando estiver de volta, gostaria de levá-lo comigo. Professor nós podemos arrumar mais de mil, já avô é bem diferente, o senhor não acha?

O branco senhor de cabelos grisalhos e olhos azuis sentia os lábios tremerem. Não conseguia soltar a palavra que estava presa em sua garganta. Apertou o neto nos braços e não disse nada.

***

Os médiuns da fazenda se reuniram à noite. Oravam e choravam, pedindo a Deus por tio Chico. No desespero que acomete todos os mortais, sempre surge uma luz enviada pelo Pai Criador. O avô Sebastião apresentou-se em meio à dor dos filhos espirituais de tio Chico. A presença dele foi como uma estrela baixando na escuridão de um deserto. Todos se ajoelharam aos pés dele pedindo forças.

Serenamente, o avô Sebastião pediu que todos se sentassem no chão ao redor dele, e solicitou a uma das médiuns que o ajudasse, trazendo-lhe uma cabaça com água e a cuia com as pedrinhas deixadas por pai Francisco. Falou que em breve entenderiam a história das pedrinhas do rio. Pegou as pedras e as distribuiu na mão de cada filho, solicitando que soltassem a pedrinha na cabaça de água. Assim que cada um colocou a própria pedra, ele pediu que guardassem a cuia com o restante das pedrinhas. Pitou seu cachimbo e, fitando os presentes, fez a seguinte pergunta:

– Se pedisse a vocês que cada um pegasse a sua pedrinha, seriam capazes de identificar a pedra?

Todos responderam em coro:

– Não, senhor. Não poderíamos identificá-la. Elas são todas do mesmo tamanho e da mesma cor; é impossível, pai Sebastião.

– Mas vocês acreditam ou não que as pedras estão aí dentro da cabaça?

– Sim, senhor. Temos certeza de que estão dentro garrafa – falaram.

– Então prestem atenção ao que vou falar: a morte física é exatamente assim. Vemos o corpo desaparecer de nossas vistas, mas sabemos que ele continua existindo e está bem guardado em algum lugar especial. Não podemos identificar uma luz em meio a tantas outras com características semelhantes, porém Deus as conhece uma por uma, e, se não perdermos a fé e a confiança em Seu amor, Ele será o caminho que nos levará a todos aqueles que amamos e que desejamos reencontrar. Quanto ao Chico, neste exato momento ele dorme o sono dos anjos, sendo coberto pelas chamas de amor de sua mãe. Fiquem tranquilos; ele não morreu sozinho como imaginam. Aliás, nunca esteve sozinho e, na hora mais importante de sua vida, não ficaria sem o auxílio de quem ajudou. O corpo físico de tio Chico nada sofreu ao desencarnar. Ele adormeceu e, antes de deixar o corpo, foi resgatado por amigos e familiares, além de ser recepcionado por centenas de outros amigos que o esperavam em clima de alegria e festa.

As palavras do avô Sebastião ressoavam aos ouvidos dos presentes como um bálsamo.

– Ele foi conscientizado por pai Francisco do Cruzeiro das Almas sobre o desencarne – continuou –, e, assim como aconteceu com vocês, mal podia acreditar que houvesse desencarnado. Dizia que não sentira dor nem estava doente, então como poderia ter desencarnado? Mas teve certeza de seu estado quando foi encontrando familiares e amigos. Como é natural com todos os viajantes, logo após rever os entes queridos, sentiu-se cansado e foi levado pela mãe ao leito divino, onde repousa coberto de luz. Assim que acordar do sono dos justos, com certeza estará pronto para prosseguir com suas tarefas.

Todos ouviam com atenção e cheios de esperança. Como era bom saber que o amado tio Chico estava descansando.

O avô Sebastião prosseguiu:

– Quanto a vocês, parem de chorar e cuidem da vida e de sua missão. Há muito trabalho para ser feito, principalmente a favor de vocês mesmos. Acham que vão ajudar o Chico chorando e atraindo outros sofredores para junto de vocês? O Chico está dormindo, não está nem lembrando que vocês existem; façam o possível para que, quando ele acordar, receba dos que ficaram deste lado a mesma vibração de luz que recebeu do lado de lá quando chegou. O espírito que entra em repouso, quando desperta, está cercado de amigos e familiares. Os primeiros cuidados são com os que ficaram em terra. Quando vale a pena o espírito ver e ouvir as mensagens familiares, é permitido a ele observar e, agradecido, ele se anima a prosseguir em sua caminhada. Mas, quando o quadro familiar é de dor, falta de fé, mágoas e revoltas, o espírito não é notificado para que não sofra com a dor daqueles que ama.

Os filhos espirituais de tio Chico enxugaram as lágrimas e pareciam dispostos a levar adiante o trabalho deixado por ele. O preto velho Sebastião, pitando o cachimbo recheado de erva-doce, canela e ervas secas, esperava que se acalmassem para passar novas instruções.

O avô Sebastião pegou uma garrafa com uma mistura de ervas preparadas por tio Chico e despejou em uma cuia de coco. Fez uma oração em silêncio e depois convidou a todos para tomar um gole. Assim que terminou, disse:

– Há algum tempo atrás vocês me viram conversando com pai Francisco do Cruzeiro das Almas, não viram?

– Sim senhor. Não entendíamos por que os dois conversavam tanto incorporados nos médiuns; talvez os assuntos não pudessem ser tratados no plano espiritual – respondeu uma das médiuns.

– Não era que os assuntos não pudessem ser tratados no plano espiritual; o problema é que nós dois não nos encontramos tanto no plano espiritual. Aqui em terra tínhamos mais oportunidades e também traçávamos planos de trabalho acompanhando cada um de vocês. Responsabilizei-me em tomar conta do trabalho espiritual com vocês até o substituto do velho Chico atingir a idade na matéria para poder trazer para cá quem vai dar continuidade às nossas obras. Entre os muitos assuntos tratados entre mim e pai Francisco, esse foi o mais difícil, na minha modesta opinião.

Os presentes se entreolharam... Todos os médiuns de incorporação já haviam atingido a idade madura; não havia jovens entre eles. Os jovens vinham tomar a bênção dos pretos velhos, mas não se envolviam com o trabalho espiritual. De quem será que o avô Sebastião falava?

– Amanhã vamos abrir os trabalhos com naturalidade. Não podemos deixar de cumprir nossas tarefas. A única coisa é que vocês devem trazer o filho Antônio Bento até aqui. Preciso passar a ele algumas recomendações do tio Chico e do próprio pai Francisco do Cruzeiro das Almas.

Uma médium, respeitosamente, indagou:

– Avô Sebastião, não devemos colocar luto por tio Chico? Algumas pessoas se vestem de luto por um ano quando perdem o pai ou a mãe; no nosso caso, tio Chico foi um pai espiritual. Não precisamos usar o luto em sua memória?

– Adelina, minha filha, você vai se vestir de preto por um ano para provar a seu pai espiritual que o respeita? Que o ama? Para ajudá-lo a ir para o céu? Para Deus ter misericórdia de você pelo seu sacrifício? Para mostrar a todos que você foi vítima de Deus, que perdeu alguém muito amado? Qual é a finalidade do luto?

– Sinceramente, não sei, avô Sebastião. Os senhorzinhos antigos obrigavam até os escravos a se vestir de preto quando morria alguém da família deles; eu mesma já vesti luto três vezes por eles, e nem os conhecia.

– E qual foi o seu sentimento a respeito do luto? – perguntou o negro velho.

– Não vou mentir para o senhor, ou estaria mentindo para Deus. Fiquei com muita raiva, porque tive de tingir as roupas de todos os escravos com casca de angico-preto e lama do rio. E, quando estava desbotando, lá estava eu de novo! No fundo, nunca me conformei em vestir preto por pessoas que eu não conhecia e outras por quem dava graças a Deus de terem morrido. Perdoe-me, avô Sebastião, eu precisava falar.

– Você já deu todas as respostas. Não devemos cair na sintonia negra da tristeza porque um ente querido partiu. Não é fácil saber que fisicamente nunca mais poderemos tocar o ente querido, mas não é difícil pensar que ele vai deixar o corpo físico e trocá-lo por um espiritual. Então é uma questão até de inteligência divina: não nos perdemos de ninguém; é apenas uma questão de tempo. Não vão se cobrir de preto dizendo que é por sentimento ao tio Chico que ele não precisa disso. Nenhum espírito precisa; precisamos mesmo é do clarão da luz!

Outro médium perguntou:

– Precisamos fazer alguma coisa em especial para abrir o trabalho espiritual, alguma oferenda no cemitério, por exemplo? Não corremos nenhum risco espiritual pelo trabalho que tio Chico fez conosco?

– Julião, meu filho, e todos os outros, prestem atenção: vocês precisam fazer algo muito especial para abrir o primeiro trabalho sem o tio Chico e continuar fazendo sempre em todos os próximos trabalhos: primeiro, trabalhar com amor, fé, respeito, dignidade e honrar sempre as sementes dos ensinamentos que o Chico deixou como herança nesta casa; em segundo lugar, o que é que vocês querem fazer lá no cemitério? Tem o Zacarias, que é encarregado de cuidar do campo santo; os cuidados que precisam ser feitos, ele faz. Vocês não devem ir atrás do que não estão precisando. Esperem a hora certa; um dia todos vão ao cemitério para deixar o corpo físico por lá, não vou dizer para todo o sempre, porque a eternidade é do espírito; em terceiro, todos correm o risco espiritual sim; se o trabalho que o velho Chico fez por vocês for jogado fora, vocês estarão sujeitos a muitas perdas e tormentas futuras. Ele abriu o caminho e mostrou a cada um a passagem, só não anda por esse caminho quem não quiser.

O avô Sebastião abençoou os presentes e fez as últimas recomendações, pedindo de novo que notificassem seu Antônio Bento do trabalho no dia seguinte.

***

Na casa de Antônio Bento ainda reinava o clima de tristeza. Augusto, sentado em uma rede no alpendre da casa, balançava-se ouvindo o canto dos grilos e o bater de asas de alguns pássaros noturnos. Pensava na trajetória do pai como homem. Era um herói, fazia a parte dele, era um diferencial na humanidade. Ele também queria fazer algo que pudesse ajudar o mundo, mas o quê? Seguir as pegadas do pai? Teria esse dom? Seus pensamentos misturavam-se. Sobressaltou-se quando o pai lhe tocou o braço.

– O que há, meu filho? Está tão pensativo. Ficou muito triste pelo velho Chico?

– Ele foi tão bom! Foi um homem que soube viver e ensinar os outros a descobrir o que é a vida. Estava aqui pensando no senhor; orgulho-me de ser seu filho. E me perguntava qual caminho devo seguir para alcançar minhas metas perante Deus e honrar o senhor como um homem que auxilia a humanidade.

– Não fique assim, meu filho. Sei que você gostava demais do tio Chico; eu também amava aquele preto velho... Ele me ajudou muito nesta vida.

Nisso chegou o grupo de médiuns e comunicou a Antônio Bento o pedido de avô Sebastião para que ele estivesse presente no primeiro trabalho espiritual aberto sem a presença física de tio Chico.

Augusto, que só ouvia, pensou: "Até isso ele fez... Ensinou aos seus a continuarem andando mesmo quando ele tombasse. Gostaria de ter a fé e a sabedoria de tio Chico, a coragem e a determinação de meu pai, a paciência e a resignação de minha mãe..."

Antônio Bento confirmou sua presença nos trabalhos espirituais. Os empregados deram boa-noite e seguiram adiante. No meio deles estava Assunta e outras mulheres que eram amigas de tio Chico desde a mocidade.

O pai sentou-se perto do filho e disse:

– Augusto, orgulho-me muito de você. Suas palavras no pedido de casamento de sua irmã me abriram os olhos para a vida. Meus filhos estão crescidos e eu não havia percebido. Vou ficar um pouco mais com vocês, vou delegar algumas tarefas ao grupo e me dedicar um pouco a minha família.

– Tenho ouvido muitas coisas a respeito do movimento de libertação da escravatura – comentou Augusto. – É verdade que presentearam a princesa Isabel com uma caneta-tinteiro de ouro e uma carta de recomendação para que ela assine a lei da libertação? E que a caneta veio da terra onde a família real matou e esquartejou o Tiradentes?

– Sim, foi enviada esta caneta. A ideia foi de seu futuro cunhado, quando soube que o juiz Bento estava enviando um abaixo-assinado com milhares de assinaturas de diversos estados brasileiros exigindo a assinatura da lei, que já tem um nome: Lei Áurea. O juiz não anda nada bem ultimamente.

Tem demonstrado muito cansaço físico. Foi aconselhado pelos médicos a tirar umas férias. Brincou dizendo que no dia em que a lei fosse assinada de bom grado não iria se importar de tirar férias prolongadas[2]. E olha, filho, de norte a sul do Brasil e muitos países livres estão apertando a monarquia: ou libertam os escravos ou os ricos senhores vão passar a comer no mesmo prato que eles. Até assinarem a Lei Áurea, não vamos descansar.

O filho, interessado, não tirava os olhos do pai. Antônio Bento continuou:

– No Ceará não temos mais escravos; temos empregados. Algumas cidades dentro de muitos estados brasileiros já fizeram o mesmo. Depois de amanhã vamos nos organizar. A França está pressionando o imperador dom Pedro II a prestar declarações contra denúncias por tráfico de negros. A princesa Isabel vai assumir o poder nesse período e devemos pressioná-la; temos de cercá-la por todos os lados.

– Como vocês ficam sabendo da vida do imperador? Pelo que sabemos, ali não entra um cisco no olho dele sem ser visto; não escapa uma vírgula de uma palavra; tudo é guardado a sete chaves – comentou Augusto.

– Temos informantes que estão dentro do palácio. Uma dessas fontes de informação, filho, são as mulheres consideradas "fáceis". Já deve ter ouvido falar delas. Sabemos que nenhum mérito será escrito sobre essas tais como grandes colaboradoras na libertação da escravatura brasileira. Nas rodas masculinas brinca-se dizendo que no Brasil não podem faltar duas coisas preciosas: cachaça e mulher. Essas mulheres têm

2 Antônio Bento de Souza e Castro faleceu em 8 de novembro de 1898; a Lei Áurea foi assinada em 13 de maio de 1888 (Nota do Médium).

pais, irmãos e filhos; são as maiores fontes vivas de informações confiáveis, verdadeiras aliadas do movimento. Não fique pensando bobagem a meu respeito; eu amo sua mãe e sempre a respeitei, e amo estas mulheres de maneira diferente, como irmãs e filhas. Não posso negar o carinho e o respeito que devoto a cada uma delas.

Augusto continuava a ouvir em silêncio. Era uma de suas características, algo que realmente herdara da mãe. Quando o pai parou de falar, Augusto falou:

– Preciso colher da vida o que os livros não podem me dar... Meu Deus! Ouvindo seus relatos, viajei no tempo. Acho que estou atrasado em tudo; preciso alcançar alturas e dar meus voos. O senhor é verdadeiramente um homem e tanto! Se um dia fizer um terço do que o senhor fez, vou me considerar um verdadeiro herdeiro de Antônio Bento. Diga-me, o Chico Preto faz parte de tudo isso que o senhor me falou? Ele conhece esses planos todos e participa deles?

– Sim, Chico Preto é um de nossos maiores colaboradores. É um homem que, em silêncio, está ajudando a mudar a história de muitos irmãos.

– Observando-o, não dá para imaginar... É tão jovem e já fez tantas coisas boas pela nação. Eu é que preciso sair da barra da saia de minha mãe e descobrir o mundo pelos meus pés. Que notícia boa o senhor me deu a respeito da viagem de nosso imperador; tomara que a velha Paris lhe faça bem e que sua filha, a ilustre princesa, seja inspirada pelos bons anjos e assine de vez a lei que ninguém aguenta mais esperar.

– Que os anjos digam amém, filho! Pedimos a Deus que nos ajude. Vamos pedir, ameaçar, jogar com todas as cartas que temos em mãos; será nossa grande chance.

– Que pena que tio Chico, grande colaborador para que tudo isso acontecesse, não terá tido tempo de comemorar esse grande dia – disse o moço com melancolia.

– Quem disse que ele não vai comemorar? Aí está o grande engano: você pensar que o velho Chico morreu. Não lutaria tanto para retirar meus irmãos de sorte do cativeiro se acreditasse que iriam morrer um dia. Talvez os auxiliasse a morrer mais depressa para obterem o descanso. Nosso velho Chico vai ser um dos primeiros a dar pulos de alegria, e devo isso a ele.

– Pai – falou o rapaz –, o senhor acredita mesmo que esses espíritos que incorporam em nossa fazenda já foram pessoas como nós?

– Sim, filho, não tenho dúvida nenhuma. Você sempre recebeu as orientações deles; não acredita que entendem os sentimentos humanos? Para compreender nossas penúrias somente os que já vivenciaram em terra tais dificuldades.

– Acredito sim, pai. Deus me livre de dizer que não acredito. Já vi tantas coisas acontecerem com a participação deles; seria loucura dizer que não existem. É que às vezes penso que são seres de outras dimensões, bem distantes de nós. Pela sabedoria deles, questionava se de fato já foram encarnados. Falando neles, o que será que o avô Sebastião quer conosco amanhã?

– Apesar da tristeza que abate nosso coração, recebemos da espiritualidade o bálsamo que acalma e fortifica o espírito. Certamente este primeiro contato da espiritualidade com os médiuns foi para trazer o conforto espiritual que estavam precisando; e nós fazemos parte dessa preocupação espiritual.

Pai e filho ficaram conversando um bom tempo. Antônio Bento estava convencido de que não conhecia o filho. O rapaz era um menino com cabeça de homem, e sentimentos nobres e elevados.

Naquela noite, os moradores da fazenda demoraram a pegar no sono, cada um repensando sua vida.

"A partida do velho Chico mudará a história de vida de muita gente", refletia Assunta, olhando as sombras da velha lamparina. Dava graças a Deus pela idade avançada; logo estaria seguindo ao encontro do velho amigo. Ia ser muito difícil continuar vivendo longe dele, mas o ensinamento deixado pelo negro velho chamava-lhe a voz da consciência: *viver é um dever que, antes de chegarmos à Terra, assumimos com Deus*. Ela não iria em hipótese alguma quebrar seu juramento; faria tudo o que ainda fosse possível para transformar os dias de todos em um amanhã melhor.

Capítulo VIII

A sucessão de Tio Chico

A vida seguia seu curso naquele novo dia, cada um tratando das próprias tarefas e ao mesmo tempo ansiosos pelo grande encontro com o avô Sebastião.

Ao cair da tarde, o céu iluminou-se. Algo chamava a atenção dos moradores da fazenda: um grande arco-íris atravessava o local de um ponto a outro. Na vila dos Velhos, um chamava o outro para ver um dos mais bonitos fenômenos da natureza.

Assunta observava em silêncio, e dizia consigo mesma: "É um sinal... É pai Francisco do Cruzeiro das Almas que está preparando novos caminhos. Quem será que vai assumir o lugar do velho Chico?"

A carroça veio buscar os médiuns na vila dos Velhos. Os mais jovens haviam preparado o terreiro e o barracão da velha senzala, e aguardavam ansiosos pelas novas instruções deixadas por Sebastião. A conversa do avô Sebastião com o senhor Antônio Bento decidiria o destino da espiritualidade de todos os médiuns. Alguns chegaram a comentar entre si: "O senhor Antônio Bento respeitava os trabalhos do tio Chico. Com a partida dele de repente pode não querer mais nossos trabalhos".

Na fazenda, todos almoçavam e jantavam cedo. E, nos dias dos trabalhos espirituais, os médiuns almoçavam bem, faziam um lanche no meio da tarde e não comiam mais nada até que os trabalhos terminassem.

Logo após o jantar, Antônio Bento convidou toda a família para acompanhá-lo. A filha pediu:

– Se o senhor não se importar, gostaria de ficar conversando com a minha mãe sobre meu casamento. Sinceramente, ainda estou abalada com a morte de tio Chico. Acho que vou acabar atrapalhando. O senhor reze por nós, por favor.

A esposa se aproximou do marido.

– Se não se importar, fico com nossos filhos. Reze por nós e pela alma de nosso bom amigo. A gente não se prepara para enterrar ninguém e de repente somos pegos de surpresa; confesso que ainda não acredito que isso aconteceu com tio Chico.

O filho se levantou e, pedindo licença à mãe, avisou:

– Vou acompanhar meu pai. Vocês podem não entender, mas, de repente, em vez de tristeza, sinto uma alegria imensa dentro de mim. É como se algo estivesse me esperando, algo bom.

Quando Antônio Bento e seu filho chegaram ao terreiro, os médiuns estavam praticando o ritual que chamavam de abertura dos trabalhos. Tio Chico explicava sempre que era necessário fazer orações para limpar o corpo astral dos médiuns e preparar todo o ambiente para que os bons espíritos pudessem se aproximar.

Tempos depois, manifestava-se avô Sebastião. Bento não ouviu o que ele falou aos médiuns, mas reparou que estes secavam os olhos. Pelo semblante de cada um, tinham ouvido palavras de amor e consolo.

Zacarias se aproximou respeitosamente do senhor Antônio Bento e pediu:

– Avô Sebastião quer lhe falar.

Ele seguiu sozinho. O filho permaneceu sentado e, de longe, prestava atenção ao comportamento dos médiuns. Todos se aproximaram do preto velho que estava sentado diante de Antônio Bento. O preto velho então começou a falar:

– Filho, fui encarregado de transmitir ao senhor as vontades de Deus por meio dos dois trabalhadores que sempre serviram nesta casa: pai Francisco do Cruzeiro das Almas e o velho tio Chico. O desejo dos dois é que os trabalhos continuem e que possam ir se espalhando aqui e acolá. Já é de conhecimento de todos que mais três casas estão trabalhando com a iluminação dos ensinamentos dos dois trabalhadores. Pai Francisco deseja continuar trabalhando e servindo a todos, por isso lhe pede ajuda.

Antônio Bento, emocionado, respondeu:

– Os trabalhos devem continuar. Acredito e sinto pai Francisco perto de mim; ele sabe que pode contar comigo. Tio Chico deixou muitos médiuns preparados e o senhor, meu bondoso avô Sebastião, pode coordenar os trabalhos.

O avô Sebastião pitou o cachimbo de ervas e calmamente falou:

– Vou continuar trabalhando sim, meu filho, porém, quem vai continuar coordenando os trabalhos aqui é pai Francisco do Cruzeiro das Almas incorporado no sucessor do velho tio Chico.

Antônio Bento passou os olhos pelos médiuns. Quem seria o sucessor de tio Chico? Não importava; cada um dos ali presentes estava preparado para isso.

O avô Sebastião pediu a todos os médiuns que entrassem em contato espiritual com seus mentores e logo estavam incorporados com os pretos velhos. Todos foram até avô Sebastião e Antônio Bento. Depois, ajudados por aqueles que lhes davam assistência, dirigiram-se aos tocos de madeira que serviam de bancos.

O lugar onde tio Chico recebia pai Francisco estava arrumado da mesma forma de sempre. Antônio Bento observou o avô Sebastião e, ansioso, esperava que lhe apontasse quem estava incorporado com pai Francisco. Ou será que ainda não era tempo de ele vir?

O avô Sebastião chamou Zacarias e pediu que ele fosse até o jovem Augusto e o convidasse para se aproximar.

O rapaz veio cheio de alegria. As mãos suavam e um tremor lhe tomava o corpo. Reconhecia que estava muito emocionado. Aproximou-se do avô Sebastião e lhe tomou a bênção.

– Meu Senhor Jesus cubra-o de luz e que Seu poder esteja sempre contigo – respondeu o preto velho. Tomando as mãos de Augusto, pediu licença e cobriu as palmas das mãos com a fumaça de seu cachimbo. Pediu que ele abaixasse a cabeça e cobriu-a com a fumaça perfumada de ervas, que criou uma nuvem branca em torno do rapaz. Tocando no terceiro olho da visão de Augusto, prosseguiu: – Peço ao Pai Criador que esta fumaça seja o seu manto, cobrindo-lhe a coroa e também permitindo que seja feita a Sua vontade.

De repente, Augusto sentiu uma tontura. Estava de olhos fechados e teve a impressão de que iria perder os sentidos. O pai acudiu em ampará-lo, mas o avô Sebastião calmamente pôs a mão sobre a fronte do rapaz e recitou:

– Em nome de Jesus, baixe com a sua Luz.

O jovem abriu os olhos e seu corpo cresceu. A voz se fez ouvir por todos os lados. Era a mesma voz de pai Francisco do Cruzeiro das Almas. Olhando para Antônio Bento, disse sorrindo:

– Não me conhece mais, meu filho Bento? Pensou que tivesse se livrado do negro velho? Pois continuo aqui, só mudei de aparelho. Troquei o meu velho por um novo! Vou precisar me acostumar com esse novo; ainda tem coisas nele que preciso aprender a utilizar de modo correto. Estava acostumado com outro aparelho; até me acostumar com este aqui vou sentir muita falta do outro.

Agradecendo ao avô Sebastião, chamou Zacarias.

– Leva-me até meu assento. Ele ainda vai me aguentar por um bom tempo – falou pai Francisco. E, virando-se para Antônio Bento, disse em tom de brincadeira: – Vou me ajeitar no meu canto, depois chamo você para a gente prosear um pouco.

Zacarias o encaminhou ao toco. Chegando lá, procurou um de seus instrumentos de trabalho e, não o encontrando, perguntou:

– Zacarias, meu filho, você sabe que não me sento neste toco antes de benzer com a minha cruz. Onde a colocaram?

O moço respondeu alto:

– Meu Deus! Tina, a cruz do pai Francisco ficou lá no terreiro da fazenda. Corra, vá buscá-la. Perdoe-me, pai Francisco, não sei o que me deu hoje.

– Não faz mal não, Zacarias, fez bem o seu esquecimento, assim você vai acreditar que sou eu mesmo, não é, filho? E olhe aqui, menino, amanhã você vai à cova do velho Chico e trate de arrumar aquela cruz que você botou invertida. Parece que os dois lados são iguais, mas não são! Desenhei um sol na frente da madeira e uma lua nas costas; é a posição correta, e desejo que conserte isso. Tudo bem?

– Sim senhor, meu pai. – Zacarias chorava; a emoção era grande demais. Tratava-se, sem dúvida, de pai Francisco. Faria de tudo para aprender a amar aquele menino, Augusto, tanto quanto amava tio Chico.

A moça entrou correndo e entregou a cruz. Pai Francisco repetia os mesmos rituais que todos estavam acostumados a ver. Sentou-se, ajeitando a perna como sempre fazia, e mandou chamar o filho Bento, nome pelo qual sempre o tratara.

Antônio Bento olhava para o filho e, mesmo sabendo que era um preto velho que lhe irradiava do corpo, sentia-se confuso. Como fora acontecer aquilo com Augusto?

Pai Francisco pegou as mãos de Bento:

– Tudo é muito difícil quando estamos encarnados – disse. – Principalmente acreditar naquilo que não podemos ver. Sou eu mesmo, meu filho Bento, quem está aqui, o velho pai Francisco do Cruzeiro das Almas, e já dei minha bronca em Zacarias. Primeiro, o esquecimento dele, e depois a falta de atenção na posição da cruz que colocou na cova do Chico. Olha aqui, Bento, quero pedir a sua ajuda. Esse menino é tão criança ainda e já assumindo uma responsabilidade tão grande e tão perigosa quanto a sua missão! Muita coisa vai mudar, Bento. Algumas para melhor, outras para pior. Em breve você vai ajudar a realizar o sonho de milhares de negros. Será uma grande vitória; são os frutos de sua conquista. Mas devo adverti-lo de que a marcação em cima deles não vai acabar e muitos vão pagar com a vida pela tal liberdade.

– O senhor acha que a lei vai ser assinada, meu pai Francisco? – perguntou Bento, ansioso.

– Vai sim, meu filho. A princesa só não vai usar a caneta de ouro do meu tataraneto, mas também pouco importa; o que vai valer mesmo é a assinatura dela no papel. E tenho uma coisa muito importante para lhe pedir, filho, por conta dessa assinatura.

– Diga, pai Francisco – falou Antônio Bento.

– Sei que vocês vão se reunir para tratar de assuntos ligados à viagem da família da princesa. O negro velho também sabe que existe um plano para que o senhor e sua tripulação não atravessem o mar, e eu lhe peço, filho: não façam isso! Deixem-nos desembarcar em paz. Por mais revolta que cada um tenha no coração, não podem esquecer que ele não é o culpado pelo atraso da humanidade. Querem se vingar das mortes dos mártires que lutaram pela liberdade dos negros, mas eu afirmo: se estivesse encarnado, estaria fazendo a mesma coisa que vocês. No lado de cá, a gente começa e enxergar com a visão espiritual e passa a compreender que, quando praticamos certas coisas motivadas pelos sentimentos carnais, estamos nos comprometendo com a espiritualidade.

Antônio Bento estava pálido. Como o preto velho ficara sabendo dos planos secretos dos líderes de seu movimento? Não poderia modificar o projeto, que já estava esquematizado. A família real iria desaparecer para sempre no fundo do mar, assim como muitos negros haviam desaparecido em navios negreiros. Não dependia apenas dele; já estava engatilhado o plano que daria fim à história do imperador no Brasil. Enquanto martelava esses pensamentos, permaneceu em silêncio, a cabeça baixa.

Como se pai Francisco ouvisse o que pensava, falou-lhe:

– Bento, meu filho, você não vai se sentar em volta daquela mesa sozinho. Você lidera o movimento dos encarnados e nós lideramos o movimento dos desencarnados. A sua opinião a respeito desse assunto vai ser o primeiro peso colocado sobre a balança da mesa. Logicamente vai gerar uma grande discussão e, por fim, surgirá uma votação. Neste momento é que vamos interagir, inspirando a mais nobre e melhor solução: a manutenção da vida. Vai dar tudo certo, você vai ver.

De longe, quem os visse, diria: "Pai e filho conversando". Contudo, ali estavam pai, filho e muitos pretos velhos, conhecedores dos caminhos que eles ainda iriam atravessar. Ficaram muito tempo tratando do delicado assunto, o preto velho instruindo e sugerindo a Antônio Bento como deveria proceder para atingir a consciência dos outros homens envolvidos no projeto.

Antes de se despedirem, o pai Francisco acrescentou:

– Bento, aconselho vocês do movimento a ir pensando no que vão fazer com tantas bocas que precisam comer. Até as pedras se espalharem, muitas águas correrão sobre elas. A preocupação do movimento deve ser libertar e também manter os negros vivos e seguros. Os negros no cativeiro são como pássaros nascidos em gaiola; não conhecem a força da vida lá fora. Ainda vai levar alguns anos até que os homens brancos ou negros compreendam que Deus não está na cor da pele, e sim na luz do coração.

Pai Francisco fez sinal para Zacarias se aproximar e pediu que convidasse os demais irmãos para chegarem perto dele.

Depois que todos estavam próximos, pai Francisco pediu:

– Sebastião, meu amigo, transmita para todos o que já tínhamos preparado para esta noite.

O avô Sebastião manifestou-se:

– Para os filhos encarnados, a surpresa é tão grande quanto a surpresa que o velho Chico pregou em vocês.

Os participantes daquela noite e alguns visitantes prenderam a respiração para ouvir melhor o que o avô Sebastião teria a dizer.

Pitando seu cachimbinho de barro, o preto velho falou:

– Quem poderia imaginar um rapazote, e ainda mais filho do patrão, sentado no toco onde se sentou o velho Chico para iluminar-se com pai Francisco, não é mesmo, pessoal? Pois é... De hoje em diante, será esse menino o sucessor de Chico. Este trono sagrado pertence a ele, e todos lhe devem obediência e respeito. Vocês deverão ajudá-lo nesta tarefa tão difícil e deixar as dúvidas de lado, sem questionar, assim como eu não questiono, porque essa é a vontade de Deus. Não vamos contestar o porquê de Suas decisões. Todos entenderam? E, para que todos vocês aqui presentes saibam que não importa o pouco da idade desse menino, quem caminha com ele está na frente de todos nós, por isso devemos segui-lo. O menino senhor Augusto é o novo pastor do nosso rebanho. Convido meus irmãos trabalhadores para deixar os preciosos vasos que são os médiuns para que todos os filhos possam receber a bênção de pai Francisco e para que se certifiquem dos acontecimentos de hoje.

Assunta, médium de avô Sebastião, ficou de olhos arregalados. Ela era uma médium totalmente inconsciente; não via nem ouvia nada do que acontecia ao redor quando estava incorporada.

– Meu Deus, é pai Francisco quem está ali... Mas quem é o médium que está com ele? – Tentou, com dificuldade, ver quem era, pois sua visão já não lhe permitia enxergar a distância. Esfregou os olhos e pensou: "Se não estou enganada, todos os médiuns que estão aqui estão ao redor do preto velho...".

Pai Francisco a chamou:

– Assunta, venha aqui, minha filha! Que agonia é essa? Olha direito para este corpo aqui; acha que tenho essa idade e essa cor, minha filha?

– Meu Jesus das Santas Chagas! – exclamou Assunta, aproximando-se. – É o filho do senhor Antônio Bento... Como é que aconteceu tudo isso, meu Deus?

Pai Francisco passou a conversar com cada um, e deixou os trabalhos marcados, orientando os trabalhadores. Pediu que avisassem os filhos de que ele havia se preparado para atuar nos terreiros de outras casas, e que queria apresentar o novo instrumento de trabalho. Apesar de novo e moderno, era tão bom quanto o velho aparelho, que agora estava se renovando.

Pai Francisco se despediu de todos e, quando se afastou do corpo físico de Augusto, este ficou imóvel, olhando ao redor. Não estava entendendo nada; lembrava que fora levado até um preto velho e sentira tonturas. Depois, não se lembrava de mais nada. Avistando o pai, foi ao encontro dele, perguntando, assustado:

– Pai, o que aconteceu? Por que esse povo todo me olha assim?

– Filho, você vai entender o que aconteceu ouvindo cada um deles – esclareceu o pai, convidando-o a se sentar.

Alguém lhe serviu um copo de água. Ele aceitou e sentou-se, esperando que lhe narrassem o ocorrido.

Conscientizado da grande tarefa, tornou, emocionado:

– Deus prepara os caminhos de modo que só precisamos trilhá-lo para nos encontrarmos, e também encontrar os outros. Vou honrar este convite que recebi do céu; farei o possível para não decepcionar nenhum de vocês.

Foi acesa naquela noite mais uma luz em terra, e no céu uma estrela cintilava de contentamento. Tratava-se de tio Chico, que, irradiado pela luz do Pai, renovava-se, voltando à sua forma natural.

***

Na fazenda, as coisas corriam muito bem. O antigo senhor agora era o mais dedicado trabalhador da escola e fazia questão de morar em uma casinha simples idêntica à dos escravos.

Crianças brancas e negras estudavam juntas e compartilhavam tudo. Os pais, da mesma maneira, estavam juntos. Muitos jovens filhos de ex-capatazes namoravam filhas de escravos, tudo com a aprovação da família.

O jovem Augusto era orientado pelos pretos velhos, e por médiuns como Assunta e outros, sobre comportamento e deveres espirituais. Os médiuns tinham, ainda, cuidado para não retirar do menino o direito que tinha de viver como todo jovem da fazenda.

***

O país atravessava um dos piores períodos de sua história. Era senhor se matando para não ceder às ordens da lei. Era fazenda sendo extinta, senhor indo embora para terras distantes e negros e mais negros fugindo e ganhando força. Negros e brancos saqueavam fazendas enfraquecidas; levavam o que podiam, e o maior interesse eram os escravos. Contudo, muitos caminhos estavam bloqueados.

O imperador, desgostoso e enfraquecido pela doença, dentro de si já havia se entregado. Ia a Paris e sabia que não voltaria mais ao Brasil. Despediu-se com lágrimas nos olhos dos canários pertencentes à terra que tanto amava.

Os líderes do movimento acompanhavam seu embarque; não haviam mudado de ideia, apenas de plano. Caso não acontecesse o que esperavam, o imperador jamais colocaria os pés em terras brasileiras. Se Antônio Bento estivesse certo, e tomara que estivesse, realmente seria muito melhor mantê-lo vivo e bem distante. Se a lei não fosse assinada, novas e drásticas medidas seriam aplicadas, inclusive no tocante à princesa Isabel.

A sorte dos negros fora lançada; era só esperar.

***

Doze de maio de 1888 foi uma noite longa para muitos brasileiros e alguns estrangeiros que estavam envolvidos na mesma intenção. Antes de sair de casa aquela noite, Antônio Bento conversou com pai Francisco do Cruzeiro das Almas e recebeu uma pequena cruz, que levou pendurada ao peito. Avisou a esposa e os filhos que não se preocupassem, pois não tinha hora para voltar, mas que ficassem tranquilos porque sua decisão iria libertá-lo para lhes dar a atenção que mereciam.

A aurora do dia estava iluminada pelos raios do sol. Nuvens em tons rosáceos e azuis anunciavam as boas-novas. Reunidos em pontos diferentes de muitas cidades brasileiras, todos torciam para que a princesa acordasse bem e não deixasse para o outro dia o que precisavam anunciar mais que depressa aos negros de todo o país.

Após o desjejum, a princesa estava sentada na sala onde o pai costumava tomar as grandes decisões do Brasil. Acomodada no trono real, examinava o documento cuidadosamente deixado sobre a mesa. Passou os olhos em tudo que adornava a mesa de trabalho do pai e, preocupada, fitava a caneta que lhe viera como uma ameaça. A situação da família real não era boa; fora aconselhada a assinar aquele documento. Recebera uma correspondência anônima afirmando que a viagem do pai tinha sido planejada; seria um golpe. Se não assinasse aquele documento, muito sangue seria derramado, e começaria pelo dos nobres. "O que fazer?", refletiu. Não tinha como se comunicar com o pai... Seus fiéis servidores haviam planejado aquela conspiração contra o imperador do Brasil.

Não demorou muito e o palácio real estava lotado. A princesa Isabel percebeu que estava cercada por todos os lados. Não tinha como se defender diante de tantos inimigos. Olhava um por um, e tudo lhe parecia um pesadelo. No dia anterior, todos haviam jurado obediência e fidelidade ao imperador. Enquanto folheava a pasta, sem prestar atenção ao que estava escrito, ponderava: "Será que meu pai deixou o Brasil como um refém do golpe?"

Na verdade, sentia-se como uma presa cercada por caçadores; não havia saída. Alguém lhe estendeu a caneta de ouro, presente de algum abolicionista. Ela afastou a rica caneta--tinteiro e, pegando a sua própria e velha caneta, molhou-a bem no tinteiro e corajosamente assinou todas as folhas que exigiam sua assinatura, fazendo questão de carimbar com o brasão real toda a documentação.

No dia 13 de maio de 1888 foi quebrado na espiritualidade um dos maiores nós que aprisionavam as almas no Brasil. Como se o céu quisesse comemorar com os encarnados, pesadas nuvens provocaram trovões e relâmpagos, que cortavam o céu de um lado a outro. As ruas começavam a lotar de gente anunciando a boa-nova, conquista de anos e anos de luta.

Os membros dos movimentos abolicionistas, mulheres da noite e toda a população, que se mantinha oculta, agora lotavam as ruas em comemoração à liberdade.

Um grupo de manifestantes tentava atiçar fogo no palácio; logo foram detidos pelos membros do próprio movimento, que exigiam respeito e ordem com o patrimônio do Estado.

Pelas estradas, cavalheiros galopavam por todas as entradas, levando às fazendas a nova notícia. Pelos rios, barcos e remadores davam tudo de si para levar à outra margem das terras as boas-novas.

***

Dois dias depois, na fazenda do juiz Antônio Bento, o alvoroço era grande demais. Todos os escravos queriam saber como ficaria a situação deles. Permaneceriam na fazenda? O doutor iria dispensá-los? Para onde iriam? O que fariam?

Após o jantar, os dois Antônio Bento estavam sentados na grande varanda que dividia o terreiro da casa-grande. Os negros aguardavam ansiosos para ouvir o que o doutor diria a todos eles. O juiz então começou a falar:

– Meus irmãos, independente de nossas religiões ou costumes culturais, somos filhos de um só Pai, o mesmo que nos permitiu esta grande bênção conquistada com minha fé e a de vocês. Todos vocês aqui sempre foram pessoas livres para Deus e para nós, não é verdade, Bento? – fez tal pergunta olhando para o amigo que, emocionado, tinha os olhos cheios de lágrimas. Antônio Bento assentiu com um aceno de cabeça.

O juiz prosseguiu:

– Como pessoas livres, terão os documentos regulamentados. Farei isso com muito gosto. Agora livres, poderão escolher entre continuar conosco ou começar uma vida nova em qualquer lugar do Brasil, também com a minha ajuda. Temos muita terra produtiva nesta fazenda e acabei de comprar a fazenda vizinha. O coronel, desgostoso com a situação brasileira, resolveu voltar para o seu país, e pude adquirir as terras dele. Podemos construir um povoado nas proximidades do rio e todos os moradores poderiam trabalhar em um sistema que fosse favorável a todos. Vamos aumentar a criação de gado, carneiros, porcos, galinhas, e investir em novos plantios. Depois Bento vai explicar melhor e com todos os detalhes o que é plantar e colher "de meia". Começamos assim e quem sabe em breve trabalharemos arrendando as terras a vocês e lhes dando suporte, para que todos saiam ganhando?

No fim da conversa, todos aplaudiram o senhor juiz Antônio Bento.

Após os agradecimentos, negros e brancos se abraçaram diante do senhor. O antigo senhor já havia conquistado a confiança e a amizade de todos, e os jovens negros o abraçavam também. Sinceras lágrimas escorriam-lhe pelo rosto. Agradecia em silêncio a Deus; seu coração estava aliviado. Sabia que Deus o havia perdoado, mas ainda precisava do perdão de alguém muito especial: seu filho Antero.

***

Augusto e o grupo de médiuns que o acompanhava deram início ao sagrado ritual. O juiz era muito católico, porém, respeitava os trabalhos da espiritualidade e incentivava a manutenção da cultura viva daquele povo. Manteve-se atento ao comportamento de Augusto, seu afilhado. "Santo Deus", disse para si o juiz, observando o jovem entrar em transe. "Como pode um menino de repente se transformar em ancião?" Tudo o que ouviu naquela noite era a mais singela e pura verdade. Não mudaria sua convicção religiosa, mas mudara o conceito a respeito de incorporações espirituais.

Em conversa particular com o preto velho pai Francisco, foram-lhe reveladas coisas no sentido de ajudá-lo, fatos que nunca tinha comentado com ninguém. Se houvesse comentado com o amigo Bento, iria desconfiar, mas não contara a absolutamente ninguém! Como aquele ser lhe falava do problema com tanta naturalidade e discrição?

O preto velho recomendou-lhe um tratamento com produtos naturais; ele não andava se sentindo bem já fazia um bom tempo. Não reclamava com a esposa nem com os amigos, para não deixá-los preocupados. E o negro velho revelava todos os seus sintomas como se o acompanhasse diariamente. Que mistério era esse que separava esses dois mundos?

Ali mesmo, diante do preto velho pai Francisco do Cruzeiro das Almas, tomou uma decisão:

– O maior presente que posso oferecer a Deus e a estes irmãos é o que vou fazer amanhã. Deixarei estas terras como herança para Augusto. Vou acrescentar uma cláusula: este lugar deverá ser preservado como sagrado; não poderá ser vendido, será de uso e fruto de Augusto e seus descendentes, e a cultura trazida pelos escravos deve continuar, pois isso não é apenas religião, é ciência – concluiu o juiz.

Ao término do ritual, felizes por ter cumprido as tarefas com a espiritualidade, os médiuns se despediram e se retiraram. Na estrada, voltando para casa, Assunta seguia muito calada. Uma das mulheres perguntou:

– O que a senhora tem, dona Assunta? Está tão quieta hoje!

– Não é nada, minha amiga. Estava apenas relembrando os meus passos até aqui. Nunca imaginei que fosse presenciar o fim da escravidão, quer dizer, a lei que deu início a uma grande e longa caminhada, porque até todos se libertarem de si mesmos vai demorar muitos e muitos anos...

– Pois é, tia Assunta – falou uma moça de pouca idade –, agora somos livres! Será que vamos poder frequentar os mesmos lugares que as mulheres brancas?

– Acredito que no papel da lei deve estar escrito isso em algum lugar, mas você bem sabe que na vida real isso não vai acontecer. Você acha que as moças brancas, que andam bem adornadas e vestidas de seda, vão abrir espaço para você?

Quanto a ser livre, minha filha, é um tanto difícil entender o que vou lhe falar, mas ouça bem: livres vamos ser de verdade quando deixarmos o corpo carnal e alcançarmos o caminho da luz, que é leve e transparente, no mundo onde todos têm a mesma cor. Esta lei veio e com certeza vai beneficiar muitos negros, mas dizer que o sofrimento deles foi totalmente extinto, isso não é verdade. Até o negro conquistar um espaço em meio aos homens brancos, como diz o avô Sebastião, muitas águas ainda vão rolar...

"Desde a morte de tio Chico, tia Assunta não é a mesma", pensou a garota. "Mesmo não querendo demonstrar, ela ficou triste, não brinca mais com ninguém".

Aquela noite, Assunta não conseguia fechar os olhos. Quem diria que fosse alcançar a assinatura da tal lei. Se o velho Chico estivesse ali, seria bem diferente; iriam passar as noites rindo, contando histórias e tomando as ervas amargas que ele preparava tão bem. Mas o amigo se fora, e, por mais que lutasse para não se deixar levar pela tristeza, não estava conseguindo viver sem ele. A mesma coisa acontecia com as duas mulheres mais velhas, habitantes das casas vizinhas à de Assunta.

Como ninguém pode explicar a ciência oculta de Deus, na mesma hora, duas da manhã, as três amigas fecharam os olhos e se deram as mãos, partindo com um sorriso. O desejo delas fora atendido: lá estava o velho Chico, sorrindo e dando as mãos para receber as três.

– E então, Assunta, não arredou o pé da terra enquanto a princesa não assinou a Lei Áurea? – perguntou tio Chico em tom de brincadeira.

– E eu que pensei que iria lhe dar a notícia em primeira mão... Mas você já está sabendo – respondeu, olhando ao redor. – Chico, o que estamos fazendo aqui? Isso parece tão real; é algum trabalho de transporte que nós três estamos fazendo com você?

– Digamos que sim; foram transportadas até aqui. As três estão decepcionadas ou arrependidas por terem vindo?

– Deus nos livre de arrependimento – respondeu uma das mulheres. – Acho mesmo que Assunta quis dizer o seguinte: não queremos mais voltar! Será que podemos ficar com o senhor?

– Você vivia me perguntando se era possível amigos voltarem a conviver juntos na espiritualidade, e eu sempre lhe respondia: não posso afirmar, mas acredito que Deus não separa o que Ele uniu com amor. Somos espíritos afins, por essa razão estamos novamente juntos para dar início às novas e grandes empreitadas.

De olhos arregalados, outra mulher perguntou:

– Tio Chico, nós morremos? Não me lembro de nada!

– Está se sentindo morta? – inquiriu o negro velho.

– Não! Sinto-me a mesma – tornou ela, olhando-se.

– Então já entendeu que ninguém morre; a gente simplesmente se afasta de um lado para o outro. Foi o que aconteceu com vocês três: passaram de um lado para outro, e vieram juntas. Isso é o que chamo de amizade eterna.

– Desencarnamos mesmo, Chico? Não é uma ilusão da nossa mente? – insistiu Assunta.

– Sejam bem-vindas entre nós – respondeu tio Chico, enquanto se aproximavam delas outros espíritos amigos e familiares. "A felicidade existe em algum lugar... Sempre acreditei nisso", pensava Assunta.

***

Na fazenda foi um clamor geral. Ninguém sabia explicar o que acontecera com as três mulheres mais velhas da fazenda. O próprio Antônio Bento averiguou o que elas haviam bebido e comido, mas não encontraram nada suspeito.

As mulheres nos caixões, cobertas de flores, pareciam sorrir. Ali terminava a jornada delas e começava para outras uma nova história de vida: o fim da escravidão no Brasil.

– Meu Deus, como é que isso foi acontecer? – dizia a esposa de Bento, inconformada.

Nos últimos tempos, ela acompanhava o filho em todos os trabalhos e não lhe restava mais nenhuma dúvida sobre a vida após a morte. Mas, como entender que três pessoas tão próximas desencarnassem na mesma noite? Será que haviam combinado alguma coisa, preparado alguma poção e bebido antes de irem se deitar? Não gostava de ocupar o tempo precioso do preto velho pai Francisco com perguntas sem sentido. O preto velho atendia tantas pessoas, que agora vinham de todos os lados: eram brancos, negros, mulatos, todos querendo falar com pai Francisco. Contudo, precisava tranquilizar o coração; queria saber a verdade sobre a morte das três mulheres.

Pai Francisco chegou e acalmou negros e brancos, que choravam a perda das três grandes senhoras que tanta luz haviam deixado naquele lugar.

– Filhos, o que Deus escreve lá no alto não podemos nem ler, nem mudar aqui embaixo. – O pranto continuava; o povo não se conformava. Era muita dor.

Pai Francisco se levantou de seu lugar e falou em voz alta, repleta de autoridade:

– Não vim até aqui para ficar ouvindo as lamentações de vocês. Continuem chorando, aproveitem e chorem por elas e por mim, pois não voltarei mais entre vocês. Já que acreditam na morte, também não existo. Sendo assim, fiquem com Deus e boa sorte para todos!

Os médiuns avançaram até ele, pedindo perdão.

– Pai Francisco, pelo amor de Deus, não nos abandone – gritavam em coro os filhos do preto velho.

Pai Francisco voltou ao toco, sentou-se e pitou seu cachimbo. Tal como mágica, o choro silenciou. Ninguém falava; todos estavam de cabeça baixa.

– Posso falar agora? Vão me deixar explicar alguma coisa para vocês ou vão começar a choradeira? Quem não tiver condições nem forças para ficar e me ouvir vá chorar lá fora, que o terreiro é grande, mas chorem baixo que eu não quero ouvir. Os que ficarem, prestem bem atenção ao que tenho a dizer.

Todos permaneceram.

– Bem, pessoal, as três se foram pela chamada de Deus. Sosseguem o coração de vocês quanto a pensar que se mataram. Por que fariam isso? Quando passaram pelo castigo da fome, da sede e do tronco não fizeram essa besteira! Agora, sendo tratadas como rainhas e conhecendo as leis da vida, acham que fariam algo assim? É estranho, mas foi um fato legítimo. Não vamos querer agora ser investigadores das causas de Deus. De vez em quando me chega a tristeza de que três ou quatro da mesma família foram mortos em tocaias. E isso vocês acham normal. Mas se Deus chama três filhos de uma vez se torna espanto. Estão com medo? Foi castigo? Foi praga? Feitiço? Não, filhos. Peço a Deus que tenham a mesma felicidade que tiveram estas três na partida e na chegada delas. Vamos continuar com nosso trabalho. Quero todo mundo aqui com a cabeça em Deus e pé firme no chão!

Naquela noite, os dois Antônio Bento foram juntos falar com pai Francisco. O juiz levava uma pasta debaixo do braço. A mãe de Augusto ofereceu duas cadeiras para os dois homens, mas eles preferiram se sentar na esteira, aos pés do preto velho. Após tomarem a bênção de pai Francisco, foi o juiz quem falou primeiro:

– Pai Francisco, está vendo este documento aqui?

– Sim, meu filho, estou vendo; é alguma coisa em que possa ajudá-lo?

– Sim senhor. Quero sua ajuda e a do meu amigo e compadre Bento. Passei estas terras todas para o meu afilhado Augusto e o senhor, como administrador espiritual, por favor, cuide e ajude para que esse lugar sagrado permaneça imantado pela sua luz.

– Oh, meu juiz, pelo amor de Deus! Não sou administrador espiritual desse menino; o administrador de todos nós é um só: Deus. Sou apenas um grão de areia que vindo de Deus desce entre vocês no sentido de promover a paz. Mas, se o senhor tomou esta decisão com o sentimento de elevar os filhos de Deus a um entendimento maior, enquanto Augusto viver neste corpo que Deus lhe deu posso me comprometer em dizer que ele jamais vai vender este chão; um dia ele pode também doá-lo e, quando terminar toda a nossa missão, a terra continuará sendo do mesmo dono: Deus.

Após conversarem muito sobre o ato do juiz em doar as terras para Augusto, ele pediu que os dois guardassem segredo, que não contassem nem para o rapaz nem para quem quer que fosse. Tudo tinha sua hora, e, no dia certo, no momento adequado, as coisas iriam acontecer.

Os dois prometeram guardar segredo, entreolhando-se. Admiravam a inteligência daquele mestre de luz. Não era bom que outros soubessem da riqueza de Augusto; a cobiça gerava e provocava muitos prejuízos espirituais.

Naquele momento, os dois Bento nem de longe imaginavam que o preto velho já sabia o que aconteceria no futuro. Após a morte do juiz, um de seus herdeiros embargou e depois de mais de quinze anos ganhou na justiça as terras que foram doadas ao médium Augusto pelo juiz Antônio Bento.

Augusto nunca compareceu às audiências convocadas pelo herdeiro; deixou bem claro que não sabia dessa herança e que não pretendia apossar-se de algo que não era dele.

Capítulo IX

O reencontro

Após a assinatura da Lei Áurea, aumentou a violência em todo o Brasil. Muitos abolicionistas foram sequestrados, aprisionados e por fim mortos, e as mortes, atribuídas a doenças misteriosas.

O país viveu um período de muita tristeza, que mudou a trajetória de muitas famílias. Imigrantes chegavam ao Brasil com planos de fazer fortunas. Aproveitando-se da situação em que se encontrava o país, realmente enriqueceram à custa do sofrimento daqueles que deixaram o cativeiro para viver outra prisão. Os ricos senhores bem estabelecidos em nosso Brasil iam tomando conta de tudo e de todos. Ofereciam empregos aos negros, e como pagamento davam-lhes comida e um canto para se abrigar; muitos se sujeitaram por não ter aonde ir nem o que fazer. Alguns senhores expulsaram os escravos das fazendas; eles saíam com os trapos que lhes cobriam o corpo. Estes faziam qualquer tipo de serviço por um prato de comida e um lugar para dormir.

Nesta época, pessoas como Chico Preto dobraram as oportunidades de emprego nos negócios. Os inimigos de Chico Preto brincavam dizendo que nas minas dele havia mais negro do que ouro. Surgiram diversos problemas envolvendo a mina de Chico Preto: a pressão dos empresários e a política interna, que não deixavam os abolicionistas em paz, muitos saques, falsas denúncias tentando intimidar o progresso dos que não concordavam com a corrupção, algo que vivenciamos, aliás, até os dias atuais.

No tempo marcado com Antônio Bento, Chico Preto manteve sua palavra. Estava com tudo pronto para receber a bela filha do amigo como esposa.

Para o casamento da filha do senhor Antônio Bento, muita gente investiu em roupas e sapatos de luxo. Ninguém queria perder a grande oportunidade de levar para casa uma peça de ouro e contar que fora convidada para o maior evento dos tempos: o casamento de Chico Preto, o rei do ouro. Corria o boato de boca em boca, e o noivo não economizou em nada. O próprio convite do casamento foi todo desenhado em ouro, e os convidados já imaginavam o que iriam ganhar de lembrança do senhor das minas.

Parentes do noivo e da noiva estavam presentes. Antônio Bento notou a inquietação e o desconforto do amigo Antero. O clima não foi dos mais agradáveis para o pai do noivo. Antero não escondeu a decepção e a mágoa ao reencontrar entre os amigos aquele que um dia desejou nunca mais rever: seu pai biológico.

Antônio Bento chamou o amigo Antero para dar uma volta pelos arredores da fazenda, mas seu objetivo era outro. Conversou muito com ele, explicando que o antigo senhor vivia na fazenda e colaborava muito como voluntário na escola e em outras tarefas; que procurasse deixar o passado para trás e tivesse coragem de olhar para a frente e, quem sabe, com o tempo, até perdoar o pai.

Antero ouviu o amigo e prometeu que não iria arrumar nenhum mal-estar com o antigo senhor; iria evitá-lo, sim, mas respeitaria a alegria do filho e o amigo Bento, que sempre o acolhera de braços abertos.

Antero parecia amargurado, observou Bento. Seria apenas pelo pai? Criou coragem e perguntou:

– Além desse problema, há mais alguma coisa que o atormenta? No tempo que convivemos juntos aprendemos a nos conhecer. Algo o atormenta... O que é?

Duas lágrimas rolaram do rosto do mulato. Cabisbaixo, ele respondeu:

– O passado voltou para tirar meu sossego. Não estou em condições de conversar agora; quem sabe depois, quando estiver com a cabeça no lugar.

Antero pediu licença ao amigo; precisava caminhar sozinho com seus fantasmas.

Bento observou o amigo se afastar e rapidamente compreendeu qual seria o passado que deixara o amigo naquele estado. Sua experiência de vida como homem que se envolvia com os sofrimentos alheios dera-lhe a resposta: Arlinda...

Antero olhava de um lado para outro, mas não reconhecia mais ninguém que dividira com ele os dias de horror e de alegria. Os que viviam na fazenda pareciam pessoas alegres e felizes. Tudo estava mudado; nada era como havia deixado. Até a casa mudara de cor. Não existiam mais a senzala nem o quartinho que lhe servira de abrigo; o quarto fora derrubado e no lugar estava agora um lindo ipê, todo florido de flores amarelas, cobrindo o chão, onde derramara tantas lágrimas.

Aproximou-se do terreiro onde antes era a senzala e espreitou o interior. Ali moravam tio Chico e outros velhos amigos. Parado à porta do terreiro, Zacarias, que ajudava as mulheres a fazer a limpeza, convidou-o a entrar. Antero entrou no local e observou cada canto, cada detalhe. De repente, seus olhos depararam com uma peça de madeira. Esticando o braço, perguntou:

– Esse pássaro aí é de quem?

– Pertenceu a tio Chico. Ele cultuava esse pássaro como uma imagem de Nosso Senhor, e hoje, por ordem do pai Francisco, ele continua no mesmo lugar e sendo zelado do mesmo jeito. Não sei onde tio Chico adquiriu esta peça, mas sei que tinha por ela grande zelo e amor.

Antero se ajoelhou e, sem se importar com a aprovação ou não do rapaz, agarrou-se à estatueta de madeira. Fora ele quem fizera aquela escultura e, antes de deixar a fazenda, presenteara tio Chico com ela. Havia comentado ao negro velho que, de todas, aquela escultura fora a que mais gostara de fazer. Agora chorava abraçado ao pássaro, e podia sentir a presença viva de tio Chico. "Querido Chico, como você foi importante em minha vida! Daria tudo para tê-lo novamente comigo". Sentia também saudade de sua avó materna; ela sim lhe dera amor de verdade.

Zacarias não entendeu nada; o pai do genro do senhor Bento ficara emocionado com os pertences de tio Chico? Por que seria?

E, assim, Antero foi de ponto em ponto que conhecera, descobrindo que nada mais estava do jeito que deixara.

Sentado no velho tronco de uma frondosa árvore que conhecera saudável, cujo toco agora estava morto e seco, pôs-se a pensar: "Nem o senhor é mais o mesmo! Não posso negar que se o encontrasse em qualquer lugar não iria reconhecê-lo. Está mudado; parece tranquilo e feliz. Será que eu é que não mudei? Parece que saí ontem desta fazenda, sinto-me fraco diante dela. Tenho a impressão de que acordei de um sonho; algo me arrasta de volta para quem imaginei distante de minha vida".

Estava tão absorto em tais pensamentos que não percebeu a chegada de Arlinda. Ela sentou-se ao lado dele e, tomando-lhe a mão, falou:

– Antero, não podemos reclamar de nossa vida. Apesar de muitos sofrimentos que atravessamos juntos, chegamos até aqui. Olhe só onde estamos! De volta a uma fazenda que simplesmente guarda na memória algumas passagens que não valem a pena ser lembradas. Percebi que não se sente bem diante do antigo senhor; falo antigo *mesmo*, porque hoje ele é muito querido pelos jovens brancos e negros da fazenda; é um novo senhor. Repare em nosso filho. É um homem forte, decidido, feliz. Sou uma mulher feliz também; se não tive tudo o que sonhei um dia, recebi muitas bênçãos de Deus em outras formas de felicidade. Você também fez sua vida, tem uma família maravilhosa, alcançou seus objetivos antes de outros escravos; portanto, não pode se queixar da vida. Eu e minha família sofremos muito, porém, Deus, em sua misericórdia, colocou pessoas iluminadas em nosso caminho. Saímos da fazenda como mercadorias de segunda mão, mas nosso filho nasceu livre. Não posso me lamentar.

Antero levantou a cabeça e, olhando dentro dos olhos de Arlinda, perguntou:

– Você é feliz?

Ela baixou os olhos e respondeu:

– Quando vivemos em paz e temos ao nosso lado pessoas maravilhosas como nós dois temos, não podemos dizer que somos infelizes.

Secando os olhos na manga da camisa, Antero comentou:

– Quando encontrei meu filho, pensei que fosse morrer de emoção. Foi uma felicidade imensa, e em todos estes anos em que estivemos separados jamais deixei de pensar nele e agradecer a Deus pela felicidade que ele encontrou na bondade do padrasto que o tomou como filho. Todavia, hoje, descobri que nunca me separei de vocês; no momento em que a vi pensei que fosse morrer. Foi como se me virassem do avesso. Senti vontade de correr e de abraçá-la; parece que nunca me afastei daqui. Tenho a impressão de que estava dormindo e acordei em outra dimensão; tudo está mudado, diferente, menos o que sinto por você.

Arlinda, desnorteada, replicou:

– Talvez tenham sido as lembranças do que vivemos juntos nesta fazenda que o deixaram assim. Não posso negar que me senti um pouco desconfortável, especialmente quando meu filho me levou até o antigo senhor e tive de lhe dar a mão. Agora imagino você ter de olhar dentro dos olhos dele, se é que conseguiu olhá-lo, e dizer que está tudo bem.

– Não, eu não o olhei. E também não estendi minha mão a ele. Sinceramente, não tenho vontade nenhuma de fazer isso. Não fui embora pela consideração que tenho ao nosso filho e a outras pessoas da família de minha nora; são amigos de muitos anos.

– Tenha paciência, Antero. Por nosso filho sempre fiz e faço qualquer sacrifício. Ele está tão feliz! Não podemos entristecê-lo com nossos sentimentos pessoais.

– Arlinda, por favor, me fale a verdade. Vou me sentir o mais feliz dos homens se me disser a verdade. Diga-me que se casou com o doutor não por interesse na riqueza dele, mas pensando em proteger nosso filho. Vivi até hoje acreditando nisso; se estive enganado todo esse tempo, vai ser bom para mim conhecer os verdadeiros motivos que a levaram a se casar com outro homem.

– Antero, quando deixamos a fazenda, não sabíamos do nosso destino. Logo nos primeiros dias em que chegamos à fazenda do senhor, o irmão dele começou a me olhar diferente e tentei fugir de todas as formas. Ele convidou toda a nossa família para trabalhar na mina. Para o meu pai, foi um achado do céu. Dias depois, ele se declarou e pediu permissão para falar com meus pais. Disse que, se eu aceitasse, ele iria me libertar e toda a minha família. Não poderia se casar comigo nas leis do Brasil, porque já era casado com uma sinhá que o abandonara, mas me daria a liberdade e me tomaria como sua esposa. Contei toda a verdade a ele, que esperava um filho seu, e que por esse motivo havia sido obrigada a deixar a fazenda do senhor.

Antero, emocionado, ouvia o relato de Arlinda atentamente. A mãe de seu filho prosseguiu:

– Então ele me respondeu: "Seu filho vai nascer livre e será criado como meu filho. Não importa a sua cor, crescerá com meia e sapato de couro no pé, vai estudar nas melhores escolas e ai de quem criar diferença com ele". Enquanto ele falava, eu só pensava em você e no quanto o amava, mas sabia também que jamais iria estar com você, e a oportunidade que surgia para minha família e meu filho valeria qualquer sacrifício. Aceitei sem pedir tempo para pensar. A partir daquele dia, passei a viver para minha família e meus filhos. Soube de sua luta e de seu sucesso. Acredite, sempre pedi a Deus que o fizesse muito feliz. A vida nos separou, mas não podemos reclamar da sorte que tivemos em encontrar pessoas maravilhosas. Sei que se casou com uma moça branca e distinta, e que também tem filhos. Não os trouxe por quê?

– Meus filhos estudam fora do Brasil, e minha esposa foi visitá-los. Esse é o motivo de não comparecerem ao casamento. Encontrei em minha mulher o amparo e a luz que me guiaram pelos caminhos. Sem ela, talvez não tivesse sobrevivido. Devo-lhe minha vida, tanto quanto você deve a sua ao homem que deu um nome a meu filho. Contudo, não posso negar, nunca deixei de amá-la. Não importa o que vier a acontecer entre nós, não vou mais viver com minha mulher; não posso enganar alguém que sempre me deu a mão.

Arlinda fitou Antero profundamente. O tempo não apagara os sentimentos que levavam na alma e no coração. Ficaram por alguns segundos se olhando e, como mágica, abraçaram-se. Seria um sonho ou era real? Estavam vivos... Podiam sentir o bater compassado dos corações. Aquele abraço fora tão desejado pelos dois. Não houvera oportunidade antes, mas agora, livres das algemas do espírito, estavam juntos; não era apenas o desejo da carne, o maior desejo era o da alma.

Antero levantou o queixo de Arlinda e lhe disse:

– Mande-me embora e desaparecerei para sempre de sua vida. Vou compreender. Agora somos livres e podemos dizer sim ou não ao nosso próprio coração.

Arlinda, o olhar fixo no de Antero, respondeu:

– Um dia nos expulsaram desta fazenda e hoje nos convidaram a voltar. Nunca o tirei de minhas lembranças e nunca o expulsei de meu coração. Não é agora que o encontrei que vou mandá-lo embora.

Assim, abraçados entre beijos e juras de amor, os dois não perceberam que já anoitecia. Pareciam dois adolescentes, e combinaram de se encontrar no meio da noite, como faziam no passado.

Augusto, que voltava de uma de suas tarefas espirituais, avistou o casal. Escondido, passou por eles sem que percebessem. O que estaria acontecendo com Antero e Arlinda? Não contaria a ninguém, nem mesmo ao pai, com quem não costumava manter segredos.

Os familiares estavam tão envolvidos nos preparativos do casamento que nem perceberam a ausência do casal, exceto Antônio Bento, que se mostrava ansioso. A esposa percebeu e, discretamente, perguntou-lhe se estava nervoso pelo casamento da filha ou se estava acontecendo alguma outra coisa.

– Não se preocupe comigo, está tudo bem. Estou ansioso sim. Sou o pai da noiva; deve ser natural. Vou tomar um banho e descansar alguns minutos no quarto, se não se importar.

– Claro que não me importo. Vá! Daqui a pouco eu também vou me preparar. Já está tudo pronto para o jantar. Espero que esteja do gosto de todos.

Debruçado no parapeito da janela de seu dormitório, Antônio Bento viu Augusto chegar com algumas folhas na mão. “Meu filho querido, tão jovem e com tanta responsabilidade.” Orgulhava-se do filho; tinham acontecido tantas coisas nos últimos tempos que nem dava para acreditar.

O juiz, amigo e compadre de Antônio Bento, é quem lavraria o casamento de sua filha, e logo após receberiam a bênção do padre José, que batizara Josefina. Isso fora conselho de pai Francisco quando conversara com os noivos.

Bento não deixava de pensar nos novos problemas que demandava agora a libertação dos negros. Eram tão graves quanto os processos que haviam enfrentado para pressionar a assinatura da Lei Áurea. Muitos senhores, revoltados, colocavam para fora os escravos, sem a mínima condição de sobrevivência. Os negros buscavam abrigos aqui e ali, mas as grandes cidades brasileiras estavam lotadas de negros famintos e doentes. Tentaram jogar os negros contra os abolicionistas, dizendo que a desgraça deles fora provocada pelos primeiros. Os abolicionistas, por sua vez, buscavam de todas as formas redimir os sofrimentos dos negros que viviam sem rumo. Muitos morriam pelas ruas depois de beberem muito. Embriagados, partiam para brigas e caíam mortos.

Envolvido em seus pensamentos, notou um vulto que se aproximava do jardim da casa. Era Arlinda; ele a reconhecera entre os arbustos. Ela deu a volta e foi para o fundo da casa. Em seguida, percebeu outro vulto que deixava o jardim e se aproximava do grande terreiro de terra batida onde estavam vários negros sentados pitando seus cigarros. Era Antero. Ele parou no meio deles e ficou conversando. Logo o viu com um cigarro de palha na boca. Antero não fumava; fazia aquilo para agradar os companheiros. Então ele não estava errado. Antero e Arlinda estavam juntos. O que lhes reservava o destino? Antero era casado com uma mulher maravilhosa, mas isso não queria dizer que, diante do passado, como ele mesmo havia confessado, não pudesse ter uma recaída.

E Arlinda? Estava viúva, sensível e carente. Ao reencontrar o antigo amor, por certo não pensaria duas vezes antes de se atirar nos braços de Antero. Lembrava-se do que lhe falara Chico Preto: ela ainda era jovem; se desejasse se casar, teria todo o apoio do filho. Mas teria de ser com alguém tão nobre quanto fora o padrasto.

Alguém bateu à porta do quarto. Por certo não era a esposa. Correu para atender. Quem seria?

Uma das mulheres que cuidava da arrumação da casa comunicou-lhe que a esposa se sentira mal; tivera uma vertigem e estava sendo auxiliada pelas mulheres da casa.

Antônio Bento disparou quarto afora e encontrou a esposa sentada com um copo de água na mão. Ela dizia que estava tudo bem; que fora uma tontura passageira.

Sentando-se perto dela e passando-lhe o braço pelos ombros, perguntou:

– O que está sentindo? Vou mandar buscar o médico.

– Pelo amor de Deus! Há pouco você me disse que estava ansioso porque era o pai da noiva, e eu lhe digo a mesma coisa: estou tensa, sou a mãe da noiva!

Tomando a mão da filha, pediu:

– Josefina, fique tranquila. Juro que não estou doente nem sentindo mais nada, é ansiedade mesmo.

– Pois então vamos tomar um banho. Pedirei que lhe preparem um chá, e a senhora vai descer à hora do jantar. Vou me encarregar de tudo, afinal, tenho de ir treinando. Serei uma dona de casa. Leve mamãe para o quarto e faça com que descanse – pediu Josefina ao pai.

Augusto quis acompanhá-los. Precisava ficar ao lado da mãe por alguns minutos. Bento fez a mulher se deitar, e pai e filho sentaram-se cada um de um lado da cama, cada um deles tomando uma das mãos dela.

Augusto fechou os olhos e começou a rezar em voz alta. Repetia a oração de tio Chico, a das Chagas de Nosso Senhor Jesus Cristo. Quando terminou, ficou em silêncio alguns minutos. Então abriu os olhos e indagou:

– Está preparada para receber um bebê?

A mãe arregalou os olhos e respondeu:

– Augusto, não fale uma besteira dessas perto de ninguém. Tenho uma filha casando-se amanhã. Logo, logo serei avó. Que vergonha uma mulher com dois filhos na idade de se casar tendo um bebê; não fale isso perto de ninguém.

– Não vou falar perto de ninguém, mas a senhora não vai poder esconder o volume da barriga quando começar a crescer. E, em vez de ficar indignada, agradeça a Deus esta grande bênção que está chegando a nossa casa. Você está grávida, mamãe! Parabéns, papai! O senhor vai ganhar outro filho, e estou muito feliz em poder ajudar um novo ser a vir descobrir este mundo. Fiquem a sós. A senhora tem razão: não está doente, é só uma gravidez. Basta cuidar-se e tudo ficará bem.

A mãe o olhava sem palavras. Tinha medo das intuições do filho; o que ele falava de fato acontecia. Estaria grávida?

Augusto beijou-lhe a testa e bateu de leve no ombro do pai, que, imóvel, agradecia a Deus, pedindo que seu filho estivesse certo.

A sós, o casal se entreolhava. Bento abraçou a esposa.

– Mulher, isso é bom demais para ser verdade! – comentou. – Contudo, digo-lhe uma coisa: se Augusto estiver certo, e ele não erra nunca, juro que trocarei fraldas e aprenderei até mesmo a cantar para fazer o bebê dormir. Prometo que não a deixarei uma noite sequer sozinha.

– Não sei o que lhe dizer – tornou a esposa. – A não ser que desta vez meu Augusto tenha se enganado. Quando pai Francisco vier, vou perguntar a ele o que aconteceu comigo. Não posso acreditar em uma gravidez assim do nada. Por favor, não solte uma palavra a ninguém.

– Não vou comentar com ninguém por enquanto, mas fiquei magoado quando disse uma "gravidez assim do nada". Sou nada para você? – inquiriu Bento.

– Foi apenas um modo de expressão. Você bem sabe que o bem mais precioso de minha vida é você e meus filhos – respondeu a mulher.

O jantar transcorreu em perfeita ordem. A mulher de Bento estava renovada. Bento, à mesa, percebeu o olhar de Antero em direção a Arlinda. Ela não escondia o que estava sentindo e deixou bem claro o que acontecia.

Chico Preto pediu ao amigo Bento que convidasse o avô. Este agradeceu, mas disse que Antero não se sentiria bem, e, se queria reconquistar o filho, sentar-se à mesa com ele naquele momento não seria bom nem para si próprio, nem para Antero.

Todos queriam saber se a esposa de Bento estava bem, ao que ela respondia que estava tão ansiosa quanto a filha, e que não ficara assim nem no próprio casamento, mas agora seu bebê estava se casando...

Augusto olhava com muito carinho para a mãe e o pai. Em breve, aquela casa seria preenchida pelo cheiro de um anjo que vinha para trazer alegria. Quem seria este espírito? Como seria este bebê?

Os últimos detalhes da festa foram discutidos entre as famílias. A festa duraria o dia todo e a noite. Chico Preto combinou que logo depois do almoço seguiria com a mulher para uma de suas fazendas e ficariam em lua de mel por um mês. Depois seguiria para Minas Gerais e, quando fosse possível, visitariam a família.

Insistiu com o avô para ir com ele a Minas Gerais, e o avô respondeu que na fazenda se sentia útil e feliz, e que ali, onde ajudara a derramar tantas lágrimas, queria ver brotar sorrisos nos lábios dos descendentes de suas vítimas.

Chico Preto se despediu da noiva, que foi dormir cedo. Precisava acordar bem no outro dia. Antônio Bento acompanhou a esposa, que foi aconselhada por todos a descansar.

Augusto se recolheu em suas orações. A fazenda parecia silenciosa, mas muita gente estava acordada.

Chico Preto convidou o pai e o avô para ficarem um pouco mais. Precisava falar com eles. Antero manteve-se calado, observando o filho, e o avô anuiu com a cabeça, respondendo:

– Com todo o prazer, meu neto. Gosto de ouvi-lo.

Chico Preto foi direto ao assunto:

– Sei, nessa altura de nossos caminhos, que se cruzaram há pouco tempo e o que pensam um do outro. Gostaria de partir amanhã levando comigo a lembrança de no mínimo um aperto de mão entre os dois. Afinal, nenhum de nós deseja trazer o passado ao presente, nem pensar em construir um futuro relembrando o passado. Cresci chamando outra pessoa de pai, e tive conhecimento da história que separou meus pais biológicos. Guardava de meu avô grande ressentimento, e me perguntava sempre por que fizera tanto mal a nós. Tive a felicidade de conhecer os dois maiores Francisco deste mundo, e aprendi com eles que só poderia mudar minha história se acreditasse que as outras pessoas também poderiam mudar o roteiro de sua vida. Todos nós mudamos, e o senhor meu pai precisa transformar muitas coisas em sua vida. Para que isso aconteça, basta ter coragem, assim como tive, e como teve meu avô. Esse homem é seu pai biológico, mas os senhores nunca se reconheceram como pai e filho. Viveram distanciados um do outro. Também vivi distanciado dos dois e seria cinismo de minha parte dizer que adoro vocês, que guardo momentos especiais vividos ao lado dos dois. Não posso dizer isso, porém busco me aproximar de vocês para quem sabe, juntos, descobrirmos que ainda é tempo de aprender a nos amarmos como pai, filho e neto.

A luz da lua cheia iluminava-lhes os semblantes. O ex-senhor daquelas terras, fitando Antero, falou:

– Filho, sei que não sou merecedor de seu respeito, tampouco de seu amor. Mesmo assim, peço-lhe: você me perdoa? Não tenho como fazer o tempo voltar atrás; se pudesse, certamente tudo seria diferente com a visão que tenho hoje das coisas. Perdoe-me; deixe-me tocar suas mãos, algo que nunca fiz. Só as usei para maltratá-lo.

Antero olhou para o filho e, em seguida, estendeu as mãos ao pai. Pela primeira fez, fitou fixamente aqueles olhos, que brilhavam ao clarão da lua, dizendo-lhe:

– Hoje, Deus estendeu as mãos para mim, por isso estendo as minhas também a você. Como disse meu filho, não posso dizer que o amo. Mas vou lutar para aprender a gostar do senhor.

– Posso lhe pedir uma coisa? – solicitou o velho senhor com a voz entrecortada pelas lágrimas.

– Se puder atendê-lo, eu o farei – respondeu Antero.

– Deixe-me abraçá-lo; sei que não deseja meu abraço, mas preciso abraçá-lo, pelo amor de Deus!

Antero deixou-se abraçar. Depois de alguns momentos, o velho senhor se retirou. Ali se quebrou um grande nó que bloqueava a passagem dos sentimentos de amor entre pai e filho.

Antero e Chico Preto, também emocionado, mantiveram silêncio. Foi Antero quem primeiro voltou a falar.

– Francisco, meu filho, sei que você não me chama de pai e jamais vou cobrar ou até mesmo pedir que algo assim aconteça. Só quero lembrá-lo de que não o abandonei; foi o destino, ou sei lá que força, que nos afastou, e esse mesmo destino nos aproximou de novo. Estamos os três novamente aqui: eu, você e sua mãe, e não posso mentir agora para você, filho. Ao reencontrar sua mãe, descobrimos que nunca estivemos longe um do outro.

– Perdoe-me, não estou entendendo. O que o senhor está tentando me dizer? Pode ser mais claro? – indagou Chico Preto.

– Não retornarei mais ao Ceará. Se tiver de voltar lá, será apenas para resolver alguma questão de negócio. Vou pedir ao Bento um trabalho e ficar por aqui mesmo. Quem sabe essa não será a chance de me reaproximar de meu pai? E não sei como vai receber esta notícia, mas eu e sua mãe passaremos o resto de nossos dias juntos. Desta vez, só Deus poderá nos separar. Talvez ela também não queira retornar a sua casa. Seus irmãos já estão estudando na Suíça, foi ela que me contou. Acho que não vamos ter dificuldades em viver por aqui. Quem sabe não conseguimos a permissão de Bento para morar na casa que pertenceu ao tio Chico...

– Santo Deus! Como isso aconteceu assim tão depressa? Vocês mal se viram, e não percebi nada. Onde é que se encontraram?

– Passamos algumas horas juntos, e para seu conhecimento apenas conversando. O único pecado que cometemos foram beijos e abraços. E, se não tivéssemos conversado nem trocado beijos e abraços, nossos olhos teriam feito o que fizemos entre beijos e abraços. Amo sua mãe, e espero que possa compreender nossos sentimentos. Não nos separamos; nosso amor não morreu, e descobrimos que a vida simplesmente nos afastou por um tempo. Tenho esposa e filhos, e não vou virar as costas para nenhum deles. Pretendo manter com meus filhos os mesmos laços e, quanto à mãe deles, farei o possível para que não me odeie. Ela é uma mulher muito especial; sei que vai entender minha decisão.

O rapaz ouvia em silêncio e, assim que Antero terminou de falar, respondeu:

– O que poderia dizer à minha mãe? Que não fique com meu pai? Devo proibi-la de amar se eu mesmo não me contenho de tanto amor? Diante do que me disse, só posso lhe falar uma coisa: depois que retornar de minha lua de mel, gostaria que o senhor, que nunca fez nada por mim, aproveitasse essa chance que Deus está nos oferecendo e fosse me ajudar a cuidar das minhas fazendas e de meus negócios. Vou precisar de alguém de muita confiança para administrar minhas terras. É o que sempre digo: sou um homem de muita sorte. Estava coçando a cabeça e pensando onde iria encontrar alguém competente e de confiança para contratar, e de repente me cai do céu um homem apaixonado pela minha mãe que, para completar minha felicidade, é também meu pai. O senhor será meu administrador.

– Está me dizendo que não se opõe à nossa decisão, meu filho?

– Não só estou lhes dando meu total apoio, como lhe ofereço uma oportunidade única de reparar seu erro com ela e comigo. A minha única exigência é que a faça feliz. Preciso do senhor a meu lado, não só pelo trabalho, mas também por amor. Vamos compensar o tempo que perdemos; esqueçamos o que ficou para trás. Devemos seguir em frente – afirmou Chico Preto, abrindo os braços para o pai.

Ficaram conversando um bom tempo. Antero ainda estava arredio com a história de conviver com o pai. O filho queria porque queria levá-los, dizendo que seria uma forma de fechar as feridas do passado de uma vez por todas. Pensando em Arlinda, nada mais era importante do que estar ao lado dela. Talvez com o tempo pudesse até mesmo encarar aquele senhor sem se perturbar. Acabou concordando com o filho e prometeu que faria de tudo para conviver em paz com ele.

Antero se despediu. Sentia-se como um menino indo ao encontro da amada, como nos velhos tempos, às escondidas. Abraçado a ela, contou-lhe a conversa que tivera com Chico Preto e a felicidade que agora sentia em seu coração. Estava diante de quem sempre amara, do filho e até mesmo do pai biológico. Ria-se, lembrando-se da avó paterna. Comentou em voz alta:

– Se ela estivesse presente, como estaria feliz!

Arlinda, preocupada, quis saber:

– O que fará em relação à sua esposa?

– Tenho certeza de que ela entenderá. Conhecendo-a como a conheço, sei que vai compreender e me perdoar. Ela vinha cogitando a ideia de nos mudarmos para o exterior, mas jamais deixaria meu Brasil, e ela sabe disso. Acredito que, após resolvermos nossa separação, ela volte a seu país. Nossos filhos estudam lá e não desejam voltar ao Brasil. Os pais dela também retornaram à terra deles. Ela chegou ao Ceará ainda menina, mas nunca perdeu seus costumes. Sente saudade da terra natal, mas nunca fiz nenhum esforço para acompanhá-la em suas viagens. Sinceramente, acredito que vá ser muito bom para todos nós.

***

Dentro do quarto, Chico Preto sentia-se tenso. Não conseguia dormir. "Amanhã estou me casando", refletia, "e que felicidade ter meus pais perto de mim". Pensava em tio Chico com saudade, lembrando-se de que ele sempre dizia que amor chamava mais amor. Não podia condenar os pais. Haviam sido separados pela ignorância não de um homem, mas sim de toda uma sociedade bruta e ingrata. Todos estavam de volta ao ponto onde tinham plantado as sementes da própria história, e o que deveriam fazer naquele momento era perdoar uns aos outros. Eram as grandes oportunidades de Deus, palavras tão bem lembradas pelos pretos velhos nas palestras espirituais.

Precisava dormir um pouco, mas estava ansioso. No dia seguinte seria seu casamento com a moça mais bela que já tinha conhecido em suas andanças pela vida. E, ainda por cima, filha de seu amigo Antônio Bento. De fato, nascera com muita sorte. Tinha de aproveitar cada minuto da vida; ser feliz e fazer os outros felizes. De repente, as visões de sua infância que tanto o assustavam vieram-lhe à mente. Só de pensar em morrer e deixar a esposa sozinha ficava arrepiado. O fato de saber que seu pai estaria por perto dava-lhe tranquilidade. Mas a pergunta não parava de vir ao pensamento: "Será que vou morrer logo?"

Tentou relaxar e por fim adormeceu. De repente, viu-se em um lugar bonito. Tio Chico aparecia-lhe rindo, de braços abertos.

– Oh, filho, vim lhe dar os parabéns pelo casamento!

Distanciado deles estava outro senhor de cabelos grisalhos, pele alva e olhos azuis da cor do céu. Tio Chico, rindo, fez sinal para que se aproximasse.

– Pai Francisco, olha só quem está aqui.

O bondoso senhor se aproximou dele e o abraçou.

– Querido tataraneto! Estou muito feliz em revê-lo; receba nossas bênçãos e que amanhã seja um dos dias mais felizes de sua vida.

Chico Preto observava, curioso, tio Chico e o senhor de cabelos grisalhos. Pai Francisco também era negro; não podia ser aquele senhor branco de olhos azuis!

Andou com eles dois por vários lugares bonitos. Conversaram muito. Por fim, acordou sobressaltado. Passou a mão pela testa; suava e sentia muita sede. Sentou-se na cama, bebeu água e ficou olhando ao redor. Tentava se lembrar do que havia conversado com os dois, mas não se recordava de todas as palavras. Que coisa estranha! Aquele senhor do sonho era branco como leite, e pai Francisco era um preto velho, então não poderia ser ele. O sonho lhe parecera tão real, e fora tão bom falar com tio Chico! Mesmo sendo um sonho, sentia-se amparado.

***

Os pássaros acordavam alegremente moradores e visitantes da fazenda com uma linda sinfonia de cantos e toques, anunciando que o dia chegava iluminado pelos primeiros raios de sol.

Antero virou-se de lado, ouvindo o canto dos pássaros. "Santo Deus! Fecho os olhos e parece que nunca saí daqui. Sinto como se estivesse em meu antigo quartinho." Estirado no leito, Antero fazia um apanhado da própria vida. Quando é que sonhara estar naquele dormitório que pertencera ao irmão branco, o qual usava agora como visitante? Pensava no pai, antes dono absoluto daquele casarão, e agora vivia de favor em uma casinha isolada, da mesma maneira que um dia ele vivera no quartinho. A vida dera muitas voltas; também jamais sonhara reencontrar Arlinda, e ainda no mesmo lugar onde um dia tinham vivido sua história de amor. O filho era um homem de dar orgulho a qualquer um; fora gerado naquela fazenda e agora retornava às raízes.

O amor e a paixão que sentia por Arlinda não tinham morrido. Ao reencontrá-la, houvera um despertar dentro dele. Os sentimentos tinham explodido como um vulcão adormecido. Lembrava-se das palavras de tio Chico. O negro velho havia dito que, se fosse pela vontade de Deus, passasse o tempo que fosse, os dois voltariam a se reencontrar para viver o grande amor que os unia. Como havia conseguido viver todo aquele tempo longe dela? Casara-se, tivera filhos e vivera tranquilo ao lado da esposa, e só agora podia compreender que Deus fora misericordioso com todos eles. Para que pudessem preencher a vida de sofrimentos, colocara pessoas maravilhosas que os tinham ajudado a viver até aquele momento.

Estava decidido: não voltaria ao nordeste. Depois do casamento do filho, daria um tempo, e em seguida escreveria à esposa, assim ela poderia se preparar para, no retorno, apenas resolverem a separação. Deixaria tudo para ela; sairia apenas com o suficiente para recomeçar a vida ao lado de Arlinda. Sempre fora sincero e honesto com a esposa; iria lhe contar tudo. Por um tempo ficou imaginando qual seria a reação dela. Será que entenderia? Ou seria melhor não contar nada a respeito de Arlinda?

***

Chico Preto ajoelhou-se e, mãos cruzadas sobre o peito, rezou e pediu a Deus pela sua vida e pela da moça a quem se unia naquele dia. Sentiu um aperto no coração. Como gostaria de dividir aquele momento da vida com tio Chico! Tivera tão pouco tempo com ele, mas o suficiente para carregá-lo dentro do peito por toda a vida.

Pouco tempo depois, estavam todos reunidos à mesa da sala de jantar. Chico, perto da noiva, contemplava sua beleza e se orgulhava de ser amado por uma jovem tão bela e encantadora como Josefina.

Antônio Bento sugeriu que se fizesse uma oração de agradecimento, pois aquele dia para ele, como homem, era tão importante quanto para o noivo. Iria casar sua menina, sua filhinha. Apesar de sentir um aperto no coração por vê-la partir, sabia que estava casando a filha com um verdadeiro homem.

Todos se deram as mãos em volta da mesa e Bento pediu ao filho que fizesse a oração. Augusto, emocionado, agradeceu a Deus as bênçãos concedidas a todos e pediu pela felicidade da irmã e de toda a família. Estavam sentados e sendo servidos pelos empregados. A esposa de Bento se levantou rápido com a mão à boca e saiu correndo. O marido a seguiu, e Josefina fez menção de fazer o mesmo, mas Augusto segurou-lhe a mão, dizendo:

– Calma, Josefina. Não há nada sério com nossa mãe. Vamos apenas deixar de ser os únicos filhos de Antônio Bento. Dividiremos nossos pais com mais alguém.

Josefina, ainda assustada, indagou:

– O que está tentando me dizer, Augusto? Que nossa mãe está grávida?! Ela espera um bebê, que será nosso irmão ou irmã?

Todos se entreolharam.

– Mamãe, grávida? – insistiu a filha.

– Sim, mamãe grávida – tornou o rapaz.

Fez-se um breve silêncio, e Augusto prosseguiu:

– Veja só como Deus faz as coisas do seu jeito. Está nos deixando e alguém está se preparando para vir alegrar os corredores desta casa.

Minutos depois, Bento voltava pedindo desculpas a todos, dizendo que a esposa estava descansando. Justificou sua ausência contando que ela sentira enjoo, e tudo indicava que em breve teriam outro motivo muito importante para se reunirem e comemorarem: o nascimento de mais um herdeiro.

Todos ficaram alegres e felicitaram Bento.

***

As mulheres se reuniram para ajudar a noiva, e os homens, naturalmente o noivo. O pai da noiva esperava os convidados com muita alegria e ansiedade. Tinha vários assuntos importantes para tratar com o amigo Antônio Bento. Um deles é que já havia tomado uma decisão: deixaria a organização, pois se dedicaria à família, especialmente agora que fora abençoado com outro filho.

A noiva se despediu do noivo e ambos se retiraram. Agora só se reencontrariam na hora do juramento diante do juiz, das testemunhas e de pai Francisco do Cruzeiro das Almas.

O barracão estava todo enfeitado de ervas e flores. Os médiuns, envolvidos com os trabalhos espirituais, tinham programado e preparado tudo o que fosse necessário para os dois jovens receberem as bênçãos dos mentores espirituais. Assim que terminasse a cerimônia civil, seriam conduzidos pelas testemunhas ao barracão onde antes fora a senzala.

Muitos convidados chegaram. A esposa de Bento sentia-se muito bem; os enjoos haviam desaparecido, e estava ainda mais bonita que antes. Observou o marido, e os convidados comentavam entre si: a mãe da noiva parece irmã dela.

Augusto serviu de testemunha do cunhado. Iria substituir fisicamente tio Chico, que fora o primeiro a ser convidado como padrinho de casamento. Antero e Arlinda, ao lado do filho, não escondiam a emoção, e as lágrimas desciam dos olhos dos dois.

Chico Preto tremia enquanto aguardava a noiva, que logo apareceu sendo conduzida pelo pai até ele.

Enquanto aguardava a noiva, o juiz fez um breve retrocesso de sua vida. Vira aquela menina nascer e hoje era seu casamento. Olhava para o afilhado, que havia deixado a barba crescer e aparentava agora ser mais velho, tanto na aparência quanto nas atitudes. Orgulhava-se de fazer parte daquela digna família. Suas terras estavam em boas mãos; ninguém sabia ainda de sua decisão, nem mesmo a esposa. Talvez tivesse sérios problemas com ela quando viesse a lhe falar sobre o que havia decidido: mudaria para uma de suas fazendas e não desejava mais se envolver com nenhum movimento. Sentia-se em paz consigo mesmo quando lembrava que ajudara a libertar várias pessoas do cativeiro. Agora, muitos mulatos, negros e brancos de mãos dadas iriam continuar lutando, e essa luta iria perdurar por muitos e muitos anos.

Ultimamente não vinha se sentindo muito bem. Não conseguia mais fazer tanto esforço físico como antes. Qualquer pequena viagem causava-lhe fadiga. Sentia muitas dores nas costas e no peito; havia consultado alguns médicos e tomado remédios, mas sem muito resultado. O que de fato aliviara a tosse noturna foram os remédios do preto velho pai Francisco do Cruzeiro das Almas. Tomava todos os dias. Quando terminava um vidro de xarope, receita do preto velho, sua fiel servidora, uma negra velha de mais de oitenta anos, preparava-lhe outro, e assim conseguia dormir durante algumas horas sem tossir.

Após o término do casamento, os padrinhos acompanharam os noivos ao barracão. Augusto, emocionado, fez as orações e consagrou as alianças abençoando os noivos e lhes borrifando água perfumada e fluidificada. Não houve incorporação física, mas todos puderam sentir a presença e o perfume da espiritualidade.

Os noivos receberam os cumprimentos dos convidados e as bênçãos dos familiares, e a festa começou. O cheiro de carne assando, música, risadas, e logo o terreiro da casa-grande estava repleto de casais dançando e se divertindo. As crianças corriam de um lado a outro, mulheres conversavam alegremente e homens trocavam informações de negócios.

Os dois Bento estavam sentados na varanda, bebericando uma cachaça curtida com ervas, receita do preto velho tio Chico.

O mulato Bento então falou:

– Amigo juiz, neste momento, peço licença para lhe falar como amigo de luta.

O juiz replicou:

– Pois pode começar a falar que o ouvirei como o amigo que sempre fui e quero continuar sendo.

– Nesta altura de minha vida, casei minha filha hoje e também tive certeza absoluta de que vou ser pai de um novo bebê.

O juiz se levantou e abraçou o amigo, saudando-o:

– Parabéns, Bento. Essas recompensas que vêm de Deus nos fazem acreditar no quanto vale a pena viver e lutar por nossa vida.

– Diante desses fatos, e bem antes mesmo, para falar a verdade, já havia tomado esta decisão: vou me desligar do movimento. Não quero mais nenhum compromisso de correr estados e cidades. Preciso ficar ao lado de minha mulher; não acompanhei o crescimento de meus dois filhos, mas na vida do terceiro quero estar presente.

Após alguns segundos, o juiz respondeu:

– Então, amigo, temos mesmo muita coisa em comum. Até nossas decisões pessoais estão em sintonia. Também eu vou me afastar de todos os cargos públicos. Definitivamente, estou me mudando para a fazenda e pretendo ficar por lá até a hora da grande chamada.

– Fico contente por você aproveitar sua vida. Contudo, não me fale mais nesta tal grande viagem – pediu Bento.

– Não comento com minha mulher – falou o juiz –, mas acredito que não vou muito longe, meu amigo. Um homem conhece melhor seu corpo que qualquer outra pessoa, ainda que seja um médico. Vou para a fazenda, pois o ar lá é melhor. Quem sabe conseguirei esticar um pouco mais minha caminhada por aqui.

– Tem procurado o tratamento certo? Já tentou buscar os dois lados, o médico dos homens e o de Deus? Você tem conhecimentos e posses, pode ir ao exterior para fazer um tratamento mais adequado. É jovem, então com certeza as chances dobrarão.

– Já estou muito bem atendido dos dois lados, pode ficar sossegado. Graças ao remédio de pai Francisco, consigo dormir à noite. Acredito que, não fosse esse abençoado xarope, estaria bem pior. Não pretendo mais ir ao exterior, apenas ao meu interior! E, por falar em interior, a ciência que conheci nesta fazenda está se espalhando por aí como fumaça no ar. Em todo lugar há guias baixando e curando muita gente. Lá mesmo, na fazenda onde pretendo me instalar, tem o negro velho Dedé. Acho que chegou a conhecê-lo; está famoso agora. Vem gente de toda parte atrás dos tratamentos dele. A conversa que se ouve é: se o velho Dedé não curar a doença aqui, é porque a cura está no céu. Vou estar sob os cuidados dele, e desde já acredito que, se for da vontade de Deus, viverei um bom tempo; mas, se não for de Sua vontade, posso encontrar a cura no céu.

– Fico feliz com esta notícia. Posso lhe afirmar que a ciência trazida pelo nosso protetor pai Francisco do Cruzeiro das

Almas é sincera e verdadeira. Tio Chico, que foi o responsável por esse trabalho, é a pessoa mais séria que conheci neste mundo, por esse motivo não questionei quando meu filho foi tomado por essa vontade de Deus.

– Pois é, meu caro amigo, nosso trabalho em ajudar a libertar os negros também abriu novos caminhos para o iluminado trabalho da espiritualidade. Sou católico e, como católico, lamento que a igreja não reconheça os benefícios trazidos por esta ciência. Hoje creio que somos filhos de um só Pai, e os caminhos são diversos. Não posso negar a ajuda que venho recebendo. Estou tranquilo quanto à decisão de deixar para o meu afilhado Augusto estas terras em que recebe o pai Francisco do Cruzeiro das Almas. Ter você ao lado para ajudá-lo na administração me dá a certeza de que a vida desse povo terá um futuro seguro. E olhe só o que vou lhe dizer: se der; se minhas forças permitirem, virei aqui algumas vezes, e espero que também possa ir me visitar de vez em quando. Vamos manter contato e saber sempre um do outro. É claro, qualquer coisa que precisar de mim, não vou me lembrar de doenças e não medirei esforços para chegar até você. Nem que venha me arrastando, jamais vou deixá-lo em apuros.

O mulato Antônio Bento secou as lágrimas na manga da camisa. Apesar das diferenças culturais e sociais que os dois dividiam, amavam-se como verdadeiros irmãos, e sempre fora assim: um dando a vida pela do outro. Respirando fundo, respondeu:

– Digo-lhe a mesma coisa, e muito mais! Devo a você minha vida e tudo o que tenho hoje.

O juiz estava com a voz embargada pelas lágrimas que lhe desciam pelas faces.

– Amigo Bento, cada um de nós recebe de Deus aquilo que o fará feliz, ou de um jeito ou de outro. Você vai ser pai; por favor, cuide bem de sua mulher e de seu filho. Acredito que nós dois estamos começando um novo caminho; indo ou ficando, cada um tem seu destino traçado por Deus. Temo que irei terminar meus dias sozinho. Minha mulher não gosta do mato nem do cheiro dos bichos da fazenda; não posso arrastá-la para ficar a meu lado. Meus filhos estudam na Europa. Vou fazer o possível para que ela vá viver com eles; cada um segue seu destino e assim a vida cumpre com todos nós seu papel.

– Já falou sobre isso com ela? – indagou o amigo.

– Não, mas nem é preciso. Naturalmente, se ela percebesse minha doença, não me abandonaria. Mas não é esse meu desejo. Quero que ela vá sem preocupação, acreditando que está tudo bem e cuidando de nossos filhos bem longe das minhas dores.

– Vai mandá-la para a Europa sem consultá-la se deseja ir? Foi isso que entendi?

– Há muito venho sondando os anseios dela; a saudade dos filhos a tem deixado distante de tudo. Acredito que ela vai aceitar minha proposta sem pestanejar.

– Posso ser um tanto pretensioso e atrevido como nos velhos tempos?

– Como sempre, pode – respondeu o juiz.

– Por que não fica comigo nesta fazenda? Seria a maior alegria de minha vida poder dividir com você as alegrias e as tristezas; pouco importa o que vier, o importante é estarmos juntos. Lembra-se de como você falava isso nas reuniões?

– Não imagina o bem que esse convite me faz! Contudo, devo lembrá-lo de minhas ideologias: não há espaço para dois homens onde só cabe um. Sou dono de minha doença e quero vivenciá-la até o fim. Não posso e não quero dividi-la com ninguém, nem mesmo com meus filhos, minha esposa, ou com você, que é meu amigo mais querido e confiável. Por favor, não se aborreça comigo, mas já está decidido o que desejo para minha vida daqui para a frente. Não se preocupe; não será ruim como imagina. Serei servido pelas melhores pessoas que conheci; vou ser tratado pelo velho Dedé e por dona Isaura. O que mais posso esperar da vida?

Ficaram conversando sobre os últimos acontecimentos e a respeito da crise que tomava conta do Brasil. A escravidão tivera fim, mas crescia um monstro entre os negros: o preconceito!

O juiz comentou sobre a quantidade de negros que morria pelas ruas. Eram a fome e a violência, que se alastravam por todo o país. O sofrimento dos negros deixara de ser dentro das senzalas; agora dava-se nas ruas, onde a lei decretara que poderiam circular livremente.

Enquanto os dois Bento faziam comparações entre o passado e o presente, os convidados aproveitavam a bela festa do casamento de Josefina.

Augusto estava rodeado por muitas moças, mas baixava a cabeça e pedia a Deus que não lhe deixasse cometer desatinos. Estava diante de Marina, uma linda moça que fizera seu coração pulsar mais forte. Ela também o olhava com um sorriso nos lábios; alguém havia lhe contado sobre os poderes dele com os espíritos, e ela a princípio ficara curiosa, mas agora estava atraída por ele, tomada por um sentimento que jamais imaginara possível.

Augusto não conseguia desviar o olhar dos olhos da moça e, por um momento, pensou em pai Francisco e se lembrou do que sempre dizia: "Não nos meta em suas aventuras! O que fizer de sua vida como homem, será responsabilidade sua, e não nossa. Quando escolher alguém com quem dividir a vida, lembre-se de que estará dividindo a sua vida, e não a nossa. Tudo o que queremos é que seja feliz com a escolha".

Aproximando-se de Marina, sentiu seu perfume e, naquele momento, teve certeza de que seu coração fora tomado e invadido pela paixão, pelo amor, por desejos... Se pai Francisco lhe pedisse que desistisse dela, já era tarde.

Logo os dois estavam trocando ideias sobre muitos assuntos. Ela era prima de uma vizinha deles e morava em outro povoado, não distante dali.

Chico Preto observou o casal e comentou com a esposa:

– Veja seu irmão. Acho que ele está encantado com a menina, e parece que ela corresponde às intenções dele.

– É a primeira vez que vejo Augusto tão empolgado. Fico feliz por ele. Depois que se envolveu com a responsabilidade espiritual da fazenda, não procura nenhum divertimento. Tomara que os dois se entendam; formam um bonito casal.

O pai do rapaz e o juiz também notaram o interesse dos dois jovens um pelo outro. O juiz comentou:

– Ele é bem jovem, mas, diante do que já o vi fazer, tenho certeza de que está preparado para assumir um compromisso amoroso com alguém que me parece especial.

– Casei minha filha hoje, e percebo meu filho se descobrindo como homem. Reparo que minha mulher me esperou todo esse tempo e agora está me oferecendo uma chance de saber o que é ser pai. Não ajudei na educação dos meus filhos, não notei que haviam se tornado adultos. Foi um choque para mim quando o amigo Chico Preto pediu a mão de Josefina em casamento. E olhe lá nosso amigo

Antero e dona Arlinda! Estão dançando como dois adolescentes. Não posso condená-los por isso – afirmou Bento.

Lá pelas quinze horas, o sol já cruzava o outro lado da fazenda. O juiz se despediu dos amigos e abraçou os recém-casados, desejando-lhes felicidades. Abraçou também Augusto e, por alguns minutos, fitou o moço antes de dizer:

– Sinto orgulho de ser seu padrinho! Seja feliz e faça outras pessoas felizes também.

Antes de se acomodar no transporte, apertou a mão do amigo Bento e, com um sorriso, falou:

– Sou um homem de sorte em ter um amigo como você. Fique com Deus; em meus pensamentos você sempre estará presente.

E então o amigo partiu. Apesar de tantas vezes ter se despedido dele, desta, Bento sentiu um aperto no coração.

Os recém-casados se aproximaram dele.

– Vamos sair devagarzinho – disse Josefina. – Não queremos chamar a atenção dos convidados, que devem aproveitar a festa, mas do senhor não poderíamos deixar de nos despedir e de receber sua bênção. Já me despedi de mamãe. Por favor, cuide bem dela e do bebê. Logo nos veremos, se Deus quiser. Ela foi para os aposentos de vocês. Acho que vai chorar. Vá até lá, papai, e a traga para a festa de novo.

Bento abraçou os dois e não conseguiu prender as lágrimas. Sua filhinha estava indo embora. Mesmo que levada pelas mãos de um grande homem, como as do amigo Chico Preto, doía saber que estava partindo de casa para construir a própria vida.

Os convidados não perceberam a saída dos noivos. Tudo já estava preparado para a retirada deles, que partiam em lua de mel.

Capítulo X

Um emocionante nascimento

Para Antônio Bento, a fazenda estava menor e mais silenciosa sem a presença da filha. No entanto, a vida continuava, e ele tinha obrigações com outras pessoas.

Pediu para falar com Antero em particular. Quando a sós com o amigo, deu sua sincera opinião pessoal:

– Sou o primeiro a lhe dizer que vocês dois seriam mais tolos do que antes se deixassem esta chance escapar de suas mãos, porém, você deve encarar a situação como um homem que nunca temeu a verdade. Vá ao Ceará e não minta à sua esposa. Fale a verdade sobre o reencontro com dona Arlinda e seus sentimentos. Sua esposa é uma mulher inteligente e digna; por certo compreenderá a situação. Durante esses anos todos, preparamos as pessoas para se colocarem sempre diante da verdade, fosse ela qual fosse, e não podemos agir diferente, não concorda comigo, Antero?

– Não só concordo como reconheço cada uma de suas palavras como sábias e verdadeiras. Devo parte de minha vida à minha esposa. Sem ela, não teria suportado tantas coisas. Se cheguei até aqui, em tudo há a força e o equilíbrio dela. E também é verdade o que lembrou bem: exigimos das pessoas posturas que julgamos ser corretas e, quando deparamos com situação semelhante, percebemos que é muito fácil pregar uma ideia, mas difícil cumpri-la. Vou sim ao Ceará resolver minha situação conjugal, e só depois é que poderei recomeçar a minha vida de cabeça erguida, sem remorso ou culpa. Vou conversar com Arlinda e partirei logo. Quanto antes resolver essa situação, melhor para todos nós. Posso lhe fazer um pedido, Bento?

– Pode pedir o que quiser. Só não atenderei se não estiver a meu alcance.

– Gostaria que Arlinda me esperasse aqui na fazenda. Acredito que, antes de meu filho retornar, já esteja de volta. Então poderemos iniciar uma nova etapa de vida.

– Se ela desejar permanecer aqui, sinceramente, para nós será imensa satisfação. Melhor ainda para minha esposa, que se encontra sensibilizada com o casamento de Josefina e também com a gravidez. Será muito bom ter dona Arlinda conosco. E você, Antero, se desejar ficar por aqui também, trabalho e moradia não lhe faltarão, isso eu garanto. Sei que seu filho quer vocês dois perto dele e não devo lhe tirar a razão, mas, se não for essa sua vontade, por favor, aqui você tem uma família.

– Muito obrigado, Bento. É bom saber que posso contar com sua amizade. Dei minha palavra a meu filho que iria ajudá-lo nos negócios. Tanto eu quanto você sabemos que ele não precisa de mim na administração de seus bens; que o que quer mesmo é ajudar. Ele compreendeu meu reencontro com a mãe dele e sabe que desta vez vamos ficar juntos até quando Deus quiser.

Depois de conversarem um pouco mais, Antero pediu licença ao amigo dizendo que, assim que tivesse conversado com Arlinda, voltaria a lhe falar.

Bento andou entre as pessoas que se divertiam com alegria, e discretamente se pôs a observar o filho. Estava tão envolvido com a moça que sequer notara a presença do pai.

O sol se escondia entre as nuvens do fim de tarde, e os últimos convidados se retiravam. Augusto, acompanhado das duas moças, aproximou-se dos pais e as apresentou:

– Papai, mamãe, essa é Marina, minha namorada, e sua prima, Carminha, que já conhecemos.

– Encantado, minha filha – respondeu Bento, tomando as mãos da moça entre as suas. – Augusto, as moças estão acompanhadas?

– O pai de Carminha teve de retornar cedo; tinha compromissos na fazenda. Eu me antecipei e convidei as duas para ficar. Prometi ao pai de Carminha que ficariam em nossa casa, sob sua guarda, e que amanhã eu acompanharia as duas até a fazenda.

– Fez bem, filho. Vamos convidar as moças para entrar. Eu e sua mãe estamos felizes com a presença de vocês em nossa casa.

A esposa de Bento levou as duas moças ao quarto da filha. Abrindo os armários, disse-lhes:

– Vocês, jovens moças, tudo que vestem lhes fica bem. A roupa de Josefina com certeza vai servir em vocês. Podem usar o que quiserem. Fiquem à vontade. Hoje vocês dormem neste quarto. Tenho certeza de que minha filha ficaria muito feliz em dividir o quarto dela com duas amigas. Qualquer coisa que precisarem, é só chamar.

Enquanto isso, Bento falava com o filho. Augusto revelou ao pai que estava gostando de Marina e que, se tudo corresse como ele desejava, também não iria demorar muito tempo para que pedisse a mão da moça em casamento.

Ninguém quis jantar; todos estavam satisfeitos. Tomaram apenas um suco de maracujá. A esposa de Bento ficou conversando com Arlinda, e as duas moças, convidadas de Augusto, estavam sentadas com ele no jardim.

Bento e Antero saíram para dar uma volta. Alegaram querer relembrar os velhos tempos, quando em noites de lua cheia saíam para conversar.

Antero contou a Bento que tinha acertado tudo com Arlinda. Partiria no dia seguinte; não queria perder tempo. Ela concordara em esperá-lo na fazenda de Bento, assim ele ficaria tranquilo sabendo que Arlinda estaria na companhia de amigos.

No outro dia, Augusto, como prometido, preparava-se para levar as moças, e Antero também se preparava para partir, deixando o que tinha de mais precioso e sagrado: sua amada.

***

À tarde, Bento e a esposa conversavam sentados na varanda da casa-grande. Esta parecia ainda maior sem Josefina, pensava a mãe.

Arlinda foi até o rio com algumas lavadeiras, dizendo que queria matar a saudade dos velhos tempos.

O antigo senhor observava a moça com os olhos marejados de lágrimas. Tudo poderia ter sido tão diferente se ele tivesse a visão e os sentimentos do presente. A vida de muita gente seria diferente, inclusive a dele.

Já passava das dezesseis horas quando Augusto retornou, sentou-se entre os pais e, suspirando fundo, disse:

– Corrijam-me se estiver errado. Não devemos confiar tarefas a nenhum apaixonado, porque ficam no mesmo estado em que estou: nas nuvens, desligados de tudo e até de si mesmos. No caminho de volta, lembrei-me que hoje é dia de abrirmos os trabalhos. Desde que comecei minha missão, pela primeira vez não estou em condições de me doar a ninguém. Vou pedir aos outros médiuns que toquem o trabalho sem mim. Não sei se isso pode me prejudicar, mas, sinceramente, necessito parar para um reajuste; tenho de me equilibrar para continuar com as funções.

O pai, que só ouvia, esperou que Augusto terminasse de falar. Então lhe respondeu:

– Filho, acredito que não esteja cometendo nenhum erro; temos outras pessoas capacitadas para dar sequência ao trabalho. Se não está se sentindo bem com você mesmo, vá descansar, reflita, analise e repense os acontecimentos. Amanhã, descansado e tranquilo, saberá o que fazer.

– Obrigado, papai, pelos conselhos sempre tão sábios. De fato, não me sinto bem em me sentar hoje naquele lugar santo. Não que tenha feito algo de errado, mas há dentro de mim um fogo de desejo e paixão que não me permite pensar em nada a não ser em Marina. Estou completamente apaixonado! Preciso administrar esse novo sentimento que me pegou de surpresa, deixando-me assim, completamente embriagado de amor.

– Você é um homem, Augusto. Isso é natural para todos os seres humanos. E você disse bem: é preciso aprender a administrar todos os envolvimentos de sua vida; cada sentimento tem um lugar especial dentro de nós.

A mãe observava o filho atentamente. Perguntou a ele:

– Augusto, você contou para a moça sobre a sua religiosidade, sobre o que faz no terreiro da nossa casa?

– Não precisei falar, apenas responder às perguntas dela. O povo fala demais. Falaram até o que não faço, mamãe. Imagine que disseram a ela que fico invisível, que me transporto do céu ao inferno, isso todas as noites. E, quando vou ao inferno, dependendo do trabalho que vou fazer, não durmo nunca, e outras loucuras mais que nem valem a pena comentar. Expliquei a ela o que de fato praticamos, e ela quer vir assistir a um trabalho. Não a convidei; para ser sincero, até desconversei, porque tenho vergonha e medo de que, depois de me ver receber um preto velho e me comportar como um velho, não me queira mais.

– Pois eu acho que você está errado em pensar assim – aconselhou a mãe. – Se a moça gostar de você, vai aprender a gostar e a respeitar o que você faz com tanto amor. Também não compreendia o que faziam os espíritos, mas, quando descobri o que a espiritualidade é capaz de realizar, nunca mais quis ficar longe dos trabalhos nos quais você se envolveu e que desenvolve com outras pessoas. Como é que pode pensar em casar com alguém ocultando as coisas mais importantes de sua vida?

– Eu sei, mamãe. Quero que ela entenda e fique a meu lado. É que ainda está tudo tão confuso dentro de mim, entende?

– Claro que entendo, filho. Seu pai tem toda a razão. Vá tomar um banho e descansar. Amanhã será outro dia, e tudo estará diferente. Pode ir que eu mesma me encarrego de conversar com o pessoal da casa. Também quero descansar hoje; se fosse para assistir ao pai Francisco esta noite, iria porque tenho um compromisso com ele, mas, na verdade, estou muito cansada, e ainda sinto uma ponta de tristeza pela partida de sua irmã.

Augusto agradeceu e se retirou.

Bento tomou a mão da esposa.

– Orgulho-me de você. Tem fama de falar pouco, mas, quando abre a boca, não tenho dúvidas de que suas palavras valem ouro. Prometo que de agora em diante vou prestar mais atenção em você e quero aprender a ter essa tranquilidade que consegue transmitir a todos. Uma coisa eu posso afirmar: se não fosse você em minha vida, não teria feito a metade do que fiz, nem por mim, nem pelos outros.

Ela se levantou e o convidou para acompanhá-la ao barracão, onde já se encontravam algumas pessoas reunidas. Eles preparavam a casa com flores e ervas para receber a nobreza da espiritualidade aquela noite. Bento conversou com os mais velhos da casa – era assim que tratavam os que haviam começado com tio Chico a nobre função que tinha início no terreiro da casa-grande e terminava no barracão onde fora a antiga senzala.

Todos acataram a decisão de Augusto respeitosamente. Um dos mais velhos chegou à comentar em voz alta:

– Nosso paizinho é de carne e osso, o que ele tem de diferente de nós é a missão de nos trazer pai Francisco. Fale para ele, sinhá, que estamos aqui, e, segundo temos aprendido com pai Francisco, através da matéria dele, quando um falta, o outro deve fazer o seu trabalho e o do irmão. Vamos procurar fazer o melhor possível.

– Obrigado, Juarez, pelas palavras. Só não gostei que me chamasse de sinhá; quando é que vai se acostumar a me chamar e a me tratar de igual para igual? – tornou a esposa de Bento, batendo-lhe levemente nas costas.

Uma semana depois, a namorada de Augusto presenciava a manifestação de pai Francisco e não precisou fazer esforço para compreender e entender as diferenças que havia entre Augusto e o preto velho. Ficou encantada com pai Francisco, e este declarou publicamente que gostara dela como Deus gosta da luz.

***

Arlinda ansiava por notícias de Antero. Apesar da amizade e do carinho que recebia de todos, inclusive do pai dele, não via a hora de ter Antero de volta. Olhando para o horizonte, fazia as contas dos dias que já haviam passado. Vinte dias! O que será que resolvera com a esposa? E se, de repente, decidira continuar casado? Era um direito dele, mas ela precisava ser notificada. E os dias demoravam a passar...

***

Vinte e dois dias... Arlinda foi ao rio com as mulheres. A tarde já se preparava para se entregar nos braços da noite, conforme as histórias de Luiza. As mulheres não precisavam mais ir ao rio para lavar a roupa; agora iam por divertimento.

Uma delas apontou um cavalheiro ao longe. Quem seria àquela hora?

O coração de Arlinda disparou. Como uma adolescente ela disparou estrada afora. Era Antero! Ela sabia que era ele e que voltava para buscá-la, conforme havia lhe prometido.

As mulheres ficaram paradas, rindo, e uma delas comentou:

– Ai, que inveja da Arlinda. Antero foi seu primeiro e único amor. Acho que nem todas as pessoas deste mundo sabem o que é amar de verdade; eu mesma ainda não encontrei meu verdadeiro amor. Tomara que ainda possa encontrá-lo.

Antero estava de volta. A fazenda toda já sabia de sua chegada. Ele e Arlinda chegaram bem depois, e os amigos os aguardavam ansiosos.

Antero contou a Bento que resolveu tudo com a esposa da melhor forma possível. Ela compreendera e lhe desejara felicidades. Estava decidida a ir viver com os filhos e os pais. Ele deixara os negócios encaminhados; não haveria prejuízos para ninguém, inclusive a esposa fizera questão de deixar parte dos bens com ele. Alegara que era fruto do trabalho dele e que ela não iria precisar. Se algum dia porventura necessitasse de algo, ela o procuraria. Mas queria continuar sendo sua amiga.

Ele iria vender as propriedades e definitivamente se estabelecer no sul. Tinha um empregado de confiança que ficara encarregado de negociar as propriedades, e pretendia trazer essa pessoa para tomar conta de um sítio que pretendia comprar.

Antero propôs aos dois que esperassem a volta de Chico Preto, que ficaria um mês em lua de mel com Josefina. Nesse meio-tempo, não deveriam ser interrompidos. Assim que

Chico voltasse, dali a uns dias, os dois poderiam ir ao encontro da felicidade.

Uma semana depois chegava uma comitiva de Chico Preto à fazenda de Bento. Tinham vindo buscar Antero, Arlinda e o antigo senhor. Trouxeram muitos presentes para o casal, até mesmo roupinhas de bebê e uma chupeta em uma corrente de ouro. A mãe de Josefina ficou emocionada. A filha estava bem e falava na carta que sentia muita saudade de todos, mas que estava muito feliz ao lado do marido, o melhor e mais atencioso homem do mundo.

O antigo senhor, sentado na varanda de cabeça baixa, depois de alguns segundos de reflexão diante dos homens enviados pelo neto, respondeu:

– Considero-me o mais feliz dos homens neste momento, mas não posso deixar esta fazenda. Ainda não terminei as minhas tarefas por aqui. Só posso deixar estas terras se seu Bento me pedir para sair. Não quero partir com vocês, apesar do grande amor que tenho pelo meu neto. Aprendi a amá-lo como deveria ter amado meus filhos.

Antero abaixou a cabeça e replicou, olhos no chão:

– Entendo o que o senhor quer dizer, mas, por outro lado, acho que todos nós estamos recebendo outra chance de rever os erros e tentar corrigi-los da melhor forma possível. Não guardo nenhum ressentimento do senhor; pelo contrário, comecei a vê-lo com os olhos do coração. Foi assim que me ensinou o preto velho pai Francisco.. Os olhos do coração são aqueles que enxergam a alma. Meu filho o estima muito, e eu gostaria de viver perto do senhor. Hoje sua presença me faz lembrar os melhores momentos de minha juventude, e os olhos de minha avó; o senhor se parece com ela.

Emocionado, o pai de Antero respondeu:

– Prometo que em breve vou visitá-los, se assim me convidarem. Contudo, minha consciência me pede que fique aqui e faça pelos descendentes daqueles que maltratei algo de bom.

Fez-se silêncio entre eles.

Arlinda, que estava até então calada, manifestou-se:

– De minha parte quero dizer ao senhor que aprendi a gostar de sua pessoa; iria me fazer muito bem tê-lo conosco.

– Sei, minha filha, o anjo de bondade que você é. Faça meu filho feliz. Agradeço do fundo de meu coração a luz que derramou sobre o meu neto e sobre o meu filho. Deus a abençoe por todo o sempre. Vão vocês, eu fico por aqui. Afinal de contas, estamos em família.

Ao lado deles, amigos espirituais apertavam as mãos, congratulando-se pela alegria contida no coração de cada um. Depois de tanto tempo e tantos acontecimentos, as barreiras da ignorância humana, sempre alimentadas por forças negativas, ruíram como as correntes que também foram partidas. Os gritos das chicotadas transformaram-se em palavras dóceis, amáveis e serenas, cercadas de bons sentimentos, promovendo no ambiente uma energia de paz e harmonia.

Pai Francisco do Cruzeiro das Almas bateu de leve no ombro de tio Chico.

– Bem-aventurados os que sofrem, porque verão Deus. Valeu a pena a chuva que caiu alimentando a árvore, que formou a madeira, que nos serviu de tronco; valeu a pena a chuva que ajudou a crescer o capim, que alimentou o boi, que nos cedeu o coro, que serviu como chicote; valeu a pena a chuva que caiu na terra, enriquecendo nossos senhores, que, fortalecidos em seus poderes mundanos, compraram-nos por algumas moedas; valeram a pena as noites daquelas mulheres que foram objetos nas mãos dos frequentadores dos palácios; também sofreram na carne e na alma, com o propósito de nos ajudar. Vai valer a pena, velho Chico, ajudarmos estas moças que, espiritualmente, ainda são tão malfaladas! Sabemos que são apenas irmãs que ainda conservam a beleza e o gosto pelo belo, mas o trabalho delas é livrar o homem de cometer injustiças e maldades. Vamos ajudá-las.

Chico concordava com pai Francisco.

– Sabe, Chico, foi criado o mito de que os espíritos, para serem bons e confiáveis, devem ser velhos e feios. Mas sabemos que por aqui tudo é tão belo e luminoso, que, se isso procedesse como verdadeiro, não haveria espírito trabalhador! Começando pela família real e sagrada, no céu, na terra e em qualquer lugar: Jesus, Maria e toda a sua corte de anjos e santos.

– O senhor tem toda a razão. Já entendi o que o senhor deseja que eu faça. Vou me reunir com todas as belas moças que se encontram aqui e entrar no barracão. Estamos precisando renovar a alegria dos trabalhos; eles acreditam ser apenas os pretos velhos que chegam lá para trabalhar. Vou coordenar essa tarefa; pode ficar sossegado que assim que a menina Marina chegar perto do senhor uma linda moça vai se encostar nela, assim outras moças vão se chegando naquela casa e as energias de esperança e alegria vão se espalhar.

– Reparou, velho Chico, quantos jovens estão envolvidos nos trabalhos? Começando pelo aparelho que você me deixou; é um menino homem. Você coordena o lado jovem, e não seja preconceituoso. Devemos ter trabalhadores masculinos e femininos; estas duas energias se fazem necessárias em qualquer ocasião de nossa vida. São os pares cósmicos; sem eles não há equilíbrio. Mas tome cuidado com a euforia dos jovens encarnados; eles podem entender que as energias espirituais vêm deles, e não da luz. É necessário o aprendizado e a disciplina. Esse trabalho eu me proponho a fazer; vou orientá-los sobre como entrar em sintonia com as moças e os moços espirituais sem criarem desafetos. A semente lançada neste terreno fértil de fé e amor está se espalhando por aí, de norte a sul deste Brasil. Temos encontrado diariamente muitos irmãos engajados com esta nossa causa: levar e acender a luz em todos os corações distanciados das palavras do nosso Mestre Jesus.

Tio Chico, olhar atento, ouvia as sábias palavras do amigo. Quanto ainda havia por fazer...

– Com este novo caminho que se abre para todos – prosseguiu pai Francisco –, acredito que o fim do cativeiro se aproxima, pois já podemos ouvir essas vozes que, definitivamente, libertaram-se dos grilhões.

***

A vida na fazenda transcorria tranquilamente. Bento rezava todos os dias, agradecendo a Deus pela barriga que via crescer; com os outros filhos não tivera esse cuidado; não tivera tempo de acompanhá-los, mas agora era diferente.

Longe dos problemas que afligiam os negros libertos, ficava sabendo pelos amigos das novas dificuldades que enfrentavam na sociedade. Não tinha trabalho, faltava moradia, as doenças matavam os negros sem dó nem piedade, não havia nenhum sistema de saúde que os atendesse, viviam à mercê da sorte e de remédios caseiros. De vez em quando, Bento parava e ficava pensando se fora um bem ou um mal que causara na vida de tanta gente.

A filha Josefina viera visitá-lo algumas vezes. A mãe não podia ir até onde ela morava, pois passava mal em viagem pequena, imagine só grávida e em uma caminhada grande como era para chegar à casa da filha em outro estado.

Augusto, com muitos sacrifícios, terminou os estudos, envolveu-se na administração da fazenda e até se comentava que superara o pai em muitas coisas. Estava levando a sério seu namoro e já pensava em noivar e casar, apesar da pouca idade física – porque, espiritualmente, dizia ser mais velho que o pai.

O inverno chegou e, em uma manhã chuvosa, os primeiros sinais de quem desejava chegar ao mundo também apareceram. Foi aquele corre-corre.

Bento chamou Augusto e pediu que fosse buscar o médico. A mãe agarrou o braço do filho e do marido, e pediu:

– Por favor, esperem um pouco. Tenho tanta confiança em dona Joana e dona Isabel; quero ter meu filho de forma natural, como tive você e sua irmã.

As duas parteiras acalmaram Bento dizendo-lhe que estava tudo bem com o bebê; que ficassem rezando porque acreditavam que logo, logo o bebê estaria dando os primeiros sinais de vida, e então os dois poderiam entrar.

Augusto tomou a mão do pai e o conduziu ao barracão. Disse a Bento:

– Vamos permanecer aqui. Assim que o bebê nascer, ouviremos o choro e sairemos correndo até lá.

Para Bento, aquelas duas horas valeram vinte anos de angústia e ansiedade. Agarrou-se com o filho, que parecia calmo, quando então ouviu o choro do bebê. Augusto permanecera quase todo o tempo de olhos fechados e orando, mas, ao ouvir aqueles gemidos, saiu correndo ao lado do pai. Também chorava de emoção.

Receberam a notícia de que estava tudo bem e se prepararam com a higiene exigida por Isabel, antes entrar no aposento. A mãe sustentava o bebê nos braços, envolvido em um lençol de linho branco com um cobertorzinho. E lá estava um bebê cabeludo, cujos cabelos lhe caíam pelas orelhas.

Bento se aproximou da esposa chorando de emoção.

– É homem ou mulher? Não quiseram me dizer na entrada; adoram aumentar nosso sofrimento.

– Apresento-lhe o mais lindo menino que já nasceu por estas bandas, depois de Augusto, é claro!

– Mamãe, ganhei um irmão? – indagou Augusto, chorando de alegria e tocando com a ponta dos dedos a testa do pequeno.

– Já tem nome, papai? – perguntou Augusto. – Não me atrevi a perguntar antes porque nome é algo tão sagrado, e vocês aprenderam que apenas os pais devem discutir nomes. Você já falou para nossos pais como quer se chamar, não é verdade, pequeno? – falou Augusto, fazendo um carinho no bebê.

– Se seu pai não mudou de ideia, nosso reizinho se chamará Jorge. Agora posso lhe contar o sonho que só compartilhei com seu pai. Antes de engravidar, em uma noite de trabalho espiritual, pai Francisco do Cruzeiro das Almas nos contou uma história de um soldado que se chamava Jorge. Fiquei tão impressionada com a história que à noite sonhei com ele. Logo depois que engravidei, tornei a sonhar com o mesmo cavaleiro, que vinha montado em um cavalo branco e me levantava do chão que estava em chamas. Quando me senti em segurança, perguntei qual era seu nome, e ele me respondeu: "Jorge". Fiquei com essa imagem na cabeça e pedi a seu pai que, se nosso bebê fosse um menino, concordasse em chamá-lo de Jorge.

– Seja bem-vindo entre nós, Jorge – declarou Augusto, pedindo para segurar o irmãozinho.

A mãe colocou o bebê em seus braços e ele orou pelo pequeno. Agradecia a Deus por ter recebido em seus braços alguém tão especial, um ser que acabara de descer de sua colônia para viver em terra. O cheirinho dele era o mesmo que sentia quando estava ligado aos amigos espirituais. Interessante; o cheiro transmitia paz, tranquilidade, esperança, e acalmava qualquer aflição.

Olhando para o pai, estendeu-lhe o bebê.

– Pegue seu filho, abrace-o, sinta seu perfume. Ele é lindo; vamos cuidar de você, Jorge, com muito amor. Obrigado, mamãe, você está linda, mas deve descansar. Deus a abençoe. Foi um presente divino que a senhora nos trouxe do céu. Vou deixá-los a sós com Jorge; qualquer coisa podem me chamar. Vou mandar avisar a todos, inclusive a Josefina, que Jorge acabou de nascer.

Assim o nascimento de Jorge mudou definitivamente a vida do mulato Antônio Bento.

O juiz recebeu a notícia e ficou com os olhos marejados. Como havia previsto, a esposa estava vivendo em Paris com os filhos, e ele vivia entre os pássaros, que sempre haviam sido sua paixão, e os poucos amigos que lhe restaram na fazenda. Escolhera aquele local para morar devido à temperatura. O ar das montanhas lhe dava tranquilidade.

O filho de seu amigo nascia; a vida era assim. Uns se preparavam para chegar e outros, como ele, para partir. Guardava muitas lembranças do amigo Bento. O que deixara para trás lhe vinha à mente como um sonho; outras vezes, como um pesadelo. Confessava-se diariamente com Deus. De mãos postas diante do oratório, pedia perdão pelos pecados e perguntava ao Pai se tudo o que tinha feito na vida de fato fora um benefício ou um malefício. Não gostava de falar sobre o assunto com ninguém, e buscava as notícias com muita discrição. Sentia falta de Bento; gostaria muito de ir até a fazenda, mas, só de pensar no transtorno da viagem e na tosse, que lhe roubava o sono, desistia da ideia. Iria escrever uma carta ao amigo. Quem sabe quando o tempo esquentasse e ele tivesse um pouco mais de ânimo...

***

Josefina ria de contentamento, arrumando a mala para visitar a mãe e conhecer o novo irmãozinho. Abraçando o marido, disse-lhe:

– Será que mamãe vai ficar chateada quando lhe contarmos que já estou no terceiro mês de gravidez? Precisamos convencê-la de que não lhe contamos antes para não deixá-la apreensiva. Ela vai ficar brava, mas, depois, vai entender; papai e Augusto sabiam, mas guardamos segredo para não lhe causar preocupações.

– Meus pais vão ser avós, e ganharam um filhinho. Não é maravilhoso?

– Acho que é uma dádiva de Deus um homem que chega a ser avô...

– Você vai ser avô, bisavô, tataravô, e por aí vai – respondeu Josefina.

– Não sei, minha querida, mas peço muito a Deus que este bebê que se forma aí dentro de você tenha o pai dele ao lado por um bom tempo.

– Ah, meu amor, você às vezes fala de um jeito que eu não gosto; dá a impressão de que vai morrer. Pelo amor de Deus, só de pensar nisso sinto uma angústia dentro de mim! Deus me livre de ficar sem você.

– Vamos comemorar o nascimento do seu irmão e do nosso filho, que logo, logo também estará chegando para encher nossos dias de alegria.

– Estou pronta para seguir! E estou até vendo a cara de felicidade do meu pai quando vir seu Antero e dona Arlinda. Eles são muito amigos.

Certamente que sim, e numa ocasião como esta os amigos se alegram ao dividir a felicidade. Foi por essa razão que convidei meus pais para nos acompanharem.

– Vamos verificar se está tudo em ordem? Será que não esquecemos nada? – perguntou Josefina.

– Está esquecendo algo muito importante! A caixa de charutos do seu pai. Estou curioso para ver a admiração nos olhos de Bento. Olha só, minha querida Josefina, quando nosso filho nascer, vou distribuir charutos amarrados em um cordão de ouro.

– E se for menina? – retrucou Josefina.

– Serão distribuídos finos bombons em uma caixinha de ouro. Não pense que farei diferença se for menino ou menina; vou amar do mesmo jeito tanto um quanto outro, porque o bebê será fruto de nosso amor. – Abraçando a esposa, ficou em silêncio, pensando em Antero. Agora entendia o quanto o pai havia sofrido. Deus era maravilhoso, oferecia a todos novas oportunidades de vida.

Seria bom se o avô paterno aceitasse vir morar com eles, embora Chico Preto respeitasse os sentimentos do avô. Ele estava feliz na fazenda de Bento; os jovens gostavam dele, e ele cuidava da escola como ninguém. Do antigo e odioso senhor não restara mais nada.

A viagem foi ótima, e a chegada de Josefina e Chico Preto à fazenda de Bento era aguardada com ansiedade por todos. Entre abraços, risos e lágrimas, a família era conduzida para dentro de casa.

– Mamãe, preciso me banhar para ir até o meu irmãozinho. Não vejo a hora de apertá-lo em meus braços.

– Vamos, filha, venham todos vocês. Tomem um suco para refrescar a garganta. O pó da estrada castiga um pouco, não é mesmo?

Tempos depois, Josefina sustentava o irmão nos braços e chorava de emoção. Era lindo, e seu nome também.

Chico Preto entregou a caixa de charuto ao sogro, dizendo que só tinha um pedido a fazer:

– Um dos charutos é de pai Francisco e o outro queria acender em memória de meu tio Chico.

No cair da tarde, o antigo senhor veio à fazenda, e abraçou o filho, a nora e o neto, demonstrando grande alegria.

Bento o convidou para jantar. Antero, observando sua relutância, reforçou o pedido:

– Ficaremos felizes com sua presença entre nós.

O jantar em família foi cheio de brincadeiras e alegrias. Cada um falou um pouco de si.

Augusto falou de suas intenções; pretendia se casar no próximo ano.

O pai de Antero declarou que vivia os melhores dias de sua vida.

Antero revelou que de seu passado guardava agora apenas os bons momentos, e que tudo o que desejava da vida estava ali a seu lado: a esposa e o filho.

Bento, tomando a mão da esposa, comentou:

– Posso afirmar a vocês que às vezes preciso abrir os olhos bem devagar para ter certeza de que não estou sonhando, que tudo o que estou vivendo é real.

Por fim, Chico Preto pediu licença, levantou-se e foi até onde Josefina estava sentada, ao lada da mãe.

– Eu e Josefina ouvimos vocês e nos alegramos com tudo o que escutamos. Espero que todos vocês também se alegrem com o que temos a revelar: eu e Josefina vamos ter um filho.

A mãe olhou para a filha e a abraçou. Não conseguia falar, tamanha era sua emoção. Logo após, respirando fundo, perguntou:

– De quanto tempo, filha, você está?

– Na verdade, a última vez que estive aqui estava no começo da gravidez. Algumas vezes corri ao banheiro para vomitar às escondidas. Papai e Augusto sabiam; eu é que pedi que não lhe contassem. A senhora não podia se preocupar com outra grávida, além de si mesma. Estou no terceiro mês de gestação, e acho que engordei muito. A senhora não percebeu?

– Notei que está mais forte, porém considerei isso normal; percebi que seu marido também engordou um pouco.

– Falei para você, Josefina. Não é só você que está engordando; eu também. Você, pela gravidez; e comigo, eu sei por quê. Durmo cedo e fico muito mais tempo em casa, me alimento na hora certa e bem melhor. Preciso tomar cuidado com essa vida boa que estou levando; as roupas já não me servem, até as botas estão apertadas – falou o rapaz, antes que a moça pudesse responder. E, voltando-se para o sogro, acrescentou: – Não é muito, mas dá para ver que Bento também ganhou alguns quilos, ou estou enganado?

– Não está não, Chico. Engordei de quatro para cinco quilos, e a receita você acabou de passar: vida tranquila, comida boa e ao lado de quem é a nossa própria vida.

A conversa prosseguiu em família. O clima era de paz, alegria e muitas brincadeiras envolvendo todos os membros da família.

Após o jantar, as mulheres foram para o interior da casa-grande, e os homens se dividiram: Augusto pediu licença, pois tinha um compromisso com o grupo que dividia com ele a missão espiritual. O antigo senhor agradeceu o jantar e desculpou-se, dizendo que tinha de corrigir trabalhos escolares. Na verdade, sabia que os três amigos precisavam ficar a sós; com certeza tinham assuntos para colocar em dia.

Sentados na cadeira de balanço, os três amigos bebericavam um licor de jabuticaba, especialidade das ex-escravas daquela fazenda.

Chico Preto, puxando um dos charutos importados que gostava de fumar nessas ocasiões especiais, acendeu-o com seu isqueiro de ouro e passou a caixa, oferecendo aos amigos. Fez-se um breve silêncio, e então ele falou:

– Vem acompanhando o que está acontecendo com nossos irmãos libertos, Bento?

– Mais ou menos, Chico. Sinceramente, distanciei-me bastante do movimento; nestes últimos meses, praticamente não saí da fazenda. Estou ansioso para que me coloque a par dos acontecimentos.

– A luta de todos os integrantes do movimento está a cada dia se tornando mais perigosa. A chegada dos estrangeiros, na minha opinião, e acredito que na de todas as pessoas que têm olhos e coração, é uma represália à libertação dos escravos. Os fazendeiros estão empregando os estrangeiros e fechando as portas ao negro trabalhador. As ruas das cidades grandes estão lotadas de velhos e crianças pedindo esmolas. Casas de prostituição estão apinhadas de mulatas, que, para não verem os seus morrerem de fome, prostituem-se. Vários negros e simpatizantes do movimento tiveram as terras incendiadas, saques nas roças, e o transporte ilegal favorecido por autoridades corruptas está levando as sementes que poderiam formar o rebanho de gado e de cavalos dos pequenos agricultores.

Chico Preto deteve-se para soltar uma baforada do charuto. E prosseguiu:

– Na verdade, a libertação dos escravos desenvolveu na vida de muitos negros outros problemas piores e maiores do que quando estavam nas senzalas; às vezes me pergunto se foi um bem ou um mal o que fizemos na vida deles. Por outro lado, reconheço que, se para alguns não foi o que desejávamos, para muitos foi renascimento e esperança de um amanhã melhor para seus descendentes. Do nosso grupo, temos casos de suicídios, com cartas deixadas à família. Dois deles não suportaram as pressões que vinham sofrendo e se deixaram levar pelo caminho da morte. Pessoalmente, tenho recebido correspondências anônimas com ameaças sobre a minha participação na compra das famílias que mantenho comigo como empregados da mina.

Antônio Bento pestanejou. Não sabia que o genro era alvo desse tipo de ameaça.

– Evito repassar esses problemas para Josefina e minha mãe. Apenas meu pai conhece esses fatos. Reforcei a guarda e os cuidados com a minha família, mas não nego: hoje tenho receio de sair por aí e até mesmo fico em dúvida sobre em quem posso confiar. Graças a Deus que tenho meu pai a meu lado; hoje ele é como meus braços e meus olhos.

Os três silenciaram.

Antero recomeçou a conversa:

– Como ex-escravo, posso lhe dizer, meu filho, que a sua luta e a de todos os outros valeu a pena. Sabíamos que iríamos enfrentar novos obstáculos, não é mesmo, Bento?

Com os olhos cheios de lágrimas, Antônio Bento anuiu. As palavras estavam presas em sua garganta. Respirou fundo e então respondeu:

– Temíamos sim. E sabemos que ainda temos de enfrentar muitos descasos e preconceitos, mas, por outro lado, também deixamos *as armas da coragem na mente e no coração dos negros que por si mesmos vão ajudar a mudar a história desse país*. Isso eu ouvi do juiz Antônio Bento, e nunca mais esqueci, porque, na verdade, aprendi a confiar em suas palavras e na sensatez de sua análise. Precisamos nos prevenir e resguardar nossa família, mas não podemos nos acovardar fugindo de nossas conquistas. Precisamos manter dentro das fazendas os filhos de ex-escravos estudando com os filhos dos brancos e lhes transmitindo a ideia de como lutar pela sobrevivência de um entendimento entre brancos e negros.

– Falando no juiz, tem notícias dele, Bento? – indagou Antero.

– Tenho me correspondido com ele por cartas. A saúde dele está instável, mas parece que o ar puro do campo lhe fez bem. Segundo ele, está lutando para viver sem se importar com a doença. A família está vivendo no exterior; isso ele já previa. O fantasma da solidão não lhe chegou de surpresa. Conforme conta, vive muito bem acompanhado pelos moradores da fazenda. Eu acredito, pois se trata de uma pessoa admirável, uma companhia agradável para qualquer pessoa.

Os três amigos ficaram trocando confidências particulares até altas horas da noite. As mulheres já tinham se recolhido sem mesmo terem lhes desejado boa-noite.

Capítulo XI

A viagem de Chico Preto

No quinto mês de gestação, Josefina, orientada por Aurora, parteira experiente que já tinha trazido ao mundo centenas de bebês, brancos e negros, tivera a notícia de que teria dois filhos. Sua barriga era de gêmeos, e ela e o marido podiam se preparar para cuidar de dois, e não de apenas um.

Chico Preto estava nas nuvens de tanta alegria. Tinha mesmo muita sorte. A felicidade era grande demais. Sonhava com nomes e discutia com Josefina para que ela o ajudasse na escolha.

Josefina estava intrigada com o que tinha ouvido falar: que ter gêmeos geralmente era uma característica hereditária. Diziam que se na família de um ou de outro havia gêmeos, então havia probabilidade de acontecer de novo, mas nem na família dela nem na de Chico Preto havia gêmeos. Qual seria a explicação para aquela gestação em dobrada?

Arlinda, sorrindo, esclareceu:

– Acho que um dia aconteceu de nascer gêmeos na família de alguém e aí os gêmeos começaram a chegar. Mas, no seu caso, vou lhe confessar uma coisa: o avô de meu neto teve uma irmã gêmea que morreu nos primeiros meses de vida. Quem me contou isso foi Antero; segundo ele, a avó lhe confidenciou.

– Vamos chamar o senhor Antero aqui – pediu Josefina. – Agora a senhora me deixou curiosa. Acredito que o Chico não saiba disso; questionamos o fato, e ele não me disse nada, então é porque desconhece, uma vez que entre nós não há segredos.

Antero chegou acompanhado pelo filho e encontrou as duas mulheres ansiosas por falar com ele.

– Aconteceu alguma coisa – indagou, apreensivo.

Josefina se precipitou a falar:

– Quero saber a história da irmã gêmea de seu pai. Por favor, conte-nos.

– Tenho certeza de que foi Arlinda quem lhe disse, e posso afirmar que está certa. A minha amada avó, de quem nunca vou me esquecer, contou-me que meu pai nasceu de uma gravidez de gêmeos. Ele era o mais fraco e sobreviveu, e a menina, que era mais forte, viveu apenas três meses.

– Sabia disso, Chico? – perguntou Josefina.

– Estou tão surpreso quanto você, minha linda! – respondeu o marido. – Contudo, isso nos traz um alento. Não sabíamos de onde vinha essa herança, e agora sabemos que podemos ter vários filhos em pouco tempo. Que tal dez em cinco anos?

A esposa, rindo e apertando o braço de Chico Preto, falou:

– Só se combinarmos o seguinte: eu dou à luz, mas você amamenta, dá banhos, troca as fraldas e cuida deles à noite, tudo bem?

– Se você topar, negócio fechado! – tornou ele, abraçando-a. – Acho que vou adorar dar mamadeira a meus filhos, trocar fraldas, sustentá-los um em cada braço e cantar uma canção de ninar. Não vou ser um pai coruja; vou ser um corujão.

Ao beijar a barriga da esposa, lembrou-se de que o pai não tivera a mesma felicidade que estava recebendo de Deus. Fitando-o com emoção, falou:

– Há muitas formas de amarmos, não é, pai? Sei que o senhor não teve essa alegria com a minha mãe, mas vai desfrutá-la com seus netos.

Antero, envolvendo a esposa em um carinhoso abraço, disse:

– Mesmo não dividindo com sua mãe a sua chegada ao mundo, só tenho a agradecer a Deus pela recompensa de hoje tê-lo a meu lado e poder viver com meus netos, frutos de meu fruto, e com a maior ventura de minha vida.

***

Chegou o grande dia. Aurora, auxiliada por mais duas experientes parteiras, preparava-se para trazer ao mundo os filhos de Francisco das Chagas de Jesus. Pediu a Antero que ficasse com Chico. Ele andava de um lado a outro sem sossego. Arlinda preferiu ficar ao lado do filho e do marido; confiava em Aurora, e foi vontade de Josefina, que não quis ir para nenhum hospital; desejava ter os filhos em casa e com as parteiras de sua confiança.

Chico Preto rezava em voz alta a oração de tio Chico. Pedia ajuda a ele e ao pai Francisco do Cruzeiro das Almas, seu tataravô. Perdeu a conta de quantas vezes repetiu a oração;

parou na metade quando ouviu o primeiro choro de um bebê. Sem esperar, saiu correndo em direção ao quarto, onde se encontrava a parturiente.

Aurora permitiu que ele entrasse e visse a esposa, que acabava de dar à luz uma menina, uma vez que o menino já estava sendo cuidado.

– Parabéns, seu Chico. O senhor acaba de ser pai de um casal de filhos lindos, pode comemorar! Agora o senhor vai nos dar licença; precisamos cuidar de sua esposa. Assim que tiver tudo em ordem, o senhor pode vir e ficar o tempo que quiser com ela.

Chorando, Chico beijou a esposa e saiu gritando como um menino:

– Meus filhos nasceram! Meus filhos nasceram! É uma menina e um menino! Senhor Antero e dona Arlinda, vocês são avós dos bebês mais lindos do mundo!

Meia hora se passou antes que a parteira os chamasse. Para Chico, pareceram dias. A parteira estava radiante; cada criança que ajudava a trazer ao mundo era um presente de Deus em sua vida.

– Entrem, pai e avós. Venham conhecer um príncipe e uma princesa, e dar um abraço na rainha, mãe deles.

Abraçados, avós e pai choravam de alegria diante das crianças e da mãe, que os contemplava com um sorriso nos lábios. Vendo o marido entrar, ela disse:

– Amor, veja como são lindos!

– Os dois se parecem com você – respondeu ele, chorando de emoção.

A notícia se espalhou e alguém já partia às pressas para avisar aos outros avós, bisavós, tios e amigos que Marcos e Marina tinham chegado ao mundo e que todos passavam bem.

***

As crianças cresciam felizes e de vez em quando as famílias se visitavam. Jorge, ao lado dos sobrinhos, parecia irmão deles.

Augusto se casou no ano seguinte. Dava continuidade ao seu trabalho de evangelização e ajudava na administração da fazenda.

Chico Preto, apesar de distanciado dos cargos que ocupara no passado, não deixava de ajudar nos projetos sociais que beneficiavam os negros.

Josefina estava na segunda gravidez; desta vez a parteira também acertou: era apenas um bebê. Pai de dois meninos e uma menina, Chico Preto se orgulhava da família que tinha formado. Antero cuidava dos interesses e dos negócios do filho e vivia buscando aqui e ali as fontes de informações que pudessem livrar o filho das armadilhas que lhe preparavam constantemente.

Uma tarde, Bento, observando Jorge e os netos que brincavam diante da casa, notou que chegava alguém desconhecido. Levantou-se e se dirigiu à entrada, pedindo que um dos trabalhadores olhasse as crianças. Era um portador que lhe trazia a notícia: o juiz havia falecido.

Bento empalideceu. Nos últimos dez anos, haviam se encontrado poucas vezes; há um ano e poucos meses atrás, achara o juiz muito abatido. Por mais que o homem queira entender a morte, há um enigma que envolve essa passagem, deixando quem fica em terra um tanto inseguro.

Augusto se aproximou, convidando o portador a tomar um suco e perguntando-lhe sobre o funeral. Seria no dia seguinte; dava tempo de comparecerem.

– Vamos nos preparar para a viagem. Infelizmente, tenho de enterrar meu segundo pai.

– Será que vai dar tempo de o Chico vir? – quis saber Augusto.

O portador respondeu:

– Ele também já foi avisado; acredito que consiga chegar a tempo.

***

Na saída do cemitério, Bento comentou:

– Dez anos passaram tão rápido! Parece que foi ontem que estávamos comemorando a grande vitória conquistada a favor dos negros e já faz todo esse tempo... Como todos nós devemos a esse homem!

Augusto, abraçando-o, respondeu:

– Vitória mesmo ele recebeu hoje, meu pai! Tudo o que semeou por estas estradas está recebendo do Pai Criador em forma de bônus por sua felicidade espiritual.

– Foi uma grande perda a morte do juiz – era o comentário geral.

Pela distância, os familiares não vieram ao enterro do juiz. Amigos e empregados derramaram lágrimas sinceras pela bondosa alma do doutor Antônio Bento.

Alguém das relações do juiz se aproximou de Bento e lhe disse baixinho:

– Em breve, esposa e filhos devem vir ao Brasil para revirar os possíveis bens deixados como herança para eles. E as surpresas serão grandes. O juiz lavrou documentos da fazenda onde morreu para os antigos moradores e seus descendentes, e sei que fez isso com outras propriedades. Já se comenta que, sendo casado em regime de comunhão de bens, a esposa pode entrar na justiça e reaver o que ele doou sem a assinatura dela. É do meu conhecimento que a fazenda administrada por você foi doada a seu filho. Estou avisando-o para que não seja pego de surpresa. A briga vai ser grande; os familiares vão querer reaver o que julgam como herança de família.

Na volta, Augusto percebeu que o pai, além de triste pela morte do amigo, estava contrariado com alguma coisa. Aproximando-se dele, perguntou:

– Pai, aconteceu alguma coisa? Quer falar comigo?

– Está tudo bem, meu filho, vamos seguir adiante. O amanhã a Deus pertence, e precisamos nos manter confiantes Nele.

Augusto não tocou mais no assunto. Em casa, comentou com a esposa:

– Posso estar enganado, e como quero estar! Meu pai omitiu alguma coisa para mim. Ele ouviu algo que o deixou preocupado, e deve ser grave, pois não quer me contar.

– Você não percebeu nada durante o enterro? Com quem ele falou? Está tudo bem com Chico? Conversou com ele?

Augusto tentou se lembrar...

– Bem, meu pai conversou algum tempo com um amigo de meu padrinho. Você tem razão, pode ser algo que ele ouviu dessa pessoa. Amanhã, com jeito, vou falar com ele. Seja o que for, é sempre bom dividir com alguém.

Augusto tentou arrancar do pai alguma coisa a respeito de sua preocupação, mas Bento desconversou, dizendo-se magoado com a morte do amigo.

Dois meses depois, Augusto teve certeza do motivo da contrariedade do pai na saída do cemitério: receberam uma intimação sobre a doação das terras. A viúva alegava ser a legítima herdeira da fazenda e exigia que desocupassem as terras imediatamente.

Bento disse ao filho que ele entregaria tudo sem contestar nada, mas e as famílias que viviam ali? Para onde iriam e como viveriam?

Chico Preto entrou na questão para defender o sogro e as famílias. Aquelas terras agora pertenciam a Augusto e era a vontade do juiz que os descendentes dos ex-escravos permanecessem trabalhando e criando os filhos ali.

Esta e outras causas de heranças deixadas pelo juiz estavam na justiça, e eram grandes as intrigas envolvendo a família de Bento.

Por questões de segurança, Chico convenceu o amigo Bento a deixar a fazenda e morar em outro local, em uma de suas propriedades. Alegando que ali era perto de boas escolas para Jorge e que também ficariam mais próximos, não levava uma hora de viagem e estavam um na casa do outro.

O avô de Chico havia falecido pouco tempo depois da morte do juiz, e ele sentira bastante. Apesar de não ter convivido com ele, aprendera a admirá-lo.

Augusto permaneceu na fazenda com a família. Disse que não sairia dali sem a decisão judicial. Assumira um compromisso com o juiz e com a espiritualidade. Se fosse vontade de Deus, ele a cumpriria com humildade, mas não se acovardaria diante das exigências da família do padrinho.

O cunhado e a irmã fizeram de tudo para tirá-lo da fazenda. Chico se comprometeu em receber e distribuir as famílias nas fazendas, garantindo trabalho para todos, mas ele não cedeu. Era filho de Bento, como dizia o próprio Chico.

A família do menino que recebera o nome graças à oração poderosa de tio Chico vivia em plena paz e harmonia. Chico Preto não queria mais nada de Deus, só manter a felicidade que havia conquistado, pensava ao olhar para os filhos e a esposa.

No plano espiritual, dois espíritos amigos conversavam:

– Está tudo preparado, Chico?

– Sim, está tudo pronto. Não será uma tarefa fácil para nenhum de nós, mas a lei do Pai deve ser sempre cumprida.

Era uma manhã de Sexta-Feira Santa. Assim como em todo ano, na Semana Santa, Chico Preto abria as fazendas para os moradores pescarem nos açudes, colherem frutos, além do leite, que distribuía gratuitamente o ano todo para as famílias carentes.

A família de Bento, filhos e netos, Antero e Arlinda estavam sentados à mesa. Chico fazia a oração que lhe dera o nome. Bateram palmas à porta, e Antero se levantou para atender. O filho fez sinal, dizendo-lhe:

– Hoje é Sexta-Feira Santa. O dono da casa deve atender a qualquer chamado; tudo o que nos acontecer hoje, é pela vontade de Deus.

Josefina o olhou e sentiu um calafrio. Levantou-se para segui-lo, mas ele pediu:

– Fique à mesa com nossos familiares. Hoje é um dia muito especial; devemos nos manter em oração e em agradecimento. Volto já.

Uma sensação estranha tomou conta de todos que estavam ali. Em volta deles, havia vários espíritos de luz sustentando-os.

Ouviram-se disparos e um tropel de cavalos. Em segundos, todos estavam gritando e amparando Chico Preto, que, tocando a face da esposa, falou:

– Por favor, cuide de nossos filhos, eu amo todos vocês...

Enquanto Antero e Bento sustentavam o corpo de Chico, que fechou os olhos e parecia sorrir. Tio Chico se aproximava dele, abraçando-o.

– Filho, como é maravilhoso poder recebê-lo entre nós. Você fechou os olhos do corpo carnal e ganhou luz nos olhos espirituais. Não se preocupe com nada; vamos cuidar de tudo. Você vai ficar bem. Sua esposa está cercada de familiares e seus filhos estão amparados; seus pais vão cuidar de tudo, fique bem.

– Tio Chico, não estou sonhando? Eu morri? Por favor, me fale, preciso saber a verdade. Pensei que estivesse sonhando, ou tendo mais um daqueles pesadelos. Deixe-me pensar: hoje é Sexta-Feira Santa, hora do almoço, e estou rezando. É um momento sagrado; alguém está batendo palmas à porta. Mal tive tempo de perguntar o que queriam e senti algo queimando meu peito. Chegou o senhor e me abraçou, levando-me para fora de minha casa. Não me lembro de mais nada. Onde estão Josefina e meus filhos? Estou confuso, por favor, me ajude.

Tio Chico lhe ofereceu um copo com água.

– Beba isto, vai lhe fazer bem.

– Que suco bom. Tem um gosto maravilhoso. Que bebida é essa? Ainda não havia provado nada assim.

– Já bebeu sim. Muitos e muitos copos. Depois vai se lembrar onde foi.

Chico sentiu uma paz enorme invadir seu coração.

– Onde estou, tio Chico? Por favor, confio tanto no senhor! Fale-me a verdade: onde estou?

– Deite-se. Vamos, relaxe e respire fundo.

– Pronto, está desligado – disse o assistente que acompanhava tio Chico. – Vamos transportá-lo agora?

– Vamos. Por favor, chame dona Ilda para nos acompanhar.

– Pois não; vou avisá-la.

Logo uma senhora de beleza angelical acariciava o rosto de Chico Preto.

– Querido bisneto... Como gostaria de dizer a seu pai neste momento que estou cuidando de você.

– Fique calma, dona Ilda. Pai Francisco e os outros irmãos ficaram cuidando de toda a família; por meio de Augusto e de outros irmãos, aos poucos todos compreenderão a vontade do Pai.

– Francisco das Chagas de Jesus. Veja só que nome ele escolheu para cumprir sua missão. Fez coisas brilhantes, não é mesmo?

– Fez; brilhou tanto que vivia em meio ao ouro. E, ainda assim, não se iludiu com a vaidade humana. Deixou um grande legado em terra. Por muitos e muitos anos, seu nome será lembrado por diversos encarnados, e, quando estes encarnados regressarem para o lado de cá, vão continuar lembrando dele, pouco importando seu nome. Apesar de que um nome lindo como esse é impossível para qualquer um de nós esquecer, esteja onde estiver.

O povoado construído por Chico chorava e gritava sua morte. Mulheres desmaiavam, o sino da igreja batia sem parar, os povoados vizinhos lotavam o local onde ele morava. Todos queriam saber quem havia matado o pai dos pobres.

A tristeza cobriu de luto aquela Sexta-Feira Santa. Quem fora o infiel filho de Deus que fizera aquela barbaridade?

Augusto, amparado pelo divino espírito de pai Francisco e outros irmãos espirituais, lutava para libertar a esposa e mãe de Chico. Elas gritavam; não queriam acreditar no que estava diante de seus olhos.

Josefina gritava e implorava:

– Chame pai Francisco, não deixe meu marido morrer, você pode trazê-lo de volta. Fale para mim que ele vai abrir os olhos e falar comigo.

O desespero tomou conta de todos; ninguém parava para fazer uma oração, mas todos queriam justiça, tal era o sentimento de revolta que predominava naquele momento.

Alguém lembrou que Chico tinha um caixão de ouro. Não seria conveniente enterrá-lo no caixão?

Augusto disse que não. Ele seria enterrado como um homem comum. Aquele caixão de ouro era apenas uma fantasia; esclareceu a todos que Chico Preto se sentiria feliz sendo velado e enterrado como um filho de Deus.

Uma semana depois, Augusto retornava à fazenda, abatido e cansado. A irmã, apesar de não ter trocado uma palavra com ninguém, estava mais tranquila. Os pais de Chico e seus pais haviam ficado com ela e as crianças.

Nenhuma pista do assassino de Chico Preto. A desconfiança vinha de todos os lados, mas provas, nenhuma.

Antero dizia que não iria sossegar enquanto não colocasse as mãos no assassino do filho. Vingar a morte de Chico Preto tornou-se uma obsessão na vida de Antero. Graças à bondade infinita de Deus e Sua majestosa sabedoria, pai Francisco o libertou de seus algozes obsessores, que sonhavam em ver os inimigos aprisionados pelas mãos de Antero.

Josefina, por vontade própria, mudou-se com os filhos, pais e o irmão Jorge, a quem considerava mais filho que irmão, para uma cidade grande. As crianças iriam estudar, e ela queria encontrar forças para continuar vivendo.

A sentença judicial saiu: metade da fazenda continuaria com Augusto; a outra parte passaria para as mãos da viúva. Augusto serenamente assinou todos os documentos e ali mesmo, diante das autoridades competentes, propôs dividir sua parte em lotes. As famílias receberiam os lotes e poderiam fazer de suas terras o que bem entendessem. Assim foi feito, e todos tiveram a própria chácara que, com o passar dos anos, lotearam e venderam, transformando aquela fazenda em lotes residenciais, hoje constituindo-se um suntuoso bairro. Os moradores, em casas ou apartamentos, nem desconfiam que ali já foi uma senzala; que dali saíram muitas vozes do cativeiro rumo à liberdade; que Bentos e Franciscos fizeram parte dessa história.

***

Chico Preto estava de cabeça baixa. Tio Chico se aproximou dele.

– O que está acontecendo, menino?

– Tio Chico, procurei aceitar a minha passagem. Tenho lutado para melhorar meu desempenho espiritual, mas não vou mentir ao senhor. Não consigo esquecer Josefina, meus filhos, meus pais... Preciso vê-los! Ter notícias não é a mesma coisa quer ver. Quando é que o senhor vai me levar para vê-los?

– Depende de você, filho. Está pronto para encontrar todos eles? Sabe quantos anos já se passaram desde que chegou aqui?

– Não, senhor. Isso eu não sei. A única coisa que sei é que não morri nem esqueci nenhum deles, e tenho a impressão de que foi ontem que saí de lá.

– É verdade, faz pouco tempo mesmo. Mas falo que tanto faz o tempo que já passou ou com o acréscimo de mil anos; daqui para a frente, nossos sentimentos serão os mesmos.

– Há quantos anos estou aqui? O senhor pode me falar?

– Faz apenas trinta e três anos – respondeu tio Chico com tranquilidade.

– Meu Deus! Então meus filhos Marcos e Marina estão com quantos anos? Josefina e meus pais estão de cabelos brancos?

– E você aí do mesmo jeito. Quer dizer, muito mais jovem do que quando deixou a Terra.

– Bem, se você estiver disposto a fazer uma grande caminhada, hoje à noite posso levá-lo a um dos lugares mais bonitos que Deus criou: a Terra.

– O senhor fala sério?

– E teria motivos para brincar com você sobre isso?

***

Passava da meia-noite em terra. Tio Chico chegou acompanhado por outros irmãos e por Chico Preto, que fechava os olhos e falava em voz alta:

– Nossa! Que cheiro divino tem essa Terra.

Tio Chico pediu que ele esperasse por ele ali naquela sala; logo estaria de volta. Chico ficou andando de um lado para o outro. Onde se metera tio Chico?

O negro velho apareceu acompanhado por aquele senhor branco de olhos claros que havia lhe apresentado em sonho como pai Francisco do Cruzeiro das Almas; já nem se lembrava mais de seu semblante. Perguntara por pai Francisco muitas vezes e sempre obtivera a resposta:

– Logo ele virá visitá-lo.

Havia desistido de perguntar por ele. Quem seria aquele senhor?

– Chico, lembra-se dele?

O bondoso senhor com um olhar sereno e amoroso o abraçou, dizendo:

– Querido tataraneto, que bom recebê-lo entre nós.

– O senhor é o pai Francisco mesmo? Mas o senhor era um preto velho na fazenda, foi um negro, meu tataravô... Como pode ser tão branco assim?

– E qual é a sua cor? Pode me dizer?

– Eu sou... – Chico tomou um susto. Estava tão branco quanto aquele senhor. O que acontecera com ele?

– Não quero ser branco. Sou negro – disse ele, passando a mão pelos braços.

– Chico, você deixou de ser e de sentir o que você é porque a cor da pele mudou?

Os três Francisco deixaram a sala e se encaminharam até onde estavam Arlinda, Antero, seu amigo Bento, Ilda e, por fim, Josefina, que lhe abria os braços sorrindo.

Chico Preto chorava de alegria e emoção. Ali estava a maior prova de amor que já havia recebido na vida. Não havia ouro em Terra que pudesse pagar por aquela riqueza que acabava de receber.

– Então, Chico, ainda quer retornar para as minas de ouro? – perguntou pai Francisco.

– Não senhor; agora posso compreender o seu conselho. Quando me disse para fazer algo por mim mesmo, o senhor me falou destas riquezas que estou recebendo todos os dias.

Chico ficou sabendo que a mãe chegara ali havia quinze anos; seu pai, dez; Bento, oito; e Josefina, cinco; e a amada bisa Ilda é quem cuidava de todos eles.

Ele arriscou uma pergunta que não podia ficar sem resposta:

– Onde está meu avô? Vejo todos por aqui; ele veio antes de mim, mas não o vi em lugar nenhum.

– Ele está empenhado em uma missão. Pela grande experiência que teve antes de deixar a Terra, foi-lhe concedida a chance de resgatar os dois filhos e a esposa. Eles reencarnaram, sendo ele o responsável pelos três.

– Agora que a família começa a crescer, é hora de investirmos em riquezas. Convido vocês para me acompanharem ao trabalho espiritual que será realizado hoje pelo médium Augusto e alguns membros de sua nobre família. Querem vir comigo? Chico passará as normas a vocês; devem segui-las ao pé da letra. Ele será o responsável pela permanência de vocês em terra.

Era uma Sexta-Feira Santa. Em um salão amplo e simples, repleto de pessoas de olhos fechados e em posição de oração, um senhor de cabelos e barbas brancas, acompanhado por três pessoas de meia-idade, abria o Evangelho e lia uma passagem muito bonita de Jesus.

Em seguida, lembrou aos presentes que há trinta e três anos, em uma sexta-feira como aquela, o bondoso Chico

Preto, como era conhecido por todos, fora morto na porta de casa. Parou no meio da leitura, pois sabia que ali estavam os filhos de Chico Preto, que honravam a memória do amado pai.

Então, outro senhor, meio calvo, de olhar bondoso, começou a orar. Quando terminou, o senhor de cabelos brancos agradeceu:

– Obrigado, Jorge, meu irmão querido.

E, também presente com os amigos espirituais, a surpresa:

– Chico Preto sou eu! E meus filhos? Eu os deixei tão crianças e agora estão de cabelos brancos. Jorge está calvo e irreconhecível! E Josefina, no entanto, mais jovem e bela...

Chico Preto estava moço, e sua cor voltara a ser como antes, negra. Gostava-se como negro, embora, quando ficara branco, não perdera seus sentimentos nem pensamentos; de fato, não era a cor das pessoas que lhe moldavam o caráter nem a alma.

Emocionados, todos permaneceram ao lado de tio Chico. Ilda e pai Francisco trabalhavam e davam assistência aos trabalhadores encarnados e desencarnados. Muitos irmãos sofredores eram trazidos até ali e recebiam os primeiros socorros. Equipes de resgate transportavam os doentes; era um trabalho divino e gratificante, ponderou Chico Preto.

Quando se encerraram os trabalhos espirituais, Augusto olhou na direção deles e falou a todos:

– Hoje é um dia muito especial. Não que os outros não sejam; porém, hoje recebemos muitas visitas importantes, muitos familiares nossos. – Por um segundo, talvez, ele fixou os olhos nos olhos de Chico Preto e sorriu para ele. Em seguida, pediu aos presentes que encerrassem orando um pai-nosso em agradecimento ao mestre Jesus por ter permitido a iluminada presença do espírito de Francisco das Chagas de Jesus.

Tio Chico convidou todos para se retirar. Os trabalhos haviam terminado; agora era hora de outros trabalhadores entrarem em ação naquele sagrado recanto espiritual.

De volta ao lar espiritual, onde os justos e os trabalhadores filhos de Deus têm direito de habitar, pai Francisco se sentou e mansamente lhes falou:

– Convido-os a dar início às grandes tarefas que puderam presenciar naquele recanto sagrado. Há muito trabalho e, quanto mais trabalhadores tivermos, mais irmãos doentes e carentes encarnados e desencarnados serão levados até lá. Se estiverem dispostos a enfrentar esta grande maratona de luz, vou encaminhá-los ao departamento que planeja e treina os trabalhadores e, assim, sob a coordenação de tio Chico, todos poderão começar a servir.

Por unanimidade, aceitaram, radiantes de alegria e esperança. Queriam servir ao lado daqueles que, sendo seus entes queridos, desenvolviam uma missão de amor e paz, transmitindo aos presentes uma força imensa que os unia e enaltecia.

Chico Preto, muito emocionado, lembrou que nos trabalhos de tanta nobreza e grandeza ele era citado como exemplo. Iria se empenhar e fazer de tudo para se engajar naquele grupo de trabalho. Sua vida estava completa. Josefina a seu lado e essa nova possibilidade de trabalho eram de fato o maior prêmio que um espírito em suas condições poderia ter recebido.

E, assim, aquele grupo de irmãos afins dava início ao grandioso trabalho que favorece o conhecimento da doutrina em todas as regiões e camadas sociais do nosso Brasil.

A intolerância e a ignorância de muitos irmãos, que não conheciam a riqueza de nossos mentores espirituais, por muito tempo massacraram e até mesmo subornaram os escritos deixados por nossos protetores.

A luta do bem continua ativa pelos filhos da luz e, nas prateleiras de muitas livrarias e outros departamentos comerciais, encontramos livremente as obras da espiritualidade. Deparamos em muitos espaços, espíritas ou não, com médiuns irradiados pela luz de nossos Franciscos, merecedores de dádivas da espiritualidade por meio de seu trabalho humanitário, interligando-se com outros fiéis de muitas religiões, com as quais comungam um só desejo: que as palavras de nosso mestre Jesus sejam cada vez mais recitadas com consciência: "E um só pensamento subirá até vós".

Que todas as religiões se harmonizem, pois os caminhos que seguimos podem ser diferenciados, mas nosso desejo é um só: CHEGAR AO PAI.

Fim

Maria Nazareth Dória

Mais luz em sua vida!

. SAGA DE UMA SINHÁ (espírito Luiz Fernando - Pai Miguel de Angola)
nhá Margareth tem um filho proibido com o negro Antônio. A criança escapa da morte ao nascer. ›meça a saga de uma mãe em busca de seu menino.

IÇÕES DA SENZALA (espírito Luiz Fernando - Pai Miguel de Angola)
negro Miguel viveu a dura experiência do trabalho escravo. O sangue derramado em terras asileiras virou luz.

MOR E AMBIÇÃO (espírito Helena)
›retta era uma jovem nascida e criada na corte de um grande reino europeu entre os séculos XVII ‹VIII. Determinada e romântica, desde a adolescência guardava um forte sentimento em seu coração: ›aixão por seu primo Raul. Um detalhe apenas os separava: Raul era padre, convicto em sua vocação.

OB O OLHAR DE DEUS (espírito Helena)
berto é um maestro de renome internacional, compositor famoso e respeitado no mundo todo. Casado com aria Luiza, é pai de Angélica e Hortência, irmãs gêmeas com personalidades totalmente distintas. Fama, dinheiro armonia compõem o cenário daquela bem-sucedida família. Contudo, um segredo guardado na consciência de berto vem modificar a vida de todos.

M NOVO DESPERTAR (espírito Helena)
none é uma moça simples de uma pequena cidade interiorana. Lutadora incansável, ela trabalha em uma casa de nília para sustentar a mãe e os irmãos, e sempre manteve acesa a esperança de conseguir um futuro melhor. Porém, istória de cada um segue caminhos que desconhecemos.

ÓIA RARA (espírito Helena)
tura edificante, uma página por dia. Um roteiro diário para nossas reflexões e para a conquista de um drão vibratório elevado, com bom ânimo e vontade de progredir. Essa é a proposta deste livro que irá cantar o leitor de todas as idades.

IINHA VIDA EM TUAS MÃOS (espírito Luiz Fernando - Pai Miguel de Angola)
negro velho Tibúrcio guardou um segredo por toda a vida. Agora, antes de sua morte, tudo seria esclarecido, ra a comoção geral de uma família inteira.

ESPIRITUALIDADE E OS BEBÊS (espírito Irmã Maria)
›ro que acaricia o coração de todos os bebês, papais e mamães, sejam eles de primeira viagem ou não, e ilumina os ninhos de cada um rumo à evolução espiritual para o progresso de todos.

Leia estes envolventes romances do espírito Margarida da Cunha

Psicografia de Sulamita Santos

Doce Entardecer

Paulo e Renato eram como irmãos. O primeiro, pobre, um matuto trabalhador em seu pequeno sítio. O segundo, filho do coronel Donato, rico, era um doutor formado na capital que, mais tarde, assumiria os negócios do pai na fazenda. Amigos sinceros e verdadeiros, desde jovens trocavam muitas confidências. Foi Renato o responsável por levar Paulo a seu primeiro baile, na casa do doutor Silveira. Lá, o matuto iria conhecer Elvira, bela jovem que pertencia à alta sociedade da época. A moça corresponderia aos sentimentos de Paulo, dando início a um romance quase impossível, não fosse a ajuda do arguto amigo, Renato.

À Procura de um Culpado

Uma mansão, uma festa à beira da piscina, convidados, glamour e, de madrugada, um tiro. O empresário João Albuquerque de Lima estava morto. Quem o teria matado? Os espíritos vão ajudar a desvendar o mistério.

Desejo de Vingança

Numa pacata cidade perto de Sorocaba, no interior de São Paulo, o jovem Manoel apaixonou-se por Isabel, uma das meninas mais bonitas do município. Completamente cego de amor, Manoel, depois de muito insistir, consegue seu objetivo: casar-se com Isabel mesmo sabendo que ela não o amava.O que Manoel não sabia é que Isabel era uma mulher ardilosa, interesseira e orgulhosa. Ela já havia tentado destruir o segundo casamento do próprio pai com Naná, uma bondosa mulher, e, mais tarde, iria se envolver em um terrível caso de traição conjugal com desdobramentos inimagináveis para Manoel e os dois filhos, João Felipe e Janaína.

Laços que não se Rompem

Em idos de 1800, Jacob herda a fazenda de seu pai. Já casado com Eleonora, sonha em ter um herdeiro que possa dar continuidade a seus negócios e aos seus ideais. Margarida nasce e, já adolescente, conhece Rosalina, filha de escravos, e ambas passam a nutrir grande amizade, sem saber que são almas irmanadas pelo espírito. O amor fraternal que sentem, e que nem a morte é capaz de separar, é visível por todos. Um dia, a moça se apaixona por José, um escravo. E aí, começam suas maiores aflições.

Leia os romances de Schellida!

Emoção e ensinamento em cada página!

Psicografia de Eliana Machado Coelho

Corações sem Destino

Amor ou ilusão? Rubens, Humberto e Lívia tiveram que descobrir a resposta por intermédio de resgates sofridos, mas felizes ao final.

O Brilho da Verdade

Samara viveu meio século no Umbral passando por experiências terríveis. Esgotada, consegue elevar o pensamento a Deus e ser recolhida por abnegados benfeitores, começando uma fase de novos aprendizados na espiritualidade. Depois de muito estudo, com planos de trabalho abençoado na caridade e em obras assistenciais, Samara acredita-se preparada para reencarnar.

Um Diário no Tempo

A ditadura militar não manchou apenas a História do Brasil. Ela interferiu no destino de corações apaixonados.

Despertar para a Vida

Um acidente acontece e Márcia, uma moça bonita, inteligente e decidida, passa a ser envolvida pelo espírito Jonas, um desafeto que inicia um processo de obsessão contra ela.

O Direito de Ser Feliz

Fernando e Regina apaixonam-se. Ele, de família rica, bem posicionada. Ela, de classe média, jovem sensível e espírita. Mas o destino começa a pregar suas peças...

Sem Regras para Amar

Gilda é uma mulher rica, casada com o empresário Adalberto. Arrogante, prepotente e orgulhosa, sempre consegue o que quer graças ao poder de sua posição social. Mas a vida dá muitas voltas.

Um Motivo para Viver

O drama de Raquel começa aos nove anos, quando então passou a sofrer os assédios de Ladislau, um homem sem escrúpulos, mas dissimulado e gozando de boa reputação na cidade.

O Retorno

Uma história de amor começa em 1888, na Inglaterra. Mas é no Brasil atual que esse sentimento puro irá se concretizar para a harmonização de todos aqueles que necessitam resgatar suas dívidas.

Força para Recomeçar

Sérgio e Débora se conhecem e nasce um grande amor entre eles. Mas encarnados e obsessores desaprovam essa união.

Lições que a Vida Oferece

Rafael é um jovem engenheiro e possui dois irmãos: Caio e Jorge. Filhos do milionário Paulo, dono de uma grande construtora, e de dona Augusta, os três sofrem de um mesmo mal: a indiferença e o descaso dos pais, apesar da riqueza e da vida abastada.

Ponte das Lembranças

Ricos, felizes e desfrutando de alta posição social, duas grandes amigas, Belinda e Maria Cândida, reencontram-se e revigoram a amizade que parecia perdida no tempo.

Impressão e acabamento:

Orgrafic
Gráfica e Editora

tel.: 25226368